The Journey of Humanity

格差の起源

なぜ人類は繁栄し、不平等が生まれたのか

オデッド・ガロー

柴田裕之 監訳

森内薫 訳

The Origins of Wealth and Inequality

Oded Galor

NHK出版

格差の起源

なぜ人類は繁栄し、不平等が生まれたのか

装幀
木庭貴信+角倉織音
（オクターヴ）

エリカに捧げる

目次

＊本文中の〔　〕は訳注を表す。
［　］の番号は巻末の原注を参照。

人類史の二つの謎

一匹のリスがブラウン大学のヴェネチアン・ゴシック式建物の窓辺を小走りに駆けていく。リスはふと足を止め、奇妙な人間を物珍しげにのぞき見る。その人間は、本来なら全精力を食糧探しに注ぐべきなのに、そうはせず、本の執筆に没頭しているのだ。このリスは、何千年も昔に北アメリカの原生林をちょこまか動きまわっていたリスたちの子孫だ。遠い祖先や現在の世界中の仲間と同じく、このリスも食べ物を集め、捕食者から逃れ、連れ合いを探し求め、雨風を凌《しの》ぐのにほとんどの時間を費やしている。

じつは、今から30万年近く前にホモ・サピエンスという種が出現して以来、人類史の大半で、人間の生活の主眼も一言で言えば生存と繁殖の追求であり、このリスの目的と何ら違いはなかった。生活水準はかろうじて生きていける程度にすぎず、その後どの時代にも、地球上のどの地域でも、その状態はほとんど変わらなかった。ところが不思議にも、最近のわずか数世紀で人類の暮らしは激変した。長大な歴史の流れの中で捉えれば、人類は事実上一夜にして、生活の質における前代未聞の飛躍的向上を経験したのだ。

今から2000年前のイエス・キリストの時代にエルサレムの住民たちがタイムマシンに乗り込み、西暦1801年のオスマン帝国支配下のエルサレムを訪れたとしよう。彼らは、この都を囲む見慣れない壮大な城壁や、あまりの人間の多さ、新奇なものの数々に、間違いなく目を見張ることだろう。だが、19世紀のエルサレムがローマ時代のエルサレムとはまるで違っていても、タイムトラベラーたちは思いのほかたやすく新しい環境に順応するはずだ。もちろん、行動をこの時代の文化規範に合わせる必要はあるが、古代エルサレムで身につけた知識や技能は19世紀初頭にはまだ通用するだろうから、西暦1世紀の初めにしていたのと同じ仕事に就き、それほど苦労せずに暮らしていけるはずだ。その一方で、ローマ時代と同様の危険や病気や天災を免れることもできず、平均寿命〔その年の死亡率が変わらないとしたら、0歳の人が平均して何年生きられるかを示す予測値〕もほとんど変わらないだろう。

だが、またしてもタイムマシンで、あとわずか200年先の21世紀初期のエルサレムに連れてこられたとしたら、タイムトラベラーたちはどんな体験をするだろうか？　きっと、肝をつぶすだろう。彼らの技能は時代後れになっている。おおかたの職業に就くには正式な教育が必須で、魔法のような科学技術が日々の暮らしに欠かせない。さらに、昔なら致命的だった数多くの病気が克服されているため、タイムトラベラーたちの平均寿命はたちまち倍増し、人生に対してそれまでとはまったく異なる考え方や長期的な取り組みをしなくてはならなくなるはずだ。

そう遠くない過去の世界と現代との隔たりはあまりに大きいため、私たちには当時のことがなかなか理解しがたい。だが、17世紀のイギリスの哲学者トマス・ホッブズがあけすけに言ってのけたように、人の一生は「不快で野蛮で、しかも短」かった。[1]当時、新生児の4人に1人が1歳の誕生日を迎える前に寒さや飢えやさまざまな病気で死亡し、女性が出産で命を落とすのは珍しくなく、平均寿命が40年を超えることはまれだった。日が落ちれば、あたりは闇に呑《の》まれた。大人も子どもも長い時間をかけて水を家まで運び、たまにしか身体を洗わず、冬のあいだは煙の立ちこめる屋内で過ごした。たいていの人が辺鄙《へんぴ》な田舎の村に住み、生まれた場所をめったに離れようとせず、毎日代わり映えのしないわずかな食事で生きながらえ、読み書きができなかった。経済危機になると、倹約だけではすまされず、大規模な飢饉《ききん》や餓死につながる悲惨な時代だった。現代人を悩ませる日々の困難の多くは、私たちのさほど古くない祖先が直面した苦難や悲劇に比べれば、たいしたことではない。

生活水準は人類の歴史全体を通して少しずつ上がってきたというのが、長年の通説だった。だが、この見方は正しくない。たしかに科学技術はおおむね、だんだんと、次第に加速しながら進歩を遂げたが、それに見合った生活水準の改善をもたらすことはなかった。この数世紀に起きた生活の質の驚異的な向上は、ある突然の変化の産物だったのだ。

今から数百年前、大半の人の暮らしは、その子孫である現代人の暮らしよりもむしろ、何千年も前の遠い祖先やその当時世界各地にいた人類の大半の暮らしに近かった。16世紀初頭のイングランドの農民の生活水準は、11世紀の中国の小作人（佃戸《でんこ》）や1500年前のマヤの農民、紀元前4世紀のギリシアの牧人、5000年前のエジプトの農民、あるいは1万1000年前のエリコ〔パレスチナの集落〕の羊飼いの生活水準と同じようなものだった。ところが、19世紀初頭以降、人類の歴史の長さに比べればまさに一瞬のうちに、平均寿命は2倍以上に延び、1人当たりの所得はもっとも発展を遂げた地域では20倍に、世界全体では14倍に急上昇した[2]（図1）。

事実、この右肩上がりの進歩があまりにも華々しかったため、私たちはそれについ目を奪われ、人類史の他の時期と比べてこの時期がどれほど例外的かを見逃しがちだ。この「成長の謎」はどのように説明できるのだろう？　健康や富や教育といった面で、過去数世紀のあいだに生活の質に起きた想像を絶する変化――ホモ・サピエンスの出現以来、これらの面で見られたほかのどんな変化も影が薄くなるほどの変化――は、なぜ起きたのか？

1798年、イギリスの学者トマス・マルサスは非常に説得力ある説を唱え、太古から人々の生活水準を停滞させて、事実上、社会を貧困の罠《わな》に閉じ込めてきたメカニズムを説明した。彼の説によれば、社会が技術革新によってなんとか余剰食糧を生み出すたびに生活水準は向上するが、それに応じて必ず出生率が上がり、死亡率は下がるため、生活水準の改善は一時的な

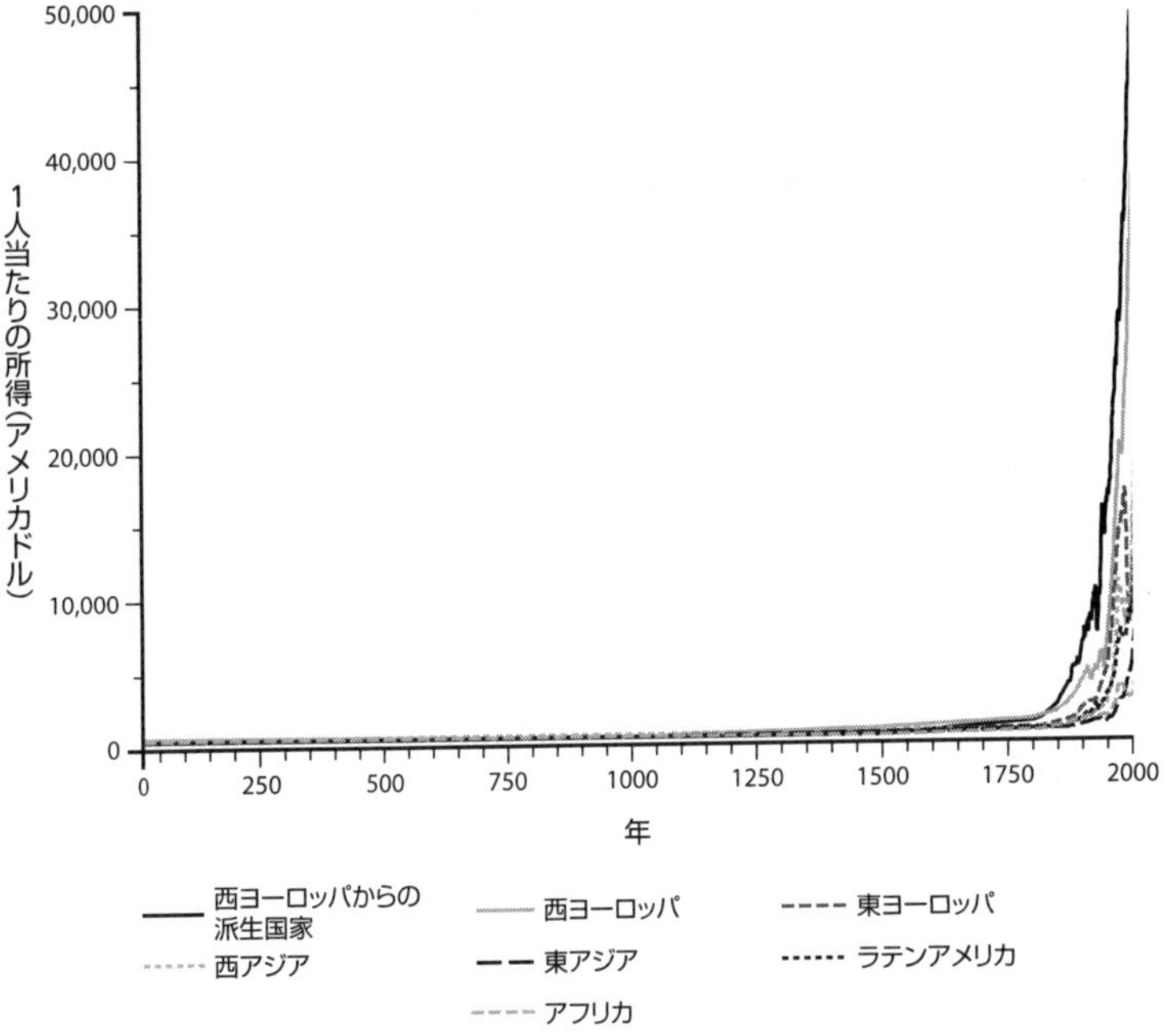

図1　成長の謎

過去2世紀における世界各地の1人当たりの所得の急増は、何千年もの停滞のあとに起きている[3]。

ものにとどまるという。増加した人口が余剰食糧を食いつぶすのは時間の問題で、その後、暮らしは生きていくのがぎりぎりという生存水準（生命維持の可能な最低限の水準）に戻り、社会は技術革新前と同様の貧しさになるわけだ。

実際、マルサスの説が当てはまる「マルサス時代」——つまり、ここ数世紀の劇的飛躍が起こるまでの人類史全般——を通して、技術の進歩は人口を増加させ人口密度を高めるばかりで、人類の長期的繁栄に向けてはわずかな貢献しかしなかった。人口が増加しても、暮らしは停滞し、ほぼ生存水準のままだった。技術の高さや土地の生産性の地域差は、人口密度の違いとして表れたが、生活水準への影響はおおかたが一時的だった。ところが皮肉にも、マルサスが論文を完成し、この「貧困の罠」が無限に持続すると断言したちょうどそのころ、彼が突きとめたメカニズムの働きが突如鈍り、停滞から成長への変容が起きた。

人類はどのようにしてこの貧困の罠から抜け出したのか？ 停滞の時代が続いた根本的な原因は何だったのか？ 経済の氷河期を長引かせた挙げ句、そこから私たちを脱出させた力を突きとめれば、現在、世界各地の生活水準にこれほどの違いがある原因を理解する助けになるだろうか？

国家間になぜ巨大な貧富の差があるのかを理解するには、人類発展の全過程の背後に潜む原動力を特定する必要がある。私はこの信念とそれを裏づける証拠から力を得て、人類の旅全体を総括することをめざす統一理論を作り上げた。[4] この統一理論は、停滞の時代から生活水準の持続的向上の時代へと私たちを移行させた原動力に光を当て、各国の運命に遠い過去が残した痕跡を明らかにするものだ。

本書での探究の旅の第1部では「成長の謎」をテーマに据え、歴史の大半を通して人類に生存ぎりぎりの生活を余儀なくさせたメカニズムと、その罠から一部の社会をついに脱出させ、世界の多くの人々が今日享受している未曽有《みぞう》の繁栄を実現させた原動力に的を絞る。私たちの探究は、人類そのものの出発点である、30万年近く前の東アフリカでのホモ・サピエンスの出現から始まり、人類の旅の節目となる重要な出来事をたどっていく。まずは何万年も前の、ホモ・サピエンスの出アフリカ。続いてさまざまな大陸への進出。その後の狩猟採集部族から定住型農耕共同体へという社会構造の変容。そしてもっと現代に近いところでは、産業革命や人口転換〔多産多死から多産少死、少産少死への構造変換〕[5]だ。

人類の歴史は、無数の魅惑的なディテールに満ちている。強大な文明が栄えては滅び、カリスマ的な皇帝たちが軍を率いて大征服を成し遂げたり惨敗を喫したりした。芸術家が文化の至宝とも言える作品を生み出し、思想家や科学者が森羅万象の理解を深める一方、多数の社会と無数の人が光を浴びることなく存在してきた。こうしたディテールの大海原に漂い、波にもまれていると、力強い底流にはなかなか気づきにくいものだ。

本書はそうした底流、つまり発展の過程を支配してきた力を探究し、突きとめていく。たとえ目立たなくても、それらの力が人類の歴史を通じて絶えず働いてきたことを、本書は明らかにする。その作用は長い経済の氷河期にも滞ることを知らず、次第に勢いを増していった。その結果、加速する技術の進歩は産業革命のあいだについに臨界点を超え、変化する技術環境に個人が適応するには基本的な教育が不可欠になった。出生率は下がり始め、生活水準の向上が人口増加によって帳消しにされることはなくなり、今日もなお天井知らずの長期的な繁栄がもたらされた。

本書のこうした探究の中心には、地球上での人類の持続可能性という問題がある。マルサス時代には、人間に不都合な気候条件や疫病などによって人口は繰り返し激減した。今日、経済成長は環境悪化と気候変動に影響を及ぼしており、過去に起きたような人口の壊滅的な変動を人類がどうやって防ぎ、持続的に生きていくかという重大な問題が生じている。だが、人類の旅は希望に満ちた展望を示してくれる。近年、世界はある種の臨界点に達し、その結果、今後出生率は一貫して低下し、教育や技能などの「人的資本」の形成と技術革新は加速していくだろう。おかげで、経済成長の悪影響を軽減することが可能になり、それが人類の長期にわたる持続可能性につながるはずだ。

不思議なことに、ここ2世紀ほどで社会が急激に繁栄に向かったとき、その繁栄は世界の一部にとどまった。そのせいで、人類に特有の大きな変化がもう一つ起きた。社会のあいだで著しい格差が生じたのだ。この現象は主に、停滞の時代からの脱出時期に地域差があったためだと考えられるかもしれない。西ヨーロッパ諸国と、そこから派生した北アメリカやオセアニアの国の一部では、早くも19世紀に生活水準が飛躍的に向上した。一方、アジア、アフリカ、ラテンアメリカのほとんどの地域では20世紀後半になってようやく向上が見られた（図2）。一部の地域でほかよりも早くこの変化が起きたのは、なぜなのだろうか？

「成長の謎」が解き明かされれば、探究の旅の第2部で「格差の謎」に取り組み、過去200年間に、それぞれの社会が異なる発展の道筋をたどった理由や、国家間の生活水準の差が途方もなく広がった理由を考えることができる。この世界的な格差の背後にある根深い要因を明ら

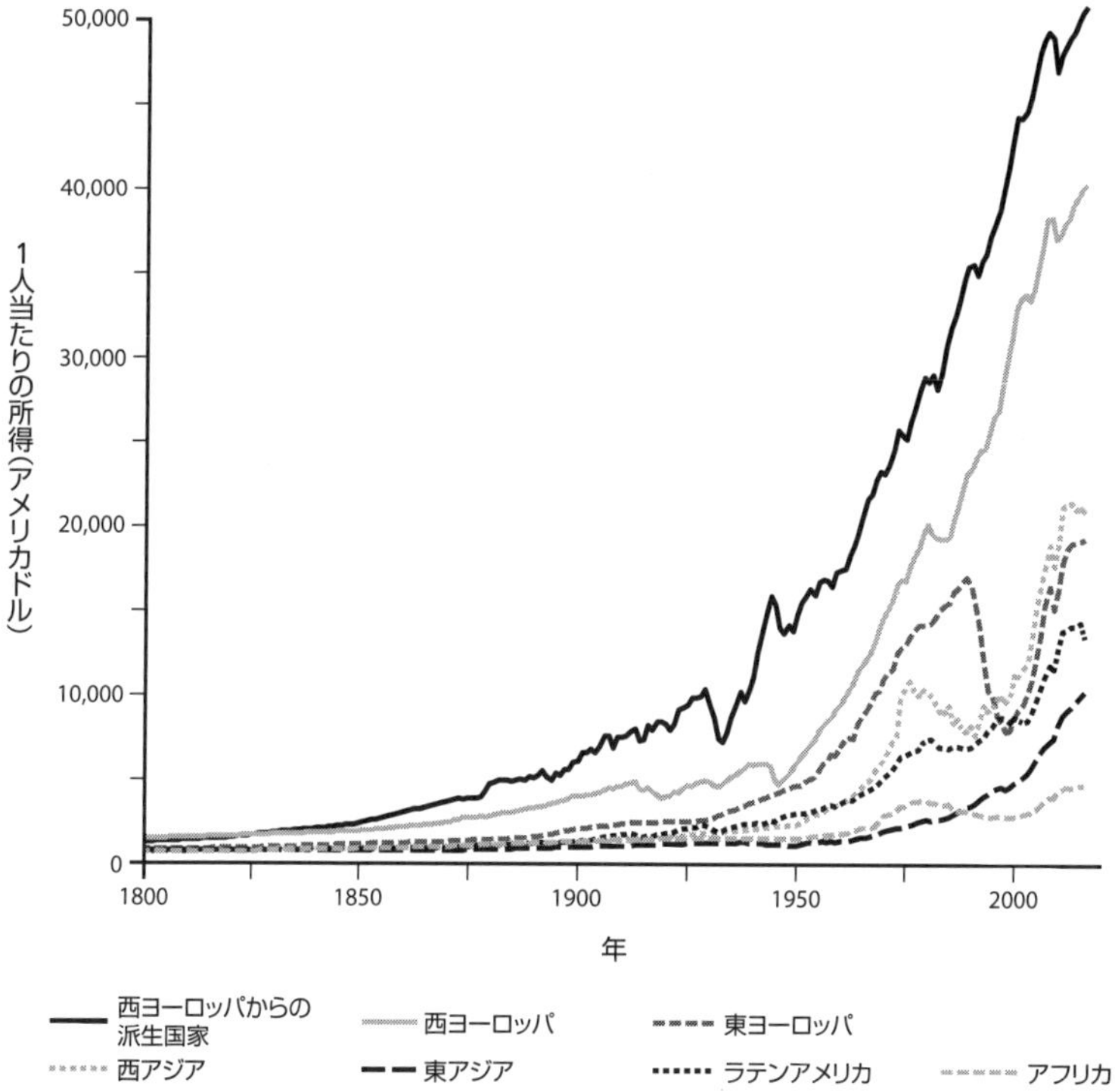

図2　格差の謎

過去2世紀における世界各地の1人当たりの所得の相違[7]。

かにしていくうちに、私たちは旅の進路を逆転させ、順を追って歴史を大股《おおまた》に遡《さかのぼ》り、最終的にはすべての始まり、つまり何万年も前のホモ・サピエンスの出アフリカまで戻ることになる。

そこで考察するのは、太古の昔に発生してそれぞれの社会に異なる歴史の道筋を歩ませ、停滞の時代からの脱出時期に影響を与え、国家間の貧富の差を生んだ、制度や文化、地理や社会にまつわる要因だ。たしかに、歴史上の思いがけない重大局面で行われた制度改革がそれぞれの国に異なる道をとらせ、時とともに各国を次第に隔てることはあった。同様に、各国がそれぞれ独自の文化規範を発展させたことが、世界中で歴史の巨大な歯車の動きに違いをもたらす一因となった[6]。

とは言うものの、遠い過去に根ざすもっと深い要因がいくつかあり、しばしばそれが土台となって文化規範や政治制度や技術の変化が生まれ、社会が富み栄える能力を左右してきた。土壌や気候などの地理的要因に恵まれた地域では、協力や信頼、男女平等、未来志向の考え方といった、発展を後押しするような文化上の特性が育まれた。土地が巨大なプランテーション農業に適していれば、搾取《さくしゅ》や奴隷制度を助長し、収奪的な政治制度の出現と持続につながり、病気が蔓延《まんえん》しやすい環境では、農業や労働の生産性、教育への投資、長期の繁栄に悪影響が出た。そして、定住型の農耕共同体への移行を助けた生物多様性は、産業革命以前の発展過程には有利に働いたものの、社会が近代へと移行するにつれて、そのような有益な推進力は消えてしまった。

だが、現代の制度と文化の特性の陰に潜み、地理条件とともに経済発展の根本的な推進力となってきた要因がもう一つある。それは各社会の内部の多様性であり、それが技術革新にもたらすプラスの効果と、社会の結束にもたらすマイナスの効果だ。地理的特性の役割を調べるためには、1万2000年前の農業革命の開始まで遡ることになる。そして、多様性の原因と結果を検証するには、さらに何万年も遡り、人類が最初にアフリカから足を踏み出したときまで戻らなければならないだろう。

人類の歴史を推し進める中心的な力を解明しようという試みは、本書が最初ではない。プラトン、ヘーゲル、マルクスなどの偉大な思想家たちは、歴史は避けようのない普遍的法則に従って進展すると主張し、社会が自らの運命の決定に果たす役割をしばしば軽視してきた[8]。それに対して本書は、人類が理想郷あるいは暗黒郷に向かって決められた道を突き進むとは断定しない。人類の旅の方向や結果が望ましいものかどうかについて、道徳的な見識を導き出すつもりもない。ただ、生活水準が持続的に向上している今の時代は、断じてエデンの園ではないと言うにとどめておく。社会や政治の対立がなかったエデンの園とは違い、現代には大きな不平等と不公正が根強く存在しているからだ。

本書の目的は、国家間の計り知れない格差の究極の原因を理解し、その軽減を助けるために、ホモ・サピエンス出現以降の各社会の進化について科学的根拠のある学際的な解釈を正確に示すことにある[9]。技術の発展を進歩と考える文化の伝統に則って本書の探究から導き出される展望は、世界各地の社会がたどっている全体的な道筋という観点からは、基本的に希望に満ちたものと言うことができる。

私は人類の旅という壮大な流れに焦点を当ててはいるものの、社会の内部や社会間のはなはだしい格差の重大性を軽視するつもりはなく、貧困と不公正を緩和して人類全体の繁栄に寄与するにはどんな行動が必要かを誰もが理解できるようにしたいと願っている。これから本書で立証していくとおり、人類の旅の根底にある大きな力はこの先も容赦なく作用し続けるとはいえ、教育と寛容と男女のさらなる平等が、今後何十年にも何百年にもわたる人類繁栄のカギを握っているのだ。

第1部

何が「成長」をもたらしたのか

第1章 最初の一歩

現在のイスラエルにあるカルメル山洞窟群への曲がりくねった小道を上っていると、先史時代にこの場所を取り巻いていたであろう壮大な環境が目に浮かぶ。地中海沿岸の気候は気温の変動が穏やかで、四季を通じて過ごしやすかっただろう。近くの山あいを蛇行し、緑に覆われた谷を流れる小川は、人々に飲み水を提供したはずだ。山並みの麓《ふもと》の森はシカやガゼル、サイ、イノシシを狩るのに適し、細長い海岸平野とサマリアの山々に挟まれた原野に出れば、先史時代の穀物や果樹が生育していただろう。周辺の温暖な気候、生態系の多様性、豊かな資源のおかげで、この洞窟群は狩猟採集で生きる多くの集団にとって、長いあいだ理想的な住みかだったに違いない。実際、これらの古代の洞窟で発掘された遺跡は人類の進化を示すものとしてユネスコ世界遺産に登録され、先史時代に数十万年にわたって人類が居住していたことを裏づけるとともに、ホモ・サピエンスとネアンデルタール人が出会ったという、興味をそそられる可能性も示している。[1]

このカルメル山や世界各地の遺跡での考古学的発見によって、旧人類や初期の現生人類（ホモ・サピエンス）はゆっくりと、だが着実に新たな技能を獲得していったことがわかっている。彼らは火の扱い方を覚え、だんだんに高度な刃物や手斧《おの》、燧石《すいせき》（フリント）や石灰岩で作ったさまざまな道具を開発し、美術品を生み出した。[2] こうした文化や技術の発展を推進したのは主に人間の脳の進化であり、脳の進化は人類の特徴となり、ほかの種と人間を分けることになった。

始まりは脳の進化から

人間の脳は並外れている。大きくて密度が高く、ほかのどの種の脳よりも複雑だ。人間の脳は、過去600万年で大きさが3倍になった。その変化の大半は今から80万〜20万年前、つまり主に、ホモ・サピエンスが出現する前に起こった。

なぜ人間の脳の性能は、人類の歴史の過程でこれほど拡大したのか？　一見、答えは自明に思える。なにしろ、進歩した脳のおかげで明らかに人類は、地球上のほかのどの種もこれまで達成できなかったほどの安全と繁栄を手にしたのだから。ところが、実情はそれよりもはるかに入り組んでいる。もし人間のもののような脳が間違いなく生存に有益だったなら、何十億年もの進化の歴史の中で、なぜ同じように脳を発達させた種がほかになかったのか？

この違いについて、少し考えてみよう。たとえば、眼にもいろいろあり、それぞれが独自の進化の道筋をたどって発達した。眼は脊椎《せきつい》動物（両生類、鳥類、魚類、哺乳類《ほにゅうるい》、爬虫類《はちゅうるい》）や頭《とう》足《そく》動物（コウイカ、ヤリイカ、タコなど）で進化したが、無脊椎動物のハチやクモの単眼とクラゲやヒトデの眼点のような、もっと単純な形態の眼も見られる。これらの種の遠い共通祖先は5億年以上前に遡るが、当時は明暗を区別できる原始的な光《ひかり》受容体しか備えていなかったようだ。[3] それでも、精密な視力があればさまざまな環境で生存には明らかに有利だったため、異なるグループの一部で、それぞれの種の生息環境に適応した複雑な眼が独自に進化したのだ。

このように、共通祖先の既存の形質から発生するのではなく、異なる種で類似した形質が独自に進化する現象は、「収斂《しゅうれん》進化」と呼ばれている。収斂進化には、ほかにも数多くの例がある。たとえば、昆虫、鳥、コウモリに見られる翼の進化や、魚類（サメ）と海洋哺乳類（イルカ）で起こった、水中生活に適するような似通った体形への進化がそうだ。こうして、さまざまな種が独自の方法で類似した有益な形質を獲得してきたことは疑いない。だが、脳は違う。文学や哲学や芸術の傑作を作り上げ、鋤《すき》、車輪、羅針盤、印刷機、蒸気機関、電信、飛行機、インターネットなどを発明できる脳を獲得した種は人間以外にない。そのような脳はただ一度、人類だけで進化した。これほど高性能の脳は明らかに有利であるにもかかわらず、なぜ自然界ではこれほどまれなのだろうか？

この高性能の脳には二つの大きな短所があるから、というのがこの謎の部分的な答えになる。第一に、人間の脳はエネルギーを大量に消費する。体重の2％の重さしかないのに、エネルギーは全体の20％を消費する。第二に、脳が大きいと、胎児の頭が産道を通りにくくなる。だから人間の脳はほかの種の脳よりも圧縮されている。細かく「折りたたまれている」のだ。そして、生まれたときの人間の脳は未熟で、何年もかけて念入りに調整してようやく完成する。そのため、乳児は自分では何もできない。ほかの多くの動物は、生まれてまもなく自らの脚で歩き、早くから自分で食べ物を手に入れられるが、人間は一人でしっかり歩くまでに2、3年必要で、自力で暮らしていけるようになるにはさらに多くの年数がかかる。

これらの欠点を考えると、そもそも人間の脳が進化した原因は何だったのかという疑問が湧いてくる。研究者たちは、いくつかの要因が合わさってその過程に貢献したのだろうと主張してきた。「生態環境仮説」によれば、人間の脳は人類という種が困難な環境にさらされた結果、進化したという。気候が変動して近隣の動物がそれに適応したとき、先史時代の人類のなかでも進化した脳をもつもののほうが、食糧の新たな供給源をうまく見極め、狩猟採集の方法を工夫し、調理や貯蔵の技術を発展させることができたはずだ。そのおかげで、彼らは居住地の生態学的条件が変化しても生存し、繁栄できたというわけだ。[4]

それに対して、「社会脳仮説」によると、複雑な社会構造の中で協力したり競争したり交易したりする必要性が高まったせいで、他者の行動目的を理解したり、相手の反応を予想したりする能力に長《た》けた高度な脳が進化上、有利になったという。[5] 同様に、相手を説得する能力や操る能力、おだてたり、詳しく話したり、楽しませたりする能力が、脳の発達と発話や対話の能力向上に拍車をかけた。それらの能力はすべて、社会的地位を得るうえで有益であるだけでなく、それ自体も利益をもたらしたことだろう。

一方、「文化仮説」では、情報を吸収して蓄えるという人間の脳の能力が強調される。そうした力を備えた脳は、情報を次世代に伝えることができる。この観点に立つと、人間の脳に特有の利点の一つは、他者の経験から効率的に学ぶ能力ということになり、その能力があるおかげで、はるかに長い時間がかかる生物学的適応に頼らなくても、多様な環境で生き延びる可能性を高める習慣や嗜好《しこう》を容易に獲得できる。[6] 言い換えれば、人間の乳児は身体的には何もできないが、脳には無類の学習能力が備わっており、そのなかには、過去に祖先を生き延びさせ、将来は自身の子孫の繁栄に役立つであろう行動規範、つまり文化を、把握し維持する能力が含まれているのだ。

以上に加えて、脳の進化に貢献した可能性があるのが、「性淘汰《とうた》」と呼ばれるメカニズムだ。一目でわかるような進化上の利点が脳そのものにはなくても、人間は、より高度な脳をもつ異性を伴侶《はんりょ》として求めるような嗜好を発達させてきた可能性がある。[7] そうした高度で複雑な脳は子どもを守り育てるうえで重要な、隠れた資質の証《あか》しであり、未来の伴侶を探す者たちはそれらの資質を、知恵や明瞭な発言、頭の回転の速さ、ユーモアのセンスといった感知できる特質から推測できたのかもしれない。

脳の進化は、人類に独自の進歩を遂げさせた、最大の起爆剤だった。それはとりわけ、脳の進化が科学技術の進歩──身のまわりの天然の素材や資源を自分に都合よく活用する方法の発展──をもたらしたからだ。そうした進歩は、さらなる進化への道を拓《ひら》き、人類は変化する環境への適応力を高めて、新たな技術をいっそう進歩させ、活用することが可能になった。この反復しながら勢いを増すメカニズムが、ますます大きな技術の進歩をもたらした。

たとえば、初期の人類は火の扱いを覚えたおかげで食物を調理し始め、その結果、咀嚼《そしゃく》や消化に必要なエネルギーが減って、活用できるカロリーが増えるとともに、頭蓋《とうがい》の中で顎《あご》の骨や筋肉が占めていた場所が空《あ》いたので、脳がさらに発達できたと考えられる。[8] この好循環によって調理技術がさらなる革新を遂げ、それが脳のいっそうの成長につながったのかもしれない。

もっとも、脳だけが人類をほかの哺乳類と隔てている器官ではない。手もまた、そうした器官だ。私たちの手も脳と連動して、一つには技術の発展に応じて進化した。たとえば狩猟の用具や縫い針、調理器具などを作り、活用するうえで手の恩恵は大きかったからだ。[9] とりわけ、石を加工したり木の槍《やり》を作ったりする技術が生まれたときには、それらの道具を有効に、的確に使える個体の生存可能性が高まった。狩猟者は腕が良いほど確実に家族を養うことができ、子どもを大勢育て上げられた。そうした技能は、世代間で伝達されれば、集団内で腕の良い狩猟者の割合が増えるとともに、従来よりも頑丈な槍や、のちにはもっと強力な弓や鋭い矢などがさらに開発され、進化上ますます有利になった。

同じような好循環は、人類の歴史を通して出現してきた。環境の変化や技術革新は人口の増加を可能にし、居住地の変化や新たな道具に人類が適応する引き金となった。そして今度は、適応力の向上によって、人類は環境をうまく操ったり新たな技術を開発したりする能力を高めた。やがて本書で明らかになるように、この循環こそが、人類の旅を理解し、「成長の謎」を解き明かすカギを握っているのだ。

揺籃《ようらん》の地からの大移動

何十万年ものあいだ、人類は狩猟採集型の小集団を成してアフリカの中を移動し、その間に複雑な技術力や社会的能力、認知能力を発達させた。[10] 先史時代の人類が次第に狩猟採集の腕を上げるにつれて、食糧資源が豊かな地域では人口が大幅に増え、やがて1人当たりの生活空間や自然資源が乏しくなった。そのため、人類は気候条件が許すと、資源が豊かな土地を新たに求めて、アフリカ以外の大陸へと進出し始めた。

おそらく最初に狩猟採集を始めた人類種であるホモ・エレクトゥスは、今からほぼ200万年前にユーラシア大陸へと広がった。現時点までで、アフリカ以外で見つかった初期のホモ・サピエンスの最古の化石は、21万年前のもの（ギリシアで発見）で、それに続くのが17万7000

～19万4000年前のもの（イスラエル北部のカルメル山で発見）だ。[11] だが、最初にアフリカを離れたこれらの現生人類の子孫は、氷河期の厳しい気候条件のために絶滅したか、あるいはアフリカへ引き揚げたと見られている。[12]

そんなわけで、現在生存しているすべての人間の直近の（女系）祖先である「ミトコンドリア・イヴ」が出現したのは、今から15万年ほど前のアフリカだった。当然ながら当時のアフリカにはほかにも多くの女性がいたが、彼女らのミトコンドリアDNAの系統は最終的には途絶えた。今日地球上にいる人類は全員、女系の系統をたどるとアフリカのこの1人の女性に行き着くのだ。[13]

広く受け入れられている「出アフリカ」仮説によれば、現在地球上にいる解剖学上の現生人類の大部分は、早ければ6万～9万年前にアフリカから以前より大々的に移動したホモ・サピエンスの子孫だという。[14] 人類は2通りの経路で群れを成してアジアへ向かった。ナイルデルタとシナイ半島を経由してレヴァントと呼ばれる東部地中海地方へ向かう北ルートと、紅海の入り口に当たるバブ＝エル＝マンデブ海峡を経由してアラビア半島へ入る南ルートだ[15]（**図3**）。現生人類は7万年以上前に初めて東南アジアに達し、[16] オーストラリアには4万7000～6万5000年前、[17] ヨーロッパには4万5000年近く前に到達した。[18] 更新世氷河時代の複数の時期に、現在のベーリング海峡にあった陸地（ベーリング陸橋）を通過した彼らは、約2万5000年前にベーリンジア（ベーリング陸橋とその周辺のシベリアやアラスカ一帯）に定住し、1万4000～2万3000年

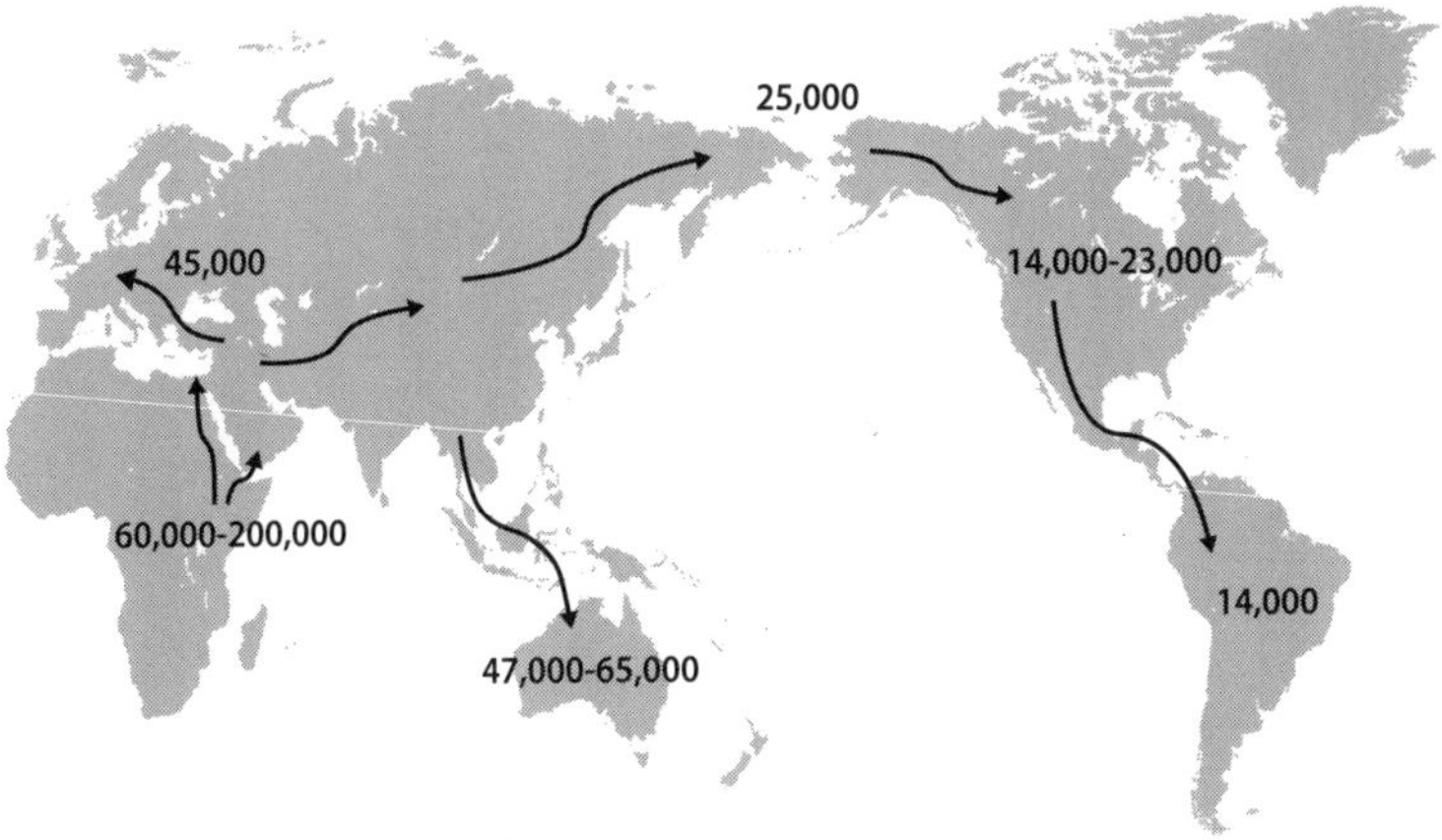

図3　ホモ・サピエンスのアフリカからの移動

ホモ・サピエンスの移動推定経路と、今を遡るおよその年数（新たな発見にもとづいてたびたび改訂されている）。

前には南北アメリカの奥地にまで達した[19]。

こうした出アフリカの移住の波は、地球上の人口の規模と多様性に影響を与えた。先史時代の人類は新しい居住環境に移ると、狩猟採集の場所が新たに手に入り、前よりも急速に人口が増えた。同時に、多様な新環境への適応が人間と技術の多様性を高め、技術革新の拡散や交流を促し、いっそうの人口増加につながった。

しかし結局、人口の増加が、豊かな土地と資源の不足という、出アフリカのそもそもの原因だった状況を再び招いた。新たな道具や技術を獲得していたにもかかわらず、人々の暮らしは次第に生存水準へと戻っていった。やがて、増加する人口を支えきれなくなり、気候が変化したこともあって、人類はついに別の生存方法を試すことになった。農耕だ。

初期の定住生活

今から1万2000年近く前、最後の氷河期に続いて気候が徐々に暖かくなったころ、ホモ・サピエンスに劇的な変化が訪れた。世界中で人々が移動生活から定住生活へと少しずつ移行し、芸術、科学、書字、技術の各分野で大きな発展を遂げ始めたのだ。

レヴァント地方で栄えたナトゥーフ文化（紀元前1万3000〜同9500年）についての証拠からは、地域によっては農耕が始まる以前に定住生活に移行していたことが窺《うかが》われる。ナトゥーフ文化の人々は大部分が狩猟採集民だったが定住生活をしており、住まいは石を積んだ土台の上に木の枝で作るのが一般的だった。各集落には200〜300人ほどが暮らし、人々はそこから長い狩猟の旅に出たり、野生の穀物の採集に出かけたりした。[20] しかし、当時の世界の大多数の人にとって、定住への最大の誘因は農耕への移行だった。

「新石器革命」とも呼ばれる「農業革命」が最初に起こったのは、飼育栽培の可能な野生の動植物が多様で豊富な「肥沃な三日月地帯」（チグリス川とユーフラテス川の流域から東部地中海沿岸とエジプトのナイル川デルタ周辺にかけての緑豊かな地域）だった。農耕は今から約1万年前に東南アジアでも独自に始まり、それらの地域から瞬《また》く間にユーラシア大陸の各地に広まった。広大なユーラシア大陸での農耕の急速な普及は、大陸が東西に長く延び、しかも大規模な自然障害物に遭遇せずに同じような緯度に沿って動植物や技術の伝播《でんぱ》が可能だったおかげだ。

一方、アメリカの地理学者で歴史家でもあるジャレド・ダイアモンドがピューリッツァー賞受賞作『銃・病原菌・鉄』で論じたように、サハラ以南のアフリカとアメリカ大陸では飼育栽培の可能な動植物の種類がはるかに少なく、農耕生活への移行はかなり遅れることになった。[21] アフリカの一部とメソアメリカ〔現在のメキシコ中部からニカラグア、コスタリカ北西部に至る地域〕では農耕が早く始まったものの、アフリカ大陸もアメリカ大陸も南北に長く、気候と土壌に大きな地域差があったために、農耕が広まるには時間がかかった。さらに、サハラ砂漠や通行が困難な中央アメリカの熱帯雨林が、農耕の伝播を妨げる自然の障害物となった。

それでも、技術や社会の変化が何十万年もかけてじつにゆっくりと起きたあと、狩猟採集部族から農耕社会への、そして移動生活から定住生活への移行は、ほんの数千年で人類の大半に広まった。この農業革命期に、人類は世界中で幅広い種類の野生の動植物を飼育栽培するようになった。小麦、大麦、エンドウ、ヒヨコマメ、オリーブ、イチジク、ナツメヤシ、そしてヒツジ、ヤギ、ブタ、ハトが、肥沃な三日月地帯で初めて飼育栽培された。近くのザカフカス（トランスコーカサス）地域ではブドウとザクロ、中国では稲、スイギュウ、カイコ、東南アジアではカモ、インド亜大陸ではゴマ、ナス、コブウシ、アフリカではモロコシ、ヤムイモ、コーヒーノキ、ロバ、ニューギニアではサトウキビ、バナナ、アメリカ大陸ではトウモロコシ、インゲンマメ、カボチャ、ジャガイモ、そしてシチメンショウ、ラマ、アルパカが、それぞれ飼育栽培された。[22]

本書での探究にとって重要なのは、農耕社会が著しい技術的進歩の恩恵を受けたことと、それが何千年ものあいだ持続したことだ。狩猟採集社会とは違い、農耕社会ははるかに多くの食糧を生み出せたので、増加する人口を養うことができた。狩猟採集社会よりも大きく、実力に優《まさ》る農耕社会は、ついには非農耕社会に取って代わったり、それらを吸収したりして、各大陸で急増した。

その一方、それぞれの農業共同体の中で交易が盛んになると、人々は農民、陶工、織工、工具製造者、商人、職人などの専業の職に就けるようになり、社会階層の分化が徐々に進んだ。とりわけ重要なのが、知識の創造に携わる非食糧生産層の出現だ。やがて芸術や科学、書字や技術の発展が相まって、文明が生まれることになる。

文明の夜明け

農耕社会の大半は当初、農業革命以前に主流だった社会の枠組みを維持していた。濃密に絡みあった血縁で結ばれたそれらの小規模な部族社会は結束が固く、協力や、争いごとの鎮静が容易にできた。部族の指導者は共同体に規則を守らせ、協力を促したが、際立った社会階層が出現することはまれで、ほぼ全員が農耕あるいは牧畜に従事していた。

しかし、集落が大型化し、人口密度が高まり、人々の職業が多様になるにつれて、血縁の枠組みでは実現できない幅広い協力が必要になった。その必要性に応えて出現した複雑な政治や宗教の制度によって、私たちの祖先は以前よりもはるかに大きな規模で協力できるようになり、巨大な灌漑《かんがい》施設や壮麗な神殿、いかにも堅固な要塞《ようさい》を築き、強力な軍隊を作ることができた。[23]こうして、支配者、貴族、聖職者、芸術家、商人、兵士をはじめとする、まったく新しい階層が生まれた。

人類が継続的に暮らしてきた世界でも際立って古い集落であるエリコは、紀元前9000年ごろに拡大し始め、聖書の時代に入ってからもずっと存続していた。その遺跡では密集した居住跡と大量の道具類や祭具が発見されており、1000〜2000人が住んでいたと考えられる。集落には高さ3・6メートルの石壁が巡らされ、その一角に高さ8・5メートルの塔があった。[24]一方、肥沃な三日月地帯で二番目に重要な集落に数えられるチャタル・ヒュユク(紀元前7100〜同5700年)は、陶器、燧石製や黒曜石製の道具、贅沢《ぜいたく》品などの地域交易の中心地だった。現在のトルコのアナトリアにあったこの場所には、装飾を施した泥煉瓦《どれんが》造りの家がひしめきあうように建ち並び、最盛期には3000〜1万人が暮らし、小麦や大麦、豆類、ゴマ、アーモンド、ピスタチオを栽培し、ヒツジやヤギ、ウシなどの家畜を飼育していた。

古代の大都市の大半は今から4000〜6000年前に、最初はユーフラテス川、チグリス川、ナイル川に沿って出現した。古代のシュメール文明とアッカド文明の中心地で当時10万近い人が住んでいたウルクとウルや、古代エジプトのメンフィスもそれに含まれる。[25]中国の都市が、続いてインドとギリシアの都市が、肥沃な三日月地帯の主な集落の規模にようやく近づいたのは、今から約3300年前のことだ。北アフリカのカルタゴは、さらに1000年後にやっとその規模に達した。興味深いことに、ヨーロッパの都市（ローマ）がついに世界最大の都市の座に就いたのは今から2000年前であり、アメリカ大陸の都市（ニューヨーク）が世界でもっとも人口の多い都市の栄冠に輝いたのは20世紀になってからだった。

都市の出現という、人類の旅におけるこの節目もまた、技術の進歩によって促されるとともに、技術のいっそうの進歩を促した。このときは、技術革新の突然の加速によって動植物の飼育や栽培がさらに進み、耕作や貯蔵、情報の伝達、運搬の方法が向上した。耕作の手法には鍬《くわ》や手で使う鋤が、そしてのちには動物に引かせる犂《すき》や灌漑設備が、さらには棚田・段々畑農業までもが少しずつ導入された。人々は、火を使って土や金属を加工することもできるようになり、それらの材料やセメントで住まいや穀物貯蔵庫を建てたり、道具を作ったりした。また、水力を活用して穀物を挽《ひ》くすべを学び、鞍《くら》をつけた家畜のウマやロバやラクダに乗って陸地を移動し、風力を利用して航海した。エリコの人々が高さ8・5メートルの高い見張り塔を建てた5500年後に、エジプト人は当初高さ146・5メートルに達したギザの大ピラミッドを建造した。

さらに、今から5500年前にはメソポタミア南部のシュメールで、世界初の文字が生まれ、書字の技術が発達した。書字はそれとはおおむね別個に、5200年前のエジプトと3300

年前の中国でも誕生し、メソアメリカでは2500年前に独自に始まった。書字は当初、会計処理や記録のために、その後は墓碑銘《ぼひめい》のために発達した。しかし重要なのは、書字によって人々が有益な知識を保存し、未来の世代に伝えたり、社会をまとめる神話を強固にしたりすることもできるようになった点だ。

農業革命は、それに先立つ技術の変化の時代と同じで、人類の生活様式や道具を大きく変えただけでなく、その過程で新たな環境への生物学的適応を促しもした。遺伝子と文化の共進化のもっとも良い例は、動物の家畜化がもたらした適応であるラクターゼ活性持続症かもしれない。ラクターゼは、乳製品に含まれる乳糖（ラクトース）の消化に欠かせない酵素だ。先史時代の人類は他の哺乳類と同様に、幼年期にだけラクターゼを体内で生成していた。だが、早くも今から6000〜1万年前には西アジア、ヨーロッパ、東アフリカで生じた遺伝子変異によって、幼年期を過ぎてもラクターゼが生成され、動物の乳を摂取することが可能になった。[26]これらの地域に暮らす牛飼いや羊飼いの社会では、成人になってもたまたまラクターゼを生成できた人は、連れて歩ける再生可能な食糧源として家畜を活用できたわけだ。そこから得られる進化上の利点によって、次第に集団内でその特質が広まることになった。その結果、現在はイギリス諸島とスカンディナヴィアの成人の90%以上に乳糖耐性がある。一方、昔からヒツジやウシが経済の基盤ではなかった東アジアの共同体では、その割合はわずか10%未満にとどまっている。[27]

人類が進化によって摂取できるようになった自然の産物は、畜乳だけではなかった。同様の遺伝子変異によって人類は澱粉《でんぷん》を消化できるようになり、パンを食事に取り入れることができた。また、適応は食生活の広がりだけにとどまらなかった。人口密度が増し、動物の家畜化が進むと、感染症への罹患《りかん》率も上がり、その結果、感染症に対する抵抗力が強まり、一部の社会の人々はマラリアへの自然免疫を獲得した。[28]

このように、農業革命は技術の変化と人類の適応の相互強化サイクルのお膳立てをした。人口の増加と気候の変動が引き金となり、地理的特徴の影響も受けて、技術が大きく変わり、飼育や栽培が可能な動植物のいっそうの活用を含む、環境との物質的な関係に変化が訪れた。農業革命が起こると、人類は新しい生活に社会的・生物学的に適応し、このような技術の大きな変化が可能になると同時に、技術の進歩にますます依存することになった。突きつめれば、このサイクル――その後、今に至るまで働き続けているこの根源的な力――こそが、ホモ・サピエンスの数を大きく増やし、人類が生活環境を制御する力を高め、私たちを地球上でもっとも有力な種に仕立て上げたのだ。

それでも、最初に述べたように、知識と技術のこうした大きな進歩があったにもかかわらず、寿命、生活の質、物質的な快適さや繁栄の程度という物差しで計った場合の人類の生活水準は、なんとも不思議なことに、ほぼ停滞したままだった。その謎を解くにはさらに問題を掘り下げ、停滞をもたらした原因について考えなくてはならない。その原因とは、貧困の罠だ。

第2章 停滞の時代

18世紀の牧師トマス・マルサスは、イギリスのエリート階級の裕福な家庭に育った。学者として影響力ももっていた彼は、啓蒙《けいもう》時代の指導的人物であるウィリアム・ゴドウィンやニコラ・ド・コンドルセといった当時の思想家たちのユートピア的理想主義を批判した。それらの思想家は、人類の進路を、理想の社会へと向かう必然の進歩の道として思い描いていた。それを浅はかだと感じたマルサスは、1798年に『人口論』を出版し、当時主流だったそうしたユートピア的理想主義に深い疑念を示した。マルサスは、人類がたとえどれだけ食糧の生産性を上げても、結局その成果は人口の増加によって帳消しになるため、長期的に見れば人類はけっして繁栄できないという悲観的な説を打ち出した。

マルサスの考えは、同時代の人に大きな影響を与えた。当時の著名な政治経済学者のなかには、デイヴィッド・リカードやジョン・ステュアート・ミルなど、マルサスの主張に深く感化された人がいた。一方、カール・マルクスとフリードリヒ・エンゲルスは、階級制度が窮乏の蔓延に関わっていることをマルサスが無視していると、厳しく非難した。逆に、進化論の生みの親であるチャールズ・ダーウィンとアルフレッド・ラッセル・ウォレスは、これまた大きな波紋を呼ぶことになる彼ら自身の説を練り上げるうえで、マルサスの『人口論』に決定的な影響を受けたことを認めている。

振り返ってみると、マルサスの記述は過去の世界についてはすべて的確だった。だが、人類の未来に関する彼の悲観的な予言は、やがてまったくの誤りであることが判明する。

マルサス説

産業革命以前のある村で、住民が鉄製の犂を使って小麦を以前より効率よく栽培する方法を工夫し、パンの生産能力がぐんと高まったとしよう。当初は村民の食事が改善し、余剰食糧の一部を売ることで、生活水準は向上するだろう。食糧が豊富なおかげで、仕事量を減らして余暇を楽しむことさえできるかもしれない。しかし、マルサスはその先が肝心だと論じた。余剰食糧があるおかげで元気に成長する子どもが増え、村の人口は時とともに増加するだろう。ところが、村で小麦栽培に使える土地にはどうしても限りがあるため、人口が増えるにつれて1

人当たりのパンの割り当ては徐々に減る。いったん向上した生活水準は落ち始め、村民1人当たりのパンの量が当初の水準に戻った時点で、ようやく下げ止まる。技術の進歩によって集団は大きくなるが、残念ながら、長期的には豊かにはなれないということだ。

あらゆる生物が、この罠にはまってきた。ある島にオオカミの群れがいたとする。地球の寒冷化によって海面が下がり、別の島への陸橋が現れた。その島ではウサギの群れが平和に暮らしている。新たな狩り場に恵まれたオオカミたちは、獲物が増えることで生活水準が上がる。成獣に達する子オオカミが増え、個体数は爆発的に増加する。ところが、限られた数のウサギを餌食《えじき》とするオオカミの数が増えるにつれて、彼らの暮らしは寒冷化以前の水準へと徐々に戻っていき、個体数は増加から停滞に転じる。手に入る食糧資源が増えても、長期的に見れば、オオカミたちの暮らしは楽にならないのだ。

マルサスの仮説は二つの根本的な前提にもとづいている。一つ目は、ある集団の食糧資源（農業生産高、漁獲量、狩猟採集の獲得量）が増えると、子どもの生存数も増す、というものだ。繁殖をよしとする生物学的・文化的・宗教的傾向があるうえ、栄養状態の改善に伴って子どもの死亡率が下がるからだ。二つ目の前提は、生活空間に限りがある場所ではどこでも、人口の増加は生活水準の低下を引き起こす、というものだ。マルサスによれば、人口の規模は必ず二つのメカニズムによって、入手可能な食糧資源に適応するという。人口の伸びが食糧生産力を上回った社会で、飢饉や病気、資源をめぐる戦争の多発によって、死亡率が上がる「積極的抑制」と、食糧が不足したときに晩婚や避妊によって出生率を低下させる「予防的抑制」だ。

産業革命以前の時代には、マルサス説が主張するように、技術の進歩は人口の増加をもたらしたものの、生活の豊かさにはつながらなかったのだろうか？　その時代に技術の水準と人口規模が現に正の相関関係にあったことは証拠から明らかだが、そのような関係があるだけでは、技術が人口に影響を与えたことにはならない。実際には、この時代の技術の進歩は部分的には、人口が増加した結果だった。社会が大きくなることで、発明をし得る人の数と彼らの発明に対する需要がともに増加したからだ。さらに、それとは別個の文化や制度や環境の要因が、技術の発展と人口の増加の両方を助け、結果的に両者のあいだに正の相関を生じさせた可能性もある。要するに、この相関そのものは、マルサス説が想定している力が働いている証拠にはならないのだ。

幸いにも農業革命は、マルサス説の妥当性を検証する興味深い手段を私たちに提供してくれる。ジャレド・ダイアモンドの説得力に富む主張にあるように、農業革命を早く経験した地域が当時のほかの地域よりも技術面で先行し、その優位が何千年も持続したことは、証拠によってしっかりと裏づけられている。[1]　したがって、ある地域が農業革命を経験した時期がわかれば（あるいは、ある地域で飼育や栽培が可能な動植物の種類の数がわかれば）、その地域の技術的進歩の水準を推測できる。言い換えれば、どの時点を選んでも、農業革命を早く経験した地域ほど、技術の進歩の水準が高いことが見込まれる。だから、ほかの条件がすべて同じならば、ある地

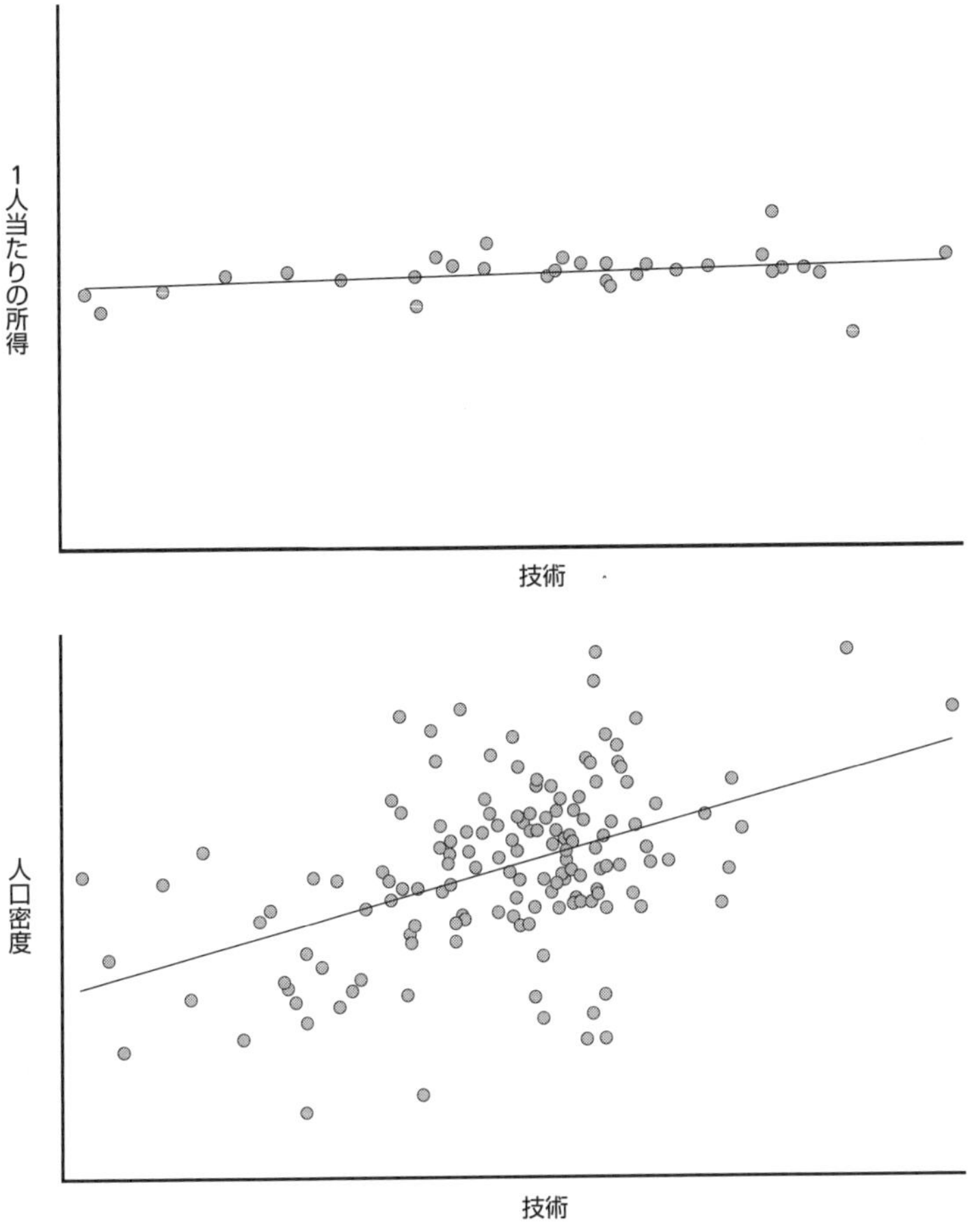

図4　西暦1500年の世界各国の人口密度と1人当たりの所得に技術水準が及ぼした影響

西暦1500年の各国の差異にもとづいたこれらのグラフからは、技術水準（農業革命後の経過時間から推測される）が人口密度に正の影響をもたらしたこと（下のグラフ）と、1人当たりの所得にはほとんど影響しなかったこと（上のグラフ）が見てとれる（それぞれの丸印は、現在の国境によって区分された地域を示している）[3]。

域が農業革命を早く経験し、かつ人口が多かったり豊かだったりしたら、その人口の多さや豊かさは技術的進歩の水準が高かったことが原因であると自信をもって結論できるのだ。

この検証法を使えば、産業革命以前の時代はマルサスの言うメカニズムが作用していたことが実際に確認できる。たとえば西暦1500年には、農業革命が始まった時期にもとづいて推測した技術水準が高いほど、現に人口密度も高かったが、1人当たりの所得への影響はごくわずかだった[2](図4)。

また、別の証拠からは、肥沃な土壌も人口密度の上昇を促したものの、生活水準の向上にはつながらなかったことがわかる。さらに、もっと古い時代を同じレンズを通して眺めると、驚くほど一貫したパターンが浮かび上がる。技術の進歩と土地の生産性の高さはたいてい人口増加を招くだけで、生活の豊かさにはつながらなかったのだ。これは、産業革命以前には、世界中の人がおおむね同じような生活水準で暮らしていたことを意味する。

なぜ農耕が始まったのか

マルサスのメカニズムは、それを考えに入れないと理解に苦しむような歴史上の主要な出来事の根本的な原因に光を投げかけてくれる。一見すると頭を抱えたくなるような謎の一つに、次のようなものがある。初期の農耕社会の人骨には健康や豊かさの向上の跡が見られず、何千年も前の狩猟採集民に比べてむしろ生活水準の低下が窺えるのだ。狩猟採集民のほうが明らかに長生きで、食生活が豊かで、仕事も楽だし、感染症も少なかった。[4] それではなぜ初期の農民や羊飼いたちは、比較的豊かで優れていた狩猟採集生活を捨てたのだろうか？

前述のとおり、アフリカから出て新しい居住環境に移った先史時代の人類は、豊かな食糧資源を新たに手にし、生活水準を下げずに急速に数を増やすことができたはずだ。それでも結局はマルサスのメカニズムが働き、限りある野生動植物を奪いあう人間の数が増えたために、いったん獲得した豊かさは相殺《そうさい》されただろう。道具や技術が進歩したにもかかわらず、暮らしは元の生存水準へと徐々に戻ったに違いない。それどころか、過剰な人口増によって生存水準さえも下回り、崩壊の可能性に直面する社会もあった。

こうした現象がとりわけ深刻だったのは、ホモ・サピエンス以前の古代人類が一度も住んだことがなく、動物たちが人類の脅威に適応していなかった地域だ。たとえば、オセアニアやアメリカ大陸では、優れた武器を手にホモ・サピエンスが到来すると狩猟が盛んに行われ、やがて大半の大型哺乳類は絶滅し、次第に多くの部族が、急速に減っていく食糧資源をめぐって争う羽目になった。

人口が急増し、過剰な資源採取がついには崩壊につながるという現象の極端で悲惨な例が、13世紀初めに太平洋のイースター島に移り住んだポリネシア人の孤絶した部族だ。[5] 住みついてから400年近いあいだ、豊かな植生と漁場に恵まれたイースター島の人口はぐんぐん増えた。

文明が栄え、最大10メートルの高さがある、あの有名な堂々たるモアイ像群が造られた。ところが結局、人口の増加は島の脆弱《ぜいじゃく》な生態系にとって次第に重荷になった。18世紀に入るころには、イースター島の鳥たちは姿を消し、森林は破壊され、漁船の製造や維持ができなくなっていた。この切迫した状況のせいでたびたび内紛が起こり、人口は80%近くも減少した。[6] 同様の生態学上の災害は、ジャレド・ダイアモンドが著書『文明崩壊』で述べているように、南太平洋のピトケアン諸島の人々や、今日のアメリカ南西部に当たる地域で暮らしていたアメリカ先住民、中央アメリカのマヤ文明の人々、グリーンランドに渡ったスカンディナヴィアの諸部族のあいだでも起こった。[7]

肥沃な三日月地帯の狩猟採集社会は、今から1万2000年近く前に同様の圧力を経験した。豊富な食糧と技術の向上によって人口が増えたため、狩猟採集による1人当たりの入手可能な食糧が徐々に減り、一時的に上向いた暮らしはやがて生存水準へと戻っていった。それでもなお、飼育栽培可能な動植物種が豊かである肥沃な三日月地帯の際立った生物多様性のおかげで、この地の社会はイースター島民にはほぼ不可能だった別の生存方法を選ぶことができた。それが、農耕だ。気候条件も助けになった。[8] 今から1万1500年ほど前に最後の氷河期が終わると、一帯の土地は前よりも農耕に適するようになり、気候の変動性と季節性も増した。こうして農耕は、たとえそれに伴う食生活の質で劣ろうと、狩猟採集よりも確実な食糧生産方法になった。狩猟採集は豊かな食物をもたらすものの、未来の予測が困難な先細りの方法だったたからだ。

肥沃な三日月地帯では農耕に依存できたおかげで、イースター島でのちに文明崩壊を招いたような生態系の危機を回避し、以前よりはるかに大きな人口を支えることが可能になった。事実、いくつかの情報によれば、農耕や牧畜では狩猟採集と比べて単位面積当たりで100倍近い農民や牧畜民を養えたという。[9] 最後にはもちろん、農耕社会の人口規模は新たな高い水準で落ち着くことになるが、このときには暮らしは生存水準へと逆戻りしていたため、この地の人口密度がまだ低かった何千年も前の狩猟採集民の生活水準を、じつは大きく下回ったのだ。それでも、もっと近い祖先の狩猟採集民の生活水準と比べると、農耕への移行はまさしく理に適《かな》っていて、必然でさえあったかもしれず、じつのところ、それはけっして生活の質の低下ではなかったのだ。興味深いことに、はるか昔の狩猟採集民の豊かな暮らしから人口が密集した農耕民の貧しい暮らしへの転換は、世界各地の複数の文化に共通する「失われた楽園」にまつわる神話の起源になった可能性もある。

農耕社会は人口の増大と早くからの技術進歩によって、残っていた狩猟採集民を打ち負かし、ついに農業は地球上の広い範囲で主流の座に就いた。新たな時代はすでに幕を開け、もう後戻りはできなかった。

人口変動

マルサスの強力なメカニズムは、農業革命後の人口変動の際にも作用していたことが見てとれる。引き金を引いたのは、生態系や疫病や制度に関わる激変だ。

人類史上屈指の甚大《じんだい》な被害をもたらした出来事が、黒死病（腺ペスト）のパンデミックだった。黒死病は、14世紀に中国で最初に発生し、その後、モンゴルの軍隊や商人とともにシルクロードに沿って西へと広まり、クリミア半島に達した。そこからさらに商船で旅を続け、1347年にシチリア島の都市メッシーナとフランスのマルセイユに行き着いたのち、ヨーロッパ大陸全土に一気に広がった。[10] 黒死病は1347〜52年に、ヨーロッパの人口の40％にのぼる死者を出した。人口密度の高い地域では特に致命的だった。ほんの数年のうちに、パリ、フィレンツェ、ロンドン、ハンブルクなど多くの都市で、住民の半数以上が命を落とした。[11]

生き残った人々も多くの親族や友人を黒死病で失い、癒《い》えることのない心の傷を負っただろうが、この疫病は小麦畑や製粉機には害を及ぼさなかった。だから、ヨーロッパの農民は大きな痛手を受けたあとでも仕事を再開することができた。そして、自分の労働力に対する需要が急上昇していることに気づいた。農業の人手不足は切実で、平均的な労働者はほどなく黒死病の流行前よりも収入が増え、労働条件も改善した。

死の勝利

壁画(1448年)、イタリアのパレルモ[12]。

1345〜1500年にイングランドでは人口が540万人からわずか250万人にまで激減する一方、実質収入は2倍以上に増えた(**図5**)。こうした収入の増加が生活水準を押し上げた結果、出生率は上昇して死亡率は低下し、イングランドの人口はゆっくりと回復に向かった。しかしマルサスのメカニズムに従って、人口増加は最終的には平均収入の下落につながり、300年も経たないうちに人口も収入も黒死病の前の水準に戻った。

重大な人口変動は、1492

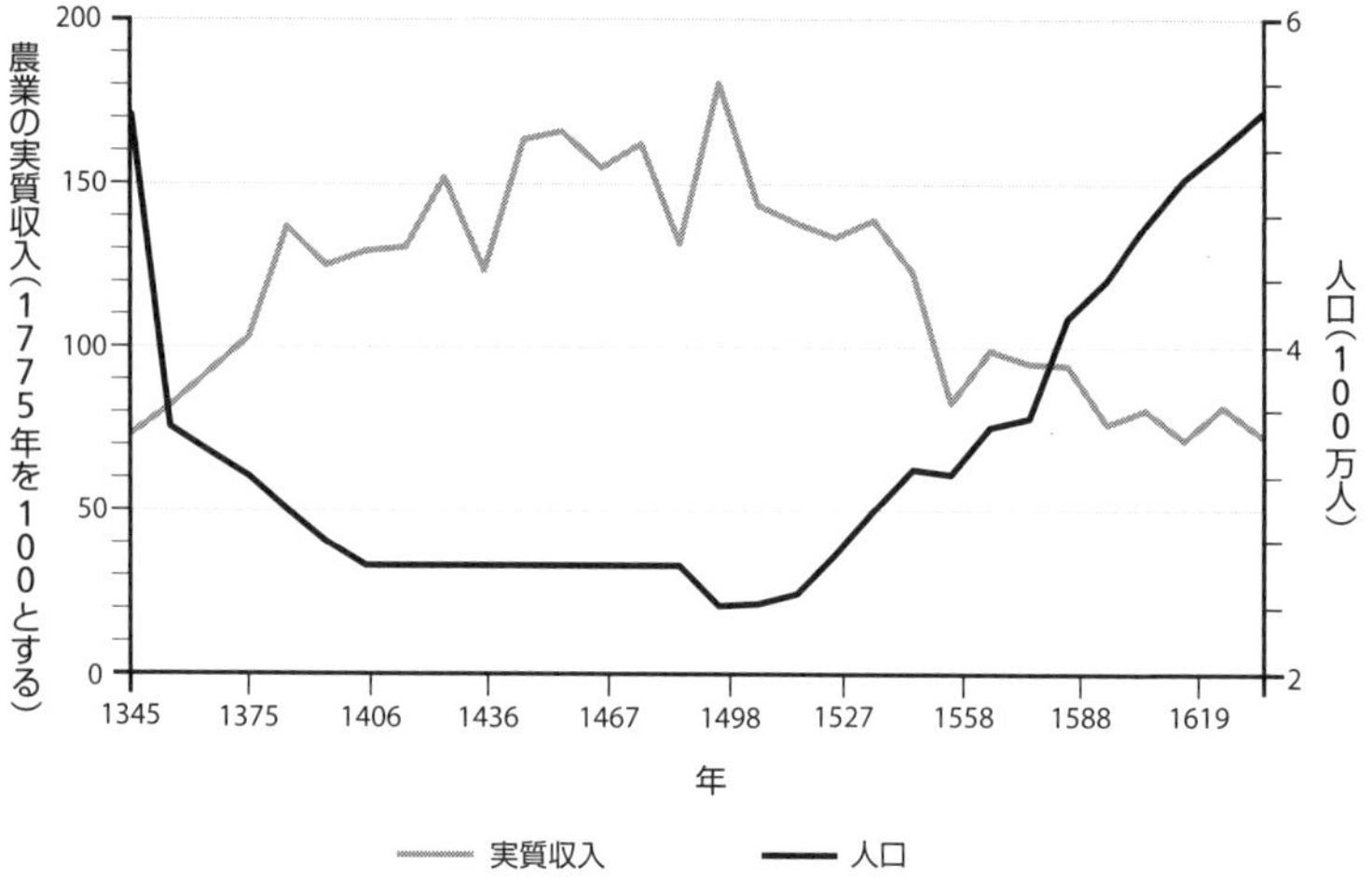

図5　黒死病がイングランドの収入と人口に与えた影響

1348年に黒死病に襲われたイングランドの人口は以後激減し、その結果、実質収入は一時的に上昇したが、1615年までには人口が黒死病以前の水準に回復するとともに、実質収入も以前の水準に戻った[13]。

〜1504年にクリストファー・コロンブスがアメリカ大陸へ数度航海したあとにも起こった。アメリカ大陸にはカカオ豆、トウモロコシ、ジャガイモ、タバコ、トマトなど、ヨーロッパ人には馴染《なじ》みのない作物が豊富にあり、それらの作物が船でヨーロッパへ運ばれるようになった。逆に、バナナ、コーヒー豆、サトウキビ、小麦、大麦、稲などの作物が、初めてアメリカ大陸にもたらされた。

ジャガイモは1570年ごろにヨーロッパに伝わり、ほどなくヨーロッパの料理に欠かせない食材になった。ことに大きな影響を受けたのがアイルランドで、貧しい自家消費農家のあいだでジャガイモ栽培は広く普及した。

ジャガイモはアイルランドの土壌と気候にとりわけ適しており、農民の収入は短期的には増加し、時には新たに家畜を買う余裕さえできた。[14] ジャガイモを栽培し始めた当時の農民は、カロリー摂取量も生活の質も大幅に上昇した。

だが、マルサス説のとおり、そうした改善は長続きしない運命にあった。ジャガイモが導入されたあと、1600年には約140万人だったアイルランドの人口は1841年には820万人にまで膨《ふく》れ上がったが、暮らしは生存水準に近いままだった。[15] それどころか、状況は以前よりも悪化することになる。1801〜45年には、当時アイルランドを統治していたイギリスの多くの議会委員会でこの問題が議論された。おおかたの結論は、急速な人口の増加と生活水準の落ち込みによりアイルランドが惨事の手前まで来ているというものだった。このころには、アイルランド人の多くが、生き延びるための食糧として全面的にジャガイモに頼っていたからだ。[16] なおさら悪いことに、人々は単一品種のジャガイモに依存していた。

1844年、アイルランドの新聞は、アメリカで新たな菌類（疫病菌）がジャガイモに甚大な被害を及ぼしていると報じ始めた。やがて、その菌はアメリカの貨物船によってヨーロッパ各地の港に運ばれ、畑に広がり、ベルギー、イングランド南部、フランス、アイルランド、オランダの作物に大打撃を与えた。アイルランドのジャガイモは1845年には半分近くが、1846年には4分の3が枯れたと推定されている。ジャガイモが多様性を欠いていたため、アイルランドの農民には、壊滅的被害に遭った品種に代わるものがなかった。イギリス政府からの有益な介入や救済がなかったので（そもそも、単一の作物への依存を奨励したのがイギリス政府の政策だった）、大規模な飢饉の発生は避けられなくなり、アイルランド大飢饉（1845〜49年）では、主に貧しい農村地帯で約100万もの死者が出た。飢餓や発疹チフスや、栄養状態が良ければ回避できたであろう病気が原因だった。また、100万を超える人がグレートブリテン島や北アメリカに移住した。一部の地域では人口の30％以上が失われた。住民が一人もいなくなった村も、いくつもあった。こうして3世紀のあいだに、優れた作物の導入とその後の大惨事は人口の増加とそれに続く大激減を引き起こしたが、長期的に見れば、生活水準にはほとんど影響が出なかった。

新世界の作物を取り入れたのは、ヨーロッパの人々だけではなかった。中国では、ジャガイモよりも自国の土壌に適したサツマイモやトウモロコシが新世界から取り入れられ、栽培された。トウモロコシは16世紀半ばに三つのルートで中国に伝わった。北からシルクロード経由で中央アジアを横断して甘粛省《かんしゅく》へというルート、南西からインドとビルマ経由で雲南省へというルート、そして南東から、福建省《ふっけん》の太平洋岸沿いで交易をしていたポルトガルの商船に運ばれて伝わったルートだ。[17]当初、トウモロコシはかなりゆっくり広まり、栽培はこれらの三省に限られていた。だが18世紀半ばには広く普及し、20世紀に入るころには中国全土で欠かせない食物になっていた。トウモロコシの導入は中国の農業生産高に大きな影響を与えたので、のちにこの国の研究者たちに、中国の二度目の「農業革命」と名づけられた。[18]

多くの科学分野では、研究者は対照実験によって実験群（治療群）と対照群への影響を比較測定し、新薬やワクチンなどの特定の要因が及ぼす影響を判定できる。だが、歴史的な出来事の場合、時計を巻き戻して一部の人だけを特定の影響にさらし、時間とともにどのような結果につながるかを調べることはできない。それでも、「歴史の準自然実験」という方法を使うことはできる。つまり、実験室と同じような状況を呈している歴史的事象を探し、特定の要因や出来事にさらされた「実験群」とさらされていない「対照群」を比較することで、そうした要因や出来事がもたらす影響を推測するのだ。[19]トウモロコシは異なる時期に中国の異なる省に伝来したので、そうした「歴史の準自然実験」の対象となり、国同士のあいだではなく一つの国の中でマルサス説を検証することができる。

マルサス説のとおりなら、中国で早くトウモロコシを導入した省は長期的に見れば、あとから導入した省よりも人口密度は高くなるが、1人当たりの所得や経済発展の度合いで優ることはおそらくない。ただし、地域ごとの人口密度と生活水準を単純に比較するだけでは意味がない。早くトウモロコシ栽培を導入した省にはあとから導入した省にはない重要な特徴がほかにもあって、それらも人口密度や生活水準に影響を及ぼした可能性があるからだ。実際、当時は中国全体が、ほかにもいくつか大きな変化を経験しており、それがトウモロコシの伝来とは別個に、人口密度と生活水準の地域差に影響したかもしれない。

そこで研究者たちは、単に人口密度や生活水準を比較するのではなく、最初にトウモロコシを導入した三つの省の人口密度と経済的繁栄の長期的変化と、ずっとあとに導入した省でのそれらの変化とを比べた。人口密度と経済的繁栄の実際の水準の差ではなく、「変化の差」を比較することで、混乱を招く可能性のある要因を取り除くことができる。[20] すると、はたしてマルサスの仮説どおり、早くトウモロコシ栽培を導入した三つの省は1776〜1910年に、ほかの省よりも人口密度の増加が10％多かったものの、収入水準には目立った影響は見られなかった。全体として、この期間に中国が経験した人口増加の合計の約5分の1は、トウモロコシの導入が原因だと考えられる。

このように、マルサス時代には余剰状態も欠乏状態も長続きしなかったのは明らかだ。新たな作物や技術の導入は人口増加率を上げるので、経済の繁栄にはつながりにくかった。一方、生態学上の災害は飢饉や病気や戦争を通して人口を減少させるので、そうした災害を原因とする長期的な経済の荒廃は最終的には回避された。こうして、繁栄と荒廃の合間で停滞する「経済の氷河期」が、いやおうなく続いたのだった。

経済の氷河期

農業革命も、文化や制度、科学や技術の一連の大躍進も、人々の生活水準の経済的尺度（1人当たりの所得）と生物学的尺度（平均寿命）のどちらに対しても、取り立てて言うほどの影響を長期にわたって及ぼすことはなかった。他の生き物たちと同様に、人類はその歴史の大半を通して困窮の罠に捕らわれ、生存水準に近い暮らしを余儀なくされてきた。

さまざまな文明で、1人当たりの所得や技能をもたない労働者の収入は何千年ものあいだ、地域差はあるもののごく狭い範囲で上下していた。具体的には、1労働日当たりの収入は、3000年以上前のバビロンでは小麦で7キログラム、アッシリア帝国では5キロ、2000年以上前のアテナイでは11〜15キロ、ローマ帝国支配下のエジプトでは4キロに、それぞれ相当したと推定されている。実際、産業革命の直前でさえ、西ヨーロッパ諸国の労働者の収入はこの狭い範囲にとどまっており、アムステルダムで小麦10キロ、パリでは5キロ、マドリッドやナポリなどイタリアとスペインのあちこちの都市では3〜4キロだった。[21]

さらに、過去2万年間のさまざまな部族や文明が残した人骨は、地域や時代による差はあるものの、出生時の平均余命（平均寿命）の変動がじつに狭い幅で変動していたことを示している。[22] 北アフリカや肥沃な三日月地帯の中石器時代の遺跡で発見された人骨からは、平均寿命が30年弱だったと推定される。その後の農業革命期に、平均寿命は一部の地域では縮んだが、大半の地域では目立った変化はなかった。[23] 具体的には、4000〜1万年前の農業革命初期の墓地遺跡から発掘された人骨は、平均寿命がチャタル・ヒュユク（トルコ）とネア・ニコメデイア（ギリシア）ではおよそ30〜35年、ヒロキティア（キプロス）では20年、カラタシュ（トルコ）近郊とレルネー（ギリシア）近郊では30年だったことを示している。2500年前にはアテナイとコリントスで平均寿命は約40年に達したが、ローマ帝国の墓石からは、死亡年齢がやはり20〜30歳だったことがわかる。[24] もっと新しい時代の証拠を見ると、16世紀半ばから19世紀にかけてのイングランドの平均寿命は30年から40年のあいだで上下しており、[25] 産業革命以前のフランス[26]やスウェーデン、[27] フィンランド[28]でも同じような数値が記録されている。

ホモ・サピエンスの出現から30万年近く、1人当たりの所得が生存に最低限必要な水準を超えることはほとんどなく、疫病や飢饉が多発し、乳児の4人に1人は1歳の誕生日を迎えられず、多くの女性が出産時に命を落とし、平均寿命が40年を超えるのはまれだった。

ところがその後、すでに述べたように、西ヨーロッパと北アメリカではさまざまな社会層で突如、生活水準が急速に未曽有の向上を始め、続いて世界のほかの地域でも同様の現象が起きた。驚くべきことに、19世紀の初め以降、長かったマルサス時代に比べればまさに一瞬のうちに、世界全体で1人当たりの所得は14倍に急上昇し、平均寿命は2倍以上になったのだ。[29]

人類はどのようにして、マルサス説が想定している力の支配からついに抜け出すことができたのだろうか？

第3章 水面下の嵐

ガラスの湯沸かしが、火の点《つ》いたコンロに載っている。やがて湯沸かしの水が温まり始める。水の表面には、何の変化も窺えない。水温が次第に上昇しても初めのうちは目につく影響はなく、水はじっとしているように見える。だが、この平穏は見せかけだ。水の分子は、熱エネルギーを吸収して互いに引きつけあう力が相対的に弱まるにつれて動きが速まり、臨界点を超えると水の状態が劇的に変化する。液体から気体になるのだ。こうして突然、水の「相転移」が起こる。湯沸かしの水分子が全部一度に気体に変わるわけではなく、変化は徐々に進み、ついには全体に及ぶ。やがて湯沸かしの水分子は、特性も外観も最初とはまるで違ったものになる。

過去2世紀で、人類も同様の相転移を経験した。それは、液体から気体へという湯沸かしの水の変化に似て、経済が停滞していた何十万年ものあいだ、水面下で人知れず勢いを増していた過程の結果だった。停滞から成長への相転移は劇的で突然だったように見えるし、実際にそうだった。だが、これから明らかになるように、この一大変化の根本的要因は人類が出現したときからずっと作用し続け、私たちの歴史全体を通して働きを強めてきたのだ。さらに、湯沸かしの水の分子同士にも気体に変化する時点に違いがあるように、人類の相転移の時期にも地域によって差があり、相転移を比較的早く経験した国々と貧困の罠に長く捕らわれていた国々とのあいだに、以前には考えられないほどの格差が生まれた。

では、何がこのような相転移をもたらしたのだろうか？

統一成長理論

過去何十年にもわたって、物理学者たちは「万物の理論」を考案しようとしてきた。「万物の理論」とは、宇宙のあらゆる物理的側面に対する一貫した説明を提供し、量子力学とアインシュタインの一般相対性理論とを両立させるとともに、重力、電磁気力、弱い核力、強い核力という自然界の四つの基本的な力の相互作用を統合する理論だ。そうした試みを推し進めてきたのは、宇宙の物理的側面の体系的でより正確な理解は既知の物理現象のいっさいを説明できる、統一された枠組みに根ざしていなければならない、という強い信念だ。既知の物理現象の一部とは合致するが全部には当てはまらない理論は部分的なものに違いなく、したがって本来、不完全なはずだからだ。

惑星は（当時の人が信じていたように地球のまわりを回っているのではなく）太陽のまわりを回っていると主張したルネサンス期の天文学者ニコラウス・コペルニクスも、今から500年近く前に同様の考え方を示していた。彼は、こう述べている。宇宙の働きを理解する統一理論がない状態は、「画家がさまざまなモデルから手や足や頭など身体の各部を寄せ集めて肖像画を描くようなものだ。それぞれの部分は見事に描かれていても、同じ身体のものではなく、完全に調和を欠いているため、人間ではなく怪物の肖像画になるだろう」[1]。

「統一成長理論」の構築もそれと同じで、個々の時代だけではなく発展の全過程の背後にある主要な原動力を反映できていなければ世界的な経済発展の原動力の理解は脆弱で不完全になる、という信念に駆られたものだった。[2] さらに、この理論の構築の土台には、次のような認識があった。つまり、従来の分析は、現代という経済成長の時代とマルサスの停滞の時代を一つの統合された総体ではなく二つの別個で無関係の現象と捉えていたため、成長の過程自体の解釈が限られ、ゆがんだものにさえなり、今日の国家間の豊かさの格差を理解するうえで、歴史のもつ力の重要な役割が無視されてしまった、という認識だ。

この統一成長理論は、今から30万年近く前にアフリカにホモ・サピエンスが出現して以降の、歴史の全過程にわたる人類の旅を対象としている。この理論は、歴史の原動力を特定し、その跡をたどる。その原動力こそが、マルサス時代の発展の過程を支配し、ついには、人類が貧困の罠を脱して持続的経済成長の時代に入るという相転移を引き起こしたのだ。この見識は、成長過程の全容を捉えるうえで、また、今日の貧しい国々が停滞から成長へと移行する際に直面する壁を理解したり、過去数世紀に各国の豊かさに大きな格差が生じた原因や各国の運命に遠い過去がどんな痕跡を残しているかを明らかにしたりするうえで欠かせない。

すでに立証したように、マルサス時代には、技術革新や闘争、制度の変化、疫学転換〔死因となる主な病気が、感染症から非感染症へと移行すること〕のおかげで生存ぎりぎりの生活から脱出できても、人口の増加という強烈な逆風を招き、いったん増えた1人当たりの所得は従来の長期的な水準に逆戻りした。では、こうした「マルサスの均衡」の重力から人類を解き放ったのは何だったのか？　世界はいったいどのようにして、この経済のブラックホールから抜け出せたのだろうか？

停滞から成長への移行を促した要因を探しているときには、こう主張することもできるかもしれない。産業革命こそが世界に突然、外から衝撃を与え、現代の成長の時代へと一気に突入させた原動力だ、と。だが、産業革命が起きた18世紀と19世紀の資料からは、その間のどの時点をとってもそうした「衝撃」は存在しなかったことがわかる。人類の歴史の長さに比べれば成長への移行は急速だったが、その期間の生産性の向上は緩やかだった。現に、産業革命が起こった当初、技術の進歩は段階的だったために、マルサス説から見込まれるとおり、人口は急増したものの平均所得はごくわずかしか増えなかった。それにもかかわらず、１００年近く経ったある時点で、マルサスの均衡はじつに不思議なことに消滅し、驚異的な成長がそれに続いた。

この謎に挑むために過去数十年をかけて私が考え出した概念的な枠組みは、数学の分岐理論をヒントにしたものだ。分岐理論は、温度がある限界を超えると水が液体から気体に変わるように、ある限界を超えると一要因のわずかな変化が力学的複雑系の振る舞いに突然の劇的な変化を引き起こす仕組みを論証している。[3] この枠組みを使って本書で取り組んだのは、湯沸かしの中で上がり続ける温度のように、水面下でひそかに回転していた歯車だ。具体的には、マルサスの均衡の時代を通じて絶えず回り続けたものの、とうとうその均衡の支配を解いて現代の成長をもたらした歯車を突きとめることに的を絞ってきた。

マルサス時代のあいだ中、休むことなく回り続け、ついには過去2世紀に生活水準の劇的な変容を引き起こした謎の歯車とは、いったい何なのだろう？

変化の歯車

◆人口規模

こうした変化の歯車の一つは、人口規模だ。農業革命直前の紀元前1万年には、推定で２４０万の人間が地球上を動きまわっていた。だが、ローマ帝国とマヤ文明が最盛期に近づいた西暦元年までには世界の人口は78倍となり、１億８８００万人に急増していた。その

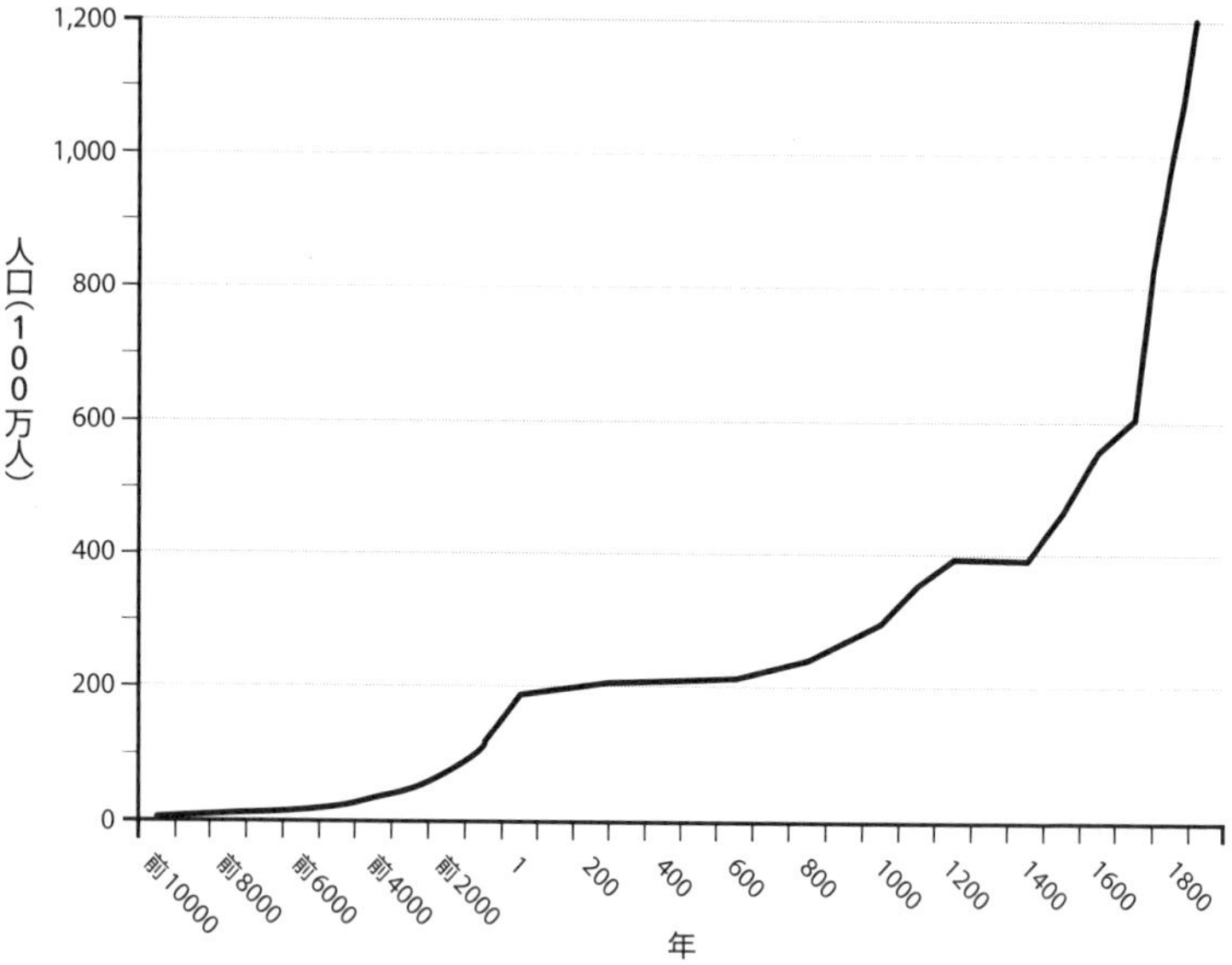

図6　マルサス時代における人口の増加[4]

1000年後、ヴァイキングが北ヨーロッパ沿岸を襲撃し、中国人が世界で初めて火薬を戦闘に使っていたころ、人類の数は2億9500万人に達した。コロンブスがアメリカ大陸へ幾度も航海しているさなかの西暦1500年ごろには、世界の人口は5億人に迫り、工業化初期の19世紀初頭には、10億人を突破する寸前だった（**図6**）。

人口規模と技術の変化は相互関係にある。マルサス時代には、技術の進歩のおかげで1万2000年間に人口が400倍に増える一方、人口規模の増大が技術革新の加速に貢献した。前に述べたように、人口が増加するにつれて、新たな製品や道具や手法とそれらを考案できる優れた人材の需要と供給は高まる傾向にあった。さらに、大規模な社会では専門化の進展と専門技術の発達や、交易を通じたアイデア交換の増進のおかげで、新たな技術の普及と浸透がいっそう加速した。[5] すでに見たとおり、この自己強化型の好循環は、まさに人類の出現とともに始まり、以来ずっと続いている。

人口規模が技術の水準にもたらすこの影響は、文化や地域を問わず、歴史記録のいたるところに認められる。肥沃な三日月地帯など、農業革命が早く始まった地域では、先史時代の最大級の共同体が生まれ、技術は常に先んじていた。同様に、土地が農耕に適していたために人口密度が高かった地域もまた、進んだ技術をもっていた。興味深いことに、太平洋の比較的小規模なポリネシア人社会でさえ、ヨーロッパとの交流が始まったころ、ハワイやトンガのような大きな共同体は、マレクラ島やティコピア島、サンタクルーズ諸島のような小さい社会よりも広範で複雑で高度な漁獲技術を採用していた。[6]

社会が技術革新を促進する能力に対して人口規模がきわめて重要な影響を与えることを示す典型的な例が、ドイツの発明家ヨハネス・グーテンベルクによる印刷革命だ。活気溢《あふ》れる都市マインツに生まれ、成人後の一時期をシュトラースブルク（ストラスブール）で過ごしたグーテンベルクは、両都市を含む交易のネットワークの恩恵を受け、何世代もの人々によって蓄積された知識に触れる機会に恵まれた。加えて、遠く離れたペルシア、ギリシア、ビザンティウム〔現イスタンブール〕、中国、マムルーク朝〔エジプト、シリア等を支配したイスラム王朝〕などから伝わった印刷分野での発明も目にすることができた。マインツやシュトラースブルクという規模の大きな、繁栄している都市にいたおかげで、金細工師の見習いとして利益を得られたうえ、活版印刷機の開発資金を調達することもできた。もしグーテンベルクが辺鄙な村に生まれていたら、活版印刷機を発明するまでの道のりはもっと険しかったはずだ。よその文明とこれほど豊かに触れあってこなかったら、彼が印刷分野でのそれまでの成果を知らずに終わった可能性はそうとう高い。発明のための資金確保にもきっと苦労しただろう。印刷機が発明されても村では市場が小さすぎて、利益を出せそうには思えなかっただろうから。そして何より、彼は時間の大半を農作業に充《あ》てるしかなかったに違いない。当時の地方の村が芸術家や職人や発明家たちまで養うのは、一般に難しかったのだ。

人口が多いと技術が発展しやすいだけでなく、小規模な共同体にありがちな技術の衰えを防ぐのにも役立った。技術衰退の一例として挙げられるのが、1820年代にグリーンランド北西部に暮らす北極イヌイットを襲った事態だ。当時、一帯に疫病が流行し、カヤック製造をはじめとする部族の貴重な技術の伝承者である多くの大人が命を落とした。所持品さえもが故人とともに葬られたため、生き延びた若者たちは失われた技術的ノウハウを復元することができなかった。その結果、技術は著しく後退し、狩猟や漁獲の能力が一気に低下した。人口は次第に減少し始め、もし数十年後にイヌイットの別の共同体に出会って失われた知識を改めて導入できていなかったら、さらに減り続けたに違いない[7]。隔絶した共同体での技術の深刻な後退は、オーストラリアと陸続きでなくなったあとのタスマニアの先住民の部族など、ほかの小規模な共同体でも生じていた。ひるがえって、大規模集団での技術の後退はきわめて珍しい。大きな集団はたいてい他の集団と交易関係を結んでおり、知識は集団間で広まり、新たな発明品が次々に導入される傾向があるからだ。

この先明らかになるが、このような強化のサイクル、つまり、技術の発展が人口増加を持続させ、人口増加が技術の発展を強固にするというサイクルは、人類の誕生以来ほとんど絶え間なく作動し続け、徐々にではあるが着実に勢いを増し、ついには技術革新の速度が臨界点に達した。これが、人類を停滞の時代から抜け出させた相転移のきっかけの一つだった。[8]

◆人口構成

人口規模と並行して作動してきたのが、これまた変化の歯車である人口構成（本書で注目するのは、人口集団内での、「教育重視」「未来志向」「起業家精神」といった特性をもつ人の割合や、多様性／均質性の度合い）だ。人口規模と同じで、人口構成もまたマルサスの力の産物だった。[9] それに早くから気づいた学者の一人がチャールズ・ダーウィンで、彼は自伝の中でこう述べている。

1838年10月、すなわち、自らの体系的研究に着手してから15カ月後、私は偶然興味を引かれてマルサスの『人口論』を手に取った。動植物の習性を長年観察してきた経験から、随所で起こっている生存競争に敏感だった私は、即時に思い当たった。こうした状況下では有利な変異は維持され、不利な変異は消滅する傾向にあるのだろう、と。[10]

ダーウィンが言う「有利な変異」とは何を指していたのか？　そして、マルサスの環境で「有利な変異」が維持されると、人口構成にどのような影響を及ぼすことになったのか？

ごく簡単に言うと、生物の世代間で伝達される特性のなかで「有利」と見なすことができるのは、個体を環境により良く適応させ、より多くの資源を生み出し、より良質の、あるいはより確実な栄養源と保護を獲得し、それによって、より多くの子どもを、死なせずに育てるのを可能にする特性だ。こうした生存上の利点があるので、これらの「有利」な特性は、時とともにどのような集団の中でも普及していく。これが、ダーウィンの自然淘汰説の核心だ。

進化の過程できわめて重大で影響力の強い変化が起こるには膨大な時間がかかるため、そういう変化は、興味深くはあるが、人類の旅の理解には無関係だと考える人もいるかもしれない。だが、生物の初期の原始的な眼が完成した眼になるまでには何千万年、またそれ以上もの歳月がかかったとはいえ、特定の集団内では、既存の特性の普及率は、実際には非常に急激に変わる場合がある。素早い適応の有名な一例が、19世紀のイギリスで、一般的な蛾《が》に多く見られる色が白っぽい色から黒っぽい色へと変化した現象だ。イギリスの工業地帯で木の幹や建物の壁が煤《すす》に覆われると、それまで少数だった黒っぽい蛾は突如、捕食者に対するカムフラージュを得た。そのおかげで、白っぽい蛾よりも生存上、圧倒的な優位に立ち、短期間のうちに主流になったのだ。[11]

人類は蛾ほど急速には繁殖しないが、それでも地球上の多様な環境に迅速に適応してきた。第1章で述べたように、そうやって私たち人類は農業革命以後、風土病に対する自然免疫を獲得し、感染症に対する抵抗性を高めた。同様にして、それぞれの土地に特有の食糧を代謝する能力――たとえば、ウシやヤギ、ヒツジを家畜化した地域での乳糖耐性[12]――や、高地への長期的な順応能力を発達させた。地域への適応によって、世界各地で皮膚のさまざまな色素形成も起こった。紫外線の強い地域では太陽の有害な光線から皮膚を保護するような色素形成が進んだ。逆に、赤道から離れた太陽光の弱い地域では、肌の白さを生じさせた変異は体内でビタミンDを生成する助けになり、生存上の利点があったため、広く行き渡った。

さらに、適応が生物学的ではなく文化的な場合、それらの変化はいっそう急速に集団に定着し得る。その過程に、遺伝子変異の世代間の伝達は必要ない。時とともに変化が普及する原理は似ているが、それらの変化は模倣や教育、教化というメカニズムによって拡散し、新たな文化の特性を急速に生み出し、経済や制度の変化にもたちまち影響を及ぼす。[13]こうした変化が、おそらく人類の旅にもっとも関係の深い「有利な変異」なのだ。

マルサス時代を通して、技術環境を補うような文化の特性は所得を向上させ、そのおかげで成人まで達する子どもが増えたため、それらの特性は次第に集団内に普及していったと考えるのが妥当だろう。そして、今度はそれらの特性が技術の変化を加速させ、停滞から成長への発展を速めることに貢献したのだろう。このあと見るように、発展を強く後押しした文化の特性のなかには、教育を重視したり、「未来志向」の考え方をもったり、「起業家精神」とでも呼べそうなものを受け入れたりすることと結びついた行動規範や態度や慣習などがあったと思われる。

教育重視などの変化の格好の例が、「人的資本」に親が投資するという文化の傾向の進化だ。人的資本とは、健康や長寿に加えて、教育や訓練や技能など、労働者の生産性を左右する要因を言う。マルサスの均衡に捕らえられている架空の人口集団を考えてみよう。その集団は量(クオンティティー)を重視するクオンティティー一族と質(クオリティー)を重視するクオリー一族という二つの大きな系統から成っている。クオンティティー一族は「産めよ、増えよ」(「創世記」第9章1節)という文化規範を固く守り、できるかぎり多くの子をもうけ、限られた資産を子育てに投入した。それとは対照的に、クオリー一族は別の風習に従い、子どもの数は少ないものの、子どもたちの生産性と収入獲得能力を高める要因に時間と資産のかなりの部分をつぎ込んだ。長期的に見て、クオンティティー一族とクオリー一族のどちらのほうが子孫を増やし、多数派になるだろうか？

クオンティティー一族の各世帯は平均で4人の子をもうけ、そのうちの2人だけが成人に達して結婚相手を見つけるとしよう。一方、クオリー一族の各世帯では、平均で2人しか子どもをもうけない。それより多くの子どもの教育や健康のために使える予算がないからだ。それでも、親が投資をするおかげで子どもは2人とも成人に達して結婚相手を見つけるばかりか、鍛冶屋や商人や大工など、商業分野や技能の必要な分野の職を得ることもできた。この段階では、クオンティー一族もクオリー一族も人口集団全体に占める割合が時とともに増えることはなく、人口構成に変化は生まれない。だが、やがて彼らが暮らしている社会で技術の進歩が速まり、道具や効率的な機械を作れる鍛冶屋や大工やその他の職人への需要が高まったとしよう。それがもたらす収入獲得能力の向上によって、クオリー一族は進化上、はっきりと優位に立つことになる。一世代か二世代のうちに、クオリー一族の世帯は所得が増して資産も増えるだろう。こうして、成人した子どもたちには余裕ができ、平均して、たとえば3人の子をもち、3人全員を教育して成人まで育て上げ、結婚させることが可能になる。それにひきかえ、教育を受けていないクオンティー一族の子どもたちは技術の進歩の恩恵を受けず、収入は増えず、そのため、親の代と同じく、各世帯の子どものうち成人に達するのは平均2人にとどまる。

このメカニズムからは、次のような展開が予想できる。技術革新が経済的機会を提供し、人的資本に投資してその機会をつかめば優れた子孫を多く残せる社会では好循環が起こり、長期的にはクオリー一族が多数を占める。クオリー一族が拡大することで技術の進歩が促されると同時に、技術の進歩によってクオリー一族が人口に占める割合はさらに増加する。

子どもの数の多さをとるか、より手厚い子育てをとるか、というこの基本的トレードオフの問題が、あらゆる生物に共通している点は特筆に値する。[14] 細菌や昆虫、齧歯《げっし》類などの小型哺乳類は繁殖の「多産戦略」に従い、一方、人間やゾウやクジラなどのもっと大型の哺乳類は、オウムやワシとともに「少産養育戦略」に従うように進化した。[15]

16〜18世紀にカナダのケベックに入植したヨーロッパ人の50万人近い子孫の家系の膨大な記録は、この理論の妥当性を検証するには、またとない資料となる。ケベック州の開拓植民者たちの子孫の数を四世代にわたってたどると、最大規模を誇った家系の起源は、出生率が中程度の植民者で、子どもの数がさほど多くはなかった（その分、子どもの人的資本への投資は多かった）ことがはっきりわかる。それに対して、子どもの数が多かった（その分、それぞれの子どもへの投資が少なかった）多産な植民者ほど次第に子孫が減少した。言い換えればこの資料は、一見矛盾するようだが、1世帯当たりの子どもの数が多いよりも中程度のほうが、数世代後の子孫の数が多かったことを示しているのだ。これは、子どもの数が少ないと、それぞれの子どもが生き延び、読み書きを学び、結婚し、子どもを残す可能性が高まるという、有益な効果の表れだ。[16] 1541〜1851年のイングランドの資料にも、同様のパターンが見られる。子どもたちの人的資本に投資する傾向が強い世帯ほど、成人に達した子どもの数が多かった。[17]

出生率が高かったこの時期にケベックの開拓植民者たちが直面した状況は、世界中に分散し始めたころの人類の状況に、少なくともある一点で似ていたことだろう。つまり、どちらの集団も新たな土地に移り住んだとき、初代の集団の人口規模よりも桁違《けたちが》いに大きい収容力を備えた環境に身を置くことになったはずだ。そしてケベックの資料から推測すると、マルサス時代の高出生率の時期——適応の速度が人口構成に大きな影響を及ぼし得た時期——には、少数の子どもの生存可能性に投資する傾向の強い人々が徐々に増えていった可能性は十分ある。

このように、人口の規模・構成と技術革新という変化の歯車が、人類が出現して以来ずっと水面下で回り続けてきたわけだ。技術革新のおかげで、前より多くの人口を維持できるようになり、生態環境や技術環境への人類の適応が促された。そして、人口が増加して適応が進んだ集団は、人類が新たな技術を考案したり環境を制御したりする能力をさらに高めた。以上をまとめると、こうした変化の歯車こそが最終的に、人類史上かつてない、途方もない規模の技術革新の爆発をもたらしたのだ。その爆発こそが、産業革命だった。

第4章 蒸気エンジン全開！

産業革命には、どうしても陰気でくすんだイメージがつきまとっている。かつて牧歌的だったイギリスの田園風景は見る影もなく、煙突から黒煙をもくもくと噴き上げる織物工場が建ち並び、汚染された危険な都会で幼い子どもたちが過酷な肉体労働をさせられている、というイメージだ。[1] こうした情景は、ウィリアム・ブレイクやチャールズ・ディケンズらの書き手によって私たちの集合意識に深く刻み込まれてきたが、それらは、この無比の時代の本質をゆがめてしまっている。

そもそも空気や川を汚染した工場が産業革命の中心だったならば、なぜこの時期にこうした場所で、平均寿命が大幅に延び、乳児死亡率が急に下がったのか？　産業革命のせいで陽気な農民が惨《みじ》めな日雇い労働者に一変してしまったのであれば、なぜ世界中の農民たちは以後ずっと、主要な工業都市に移り住み続けているのか？　そして、もし産業革命の核心が児童労働の搾取にあったのならば、児童労働禁止や初等学校設立の法律がよりによってなぜこの時代に、しかももっとも工業化の進んだ地域や国々で制定されたのか？

実際のところ、この画期的な時期が産業革命の時代と呼ばれるのは、産業化（工業化）がこの時代のもっとも目新しい際立った特徴だったからだが、「産業革命」が意味するものを十分に理解するには、工業化そのものは副次的だったことに気づくのが重要だ。経済史学者のディアドラ・マクロスキーは、こう述べている。「産業革命は蒸気の時代でも、木綿の時代でも、鉄の時代でもなかった。それは、進歩の時代だった[2]」

加速する技術の発展

この時代の進歩はさまざまな形をとったが、なかでも工業化という現象ともっとも明確に関連していたのが、有史以来類例のない、技術の進歩の驚異的な加速だった。この時代に出現した発明はどれも、人類の技術史の中で輝かしい位置を占める資格がある。技術の進歩の加速は啓蒙の時代以降ずっと続いていたが、ここに至って理解を超えるほど急激になり、その後の数百年にヨーロッパと北アメリカでは多くの重要な発明がなされ、その数は、それ以前の何千年ものあいだに人類の文明が成し遂げた重要な発明の総数を上回っていた。こうして、技術の面でこれらの地域の状況は一変した。

まさに津波が押し寄せるように、数多くの発想がこれほど短期間に、これほど限られた地理的領域に集中したのだから、なおさら驚くべきだ。ただしこの場合にもまた、この津波を引き起こした「衝撃」とも言うべき発明を一つだけ特定するのは不可能だ。産業革命の直前を始まりとし、革命のさまざまな段階を通して、イギリス経済の生産性は少しずつ、そして途切れなく向上した。[3] 遠目には、産業革命は突如として起こったように見えるかもしれない。だがじつは、この革命にはどんな人間の寿命よりもはるかに長い年数がかかっていたのだ。

加速を続けるこうした発展は、工業技術だけにとどまらなかった。科学もまたヨーロッパ大陸各地で急速に進歩したし、美術や文学や音楽も同様に、才能や新たなジャンルがかつてないほど多く開花したことで恩恵を受けた。この過程は実際には17世紀に始まっていた。当時、西洋文化の優れた思想家はギリシアやキリスト教の古代からの伝統を離れ、人類や世界の本質について見事な論文を著し始めた。

そうは言っても、この時代で屈指の発明は、やはり工業技術に関するもの、つまり蒸気機関だ。蒸気機関はイギリスの金物商トマス・ニューコメンによって考案され、1712年に実用化された。その目的は、炭鉱から水を汲《く》み上げるという、なんとも単純で平凡なことだった――ただしそれは、18世紀当時はかなり人手を要する複雑な作業だったが。この新たな技術は、1763~75年にスコットランドの技術者ジェイムズ・ワットによってさらに進化した。ワットは蒸気機関を工場の機械の稼働に転用し、産業利用を一気に進めた。

決まった動きをひたすら繰り返す蒸気機関の稼働ぶりは、人類史上最古の文書――紀元前3400年ごろのありきたりの商取引や税率を記録したシュメールの粘土板――の内容と同じで、まったく面白みがないように思えるかもしれない。だが、シュメールの文書というスタートの号砲から数千年で、『ギルガメシュ叙事詩』、『マハーバーラタ』、『アラビアン・ナイト』、ウェルギリウスの『アエネイス』、紫式部の『源氏物語』、ダンテの『神曲』、シェイクスピアの『ハムレット』、セルバンテスの『ドン・キホーテ』、ゲーテの『ファウスト』、ユゴーの『レ・ミゼラブル』、ドストエフスキーの『罪と罰』までの作品が生まれた。一方、ニューコメンの蒸気機関は技術の大躍進を引き起こし、わずか250年後には、ソ連が人工衛星スプートニクを宇宙に打ち上げ、アメリカはアポロ11号に乗った人類を月に着陸させることになった。

繊維産業は産業革命の最前線であり、当時の先端技術分野だった。ジョン・ケイ、リチャード・アークライト、ジェイムズ・ハーグリーヴズ、エドモンド・カートライト、サミュエル・クロンプトンをはじめとするイギリスの名だたる発明家たちが、高度な機械を考案し、紡織の工程の多くを自動化した。自動化によって織物一巻きの生産にかかる労働時間が減り、完成した衣類の価格が下がり、ヨーロッパとその植民地の貧しい家庭も良質の衣服を購入できるようになった。当初、新しい機械は川や滝に隣接した工場で水車によって動いていたが、蒸気機関の出現によって流水に頼らずにすむようになり、炭鉱に近い必要性はまだあったものの、ヨーロッパと北アメリカの各地に工業都市が生まれた。[4]

技術の発展は、大規模な建造物の建設や陸・海・空の輸送にも、なおさら幅広い変革をもたらした。始まりは18世紀初期だった。当時、製鉄業者のエイブラハム・ダービーが鉄鉱石の安価な精錬法を発明したおかげで、鉄の使用が広まり、のちには橋や超高層ビルの建設にも活用されるようになった。19世紀半ばに発明家で製造業者のサー・ヘンリー・ベッセマーは、強度が高く、しかもしなやかな鋼鉄を安く短時間で製造する方法を開発した。鉄鋼業界の進歩によって革新的な切削・加工用具が開発され、さまざまな産業に大きな影響を及ぼした。鉄鋼業の進歩は蒸気機関車の発展にも貢献し、それが今度は長距離の移動時間の劇的な短縮につながった。19世紀初めにはニューヨークから、まもなくシカゴになる町まで行くのに6週間近くかかったが、1857年には鉄道のおかげで、わずか2日で行けるようになっていた。同様に、蒸気船によって海を渡る時間が短縮され、各地がぐんと近づいた。海運業は風頼みの状態を抜け出し、グローバル化が大幅に加速した。[5]

この時代には、通信の分野でも飛躍的な発展が見られた。アメリカの発明家サミュエル・モールスが、1844年に最初の商業用の電磁式電信機を開発した。それからわずか30年のうちに、世界を結ぶ大動脈に沿って電信線が敷設され、メッセージをものの数分で海洋の彼方へ伝送できるようになった。1877年にはこれまたアメリカの発明家トマス・エジソンが、史上初の録音装置である蓄音機を発表し、その2年後には白熱電球を開発した――あるいはもっと正確には、先人たちが開発した白熱電球を改良した。エジソンは自分の電球を点けながら、「電灯が安くなりすぎて、ろうそくを灯《とも》すのは金持ちだけになるだろう」と宣言し、この発明が広く及ぼすはずの影響を強調した。[6] その後、エジソンが1882年にニューヨークに世界初の商業発電所を建設すると、電力はすぐに多くの分野で使われるようになり、工場では次第に蒸気機関から置き換わっていった。19世紀後半には内燃機関も発明され、やがて自動車が地元の通常の交通手段として馬車に取って代わった。

こうして技術革新の一部を並べただけでは、まだ十分ではない。化学、農業、木工、鉱業、運河掘削といった分野や、コンクリート、ガラス、紙などの資材の生産でも進歩が目白押しで、さらに、自転車、熱気球、工業生産ライン、エレベーター（エレベーターがなければ超高層ビルを建設しても使い物にならない）などの画期的な発明がほかにも数多くあった。加えて、こうした冒険的事業への資金供給のために多くの金融手段が考案されたことにも、言及しておくべきだろう。人類の活動の事実上すべての分野が、この技術革新の時代にすっかり変容したのだ。

ヨーロッパ諸国とアメリカで技術力が強大化したため、世界の勢力バランスが変わった。この変化があまりに急激だったので、他の地域の技術先進国でさえ不意を突かれた。ヨーロッパの軍事力に対抗する力を欠いていたそれらの国の人々は、弾圧と搾取を受けた。その最たる例が中国の清朝だ。中国は国内にアヘンを蔓延させたイギリス商人との交易を1839年に禁じることに決めたが、蒸気機関で動き鋼鉄の装甲板で守られたイギリスの砲艦の小艦隊に対して、自国の旧態依然とした帝国海軍がまるで歯が立たないことをほどなく思い知らされた。戦場でのイギリスの優位を確実にした火薬も鋼板も、もとをたどれば何世紀も前に中国で考案された技術を使って製造されたことを考えると、第一次アヘン戦争（1839～42年）でのイギリスの勝利は、とりわけ皮肉だった。

その10年後、アメリカの艦隊を率いるマシュー・C・ペリー提督は、技術の優位性に訴えて、日本に200年以上に及ぶ鎖国を終わらせる条約に署名させた。それがきっかけとなり、日本の支配階級の内部で、従来の制度を支持する人々と欧米の技術力を知って抜本的な改革の必要性を認識した人々とのあいだに、一連の勢力争いが起こった。この内戦は最終的に、技術や社会や産業の進歩をめざす側の勝利に終わった。こうして明治維新が推し進められ、封建制度が終わって王政復古が実現し、日本は経済と軍事の両面で強国へと変貌した。

劇的な技術革新と急激な変化は、ヨーロッパ人と北アメリカに渡った彼らの子孫の思考や活動、食事や衣服、余暇の過ごし方、芸術作品や文化に対する見方、そしてもちろんナポレオン戦争やアメリカ南北戦争の血なまぐさい戦場での殺しあいの仕方にまで影響を与えた。一方、当時のヨーロッパの思想家や著述家や科学者によって提唱されたさまざまな考え方によって、人間性や社会や宇宙などに関する集合的概念が根本から改められた。一部の社会集団では、教育を受けて最新の思想や議論に通じ、『共産党宣言』やヴィクトル・ユゴーの最新作、あるいは種の起源に関するチャールズ・ダーウィンの衝撃的な理論について進んだ意見を述べられることが、社会的地位の証しになった。

しかし、この時代の根本的な特徴である技術革新の加速によって、教育は単に中産階級とエリート階級の文化的必需品になっただけではなく、もっと深い影響も受けた。経済成長の過程で中心的な位置を占めるようになったのだ。実際、教育の役割のこうした変容はおそらく、製造業の機械化よりも重要で永続的だったはずだ。なぜなら教育は、目的そのものが変化し、初めて庶民に広まったからだ。

産業革命以前の教育

人類の歴史の大半を通して、正式な教育の対象は一握りの特権階級の人々に限られていた。古くはメソポタミア文明やエジプト文明でも、エリート層の子弟は書記や聖職者になったりさまざまな管理職に就いたりできるように、読み書きや基本的な算術を学んでいた。精神的な豊かさや文化的な豊かさを身につけるために、そしてまた、知識階級に加わるための入場券代わりに、彼らはしばしば占星学や哲学や神学の手ほどきも受けていた。

もっと幅広い層に教育が与えられるようになった時代には、教育は主に、文化や宗教、社会、精神、軍事に関する目的に役立てられた。たとえば、古代のペルシアやギリシアやローマの教育はおおむね、文化や宗教や軍事の目的に向けて、知性と身体の訓練によって服従や規律を身につけさせることをめざしていた。それとは対照的に、儒教と仏教の教育は、正しい品行や年長者への尊敬や善良さといった徳を教え込むようにできていた。こうした徳が社会の調和の基盤と見なされていたからだ。一方、一神教が推し進めた教育制度は、信心や徳性を養い、戒律の厳守と実行を促し、それらの価値観を何世代にもわたって伝えるように作られていた。たとえば、最初期の大衆教育制度で、今から2000年以上前に創設されたユダヤ教の初等学校（ヘデル）は、4歳という早い時期から男児に教育を行うもので、子どもたちが律法（トーラー）を読むという宗教上の義務を果たし、信心や道徳性や民族的自覚を養うのを可能にすることを目的にしていた。同様の宗教的な制度はその後、イスラム教の世界や、宗教改革の影響を受けた地域を中心にキリスト教の世界でも出現した。とは言うものの、こうした制度のうち、成人してから就く世俗的専門職に役立つような技能を身につけることを第一に考えているものは一つもなかった。

人類が出現して以来ほとんどのあいだ、識字率はきわめて低かった。さまざまな書類に署名できた人の割合を主な判断材料にして推定した中世の識字率は、中国、フランス、ドイツ、ベルギー、オランダなどでは10％未満、ヨーロッパのほかの地域や世界全体では、それよりもさらに低かった。[7]

しかし、工業化に至るまでの数世紀、ヨーロッパで技術や交易が発展し始めるにつれて、教育の重要性が高まりだした。早くもルネサンス期には、ヨーロッパでは当時のほかの地域よりも際立って高度な技術が登場していた。産業革命前の時代の主な発明には印刷機や振り子時計、眼鏡、望遠鏡、顕微鏡などがあり、農業や操船の分野でも無数の改良がなされた。このころまでには、本書の第2部で探究する理由によって、以前はヨーロッパよりも技術が進んでいた中国やオスマン帝国などの文明国が後れを取り始め、西暦1500年以降の2、3世紀で、世界の最先端の技術はヨーロッパの技術と言っても過言でなくなった。[8] このような技術の差は、ヨーロッパとそれ以外の地域とのあいだで広がる識字能力の格差に表れていた。

グーテンベルクが15世紀に発明した活版印刷技術が識字率に――あるいは、ヨーロッパの経済成長にさえ――与えた影響の程度については、今なお議論の余地がある。[9] だが、当時の識字率の上昇が印刷産業の成長と拡大に貢献したこと、そして書籍の大量印刷によって、読み書きを学べる立場にあるヨーロッパ人のあいだで、読んだり書いたりしたいという願望がおおいに高まったことは、疑いようがない。15世紀後半にはヨーロッパで1300万部近くの本が印刷され、その数は16世紀には2億部を、17世紀には5億部を超え、18世紀にはおよそ10億部にまで増えた。この上昇率は、ヨーロッパ大陸の人口の増加率をはるかに上回っていた。[10]

これまた明らかなのだが、ヨーロッパの書籍産業の急成長は技術と文化のさらなる変化に拍車をかけ、そのおかげで人的資本の形成が進んだ。15世紀後半には、商人になるために必要な、売値の決め方や通貨の交換の仕方、利幅や利払いの計算法などについて書かれた「商業数学」の教本が大量に印刷された。帳簿を合理的に管理できるように考案された画期的な方法である、複式簿記という商業の必須科目についての教本も普及した。専門職のための教本もヨーロッパ各地に広まり、医師や弁護士や教師にとって不可欠な情報源になった。したがって、驚くまでもないが、15世紀後半に印刷機を導入した都市は主に転入によってよそよりも人口が増加し、学問や文学の中心地となり、識字能力は立派な市民が身につけるべき高尚な素養として、またそれ自体がもつ価値からも、さらに普及した。[11]

この時期に、ヨーロッパは歴史上もっとも読み書きが盛んで、技術の進んだ場所となった。西暦1800年には、オランダの識字率は68%、イギリスやベルギーでは50%、西ヨーロッパのほかの国々では約20%になっていた。一方、ヨーロッパ以外の国々の識字率が上がり始めたのは、ようやく20世紀に入ってからだった。人類全体の成人の識字率は1820年には12%にすぎず、初めて50%を超えたのが20世紀半ばで、現在は約86%となっている（**図7**）。

それでも、産業革命以前のヨーロッパでの教育はまだ、大量の労働者の技能養成をめざしてはいなかった。近代教育の先駆者の一人である17世紀チェコの思想家ヨハネス・アモス・コメニウスは、革新的な教育法を奨励した。たとえば、生徒たちにはラテン語ではなく日常語で学ばせる、さまざまな学科に触れさせて内容は徐々に複雑にする、退屈な暗記をさせるよりも論理的思考力を伸ばす、といったことだ。しかし、女性や貧困層さえも教育制度に組み入れるという、コメニウスのもっとも画期的で包摂《ほうせつ》的な教育計画でさえ、道徳や文化の価値観を浸透させるために立案されたのであって、仕事に不可欠な専門技術を教えることが目的ではなかった。

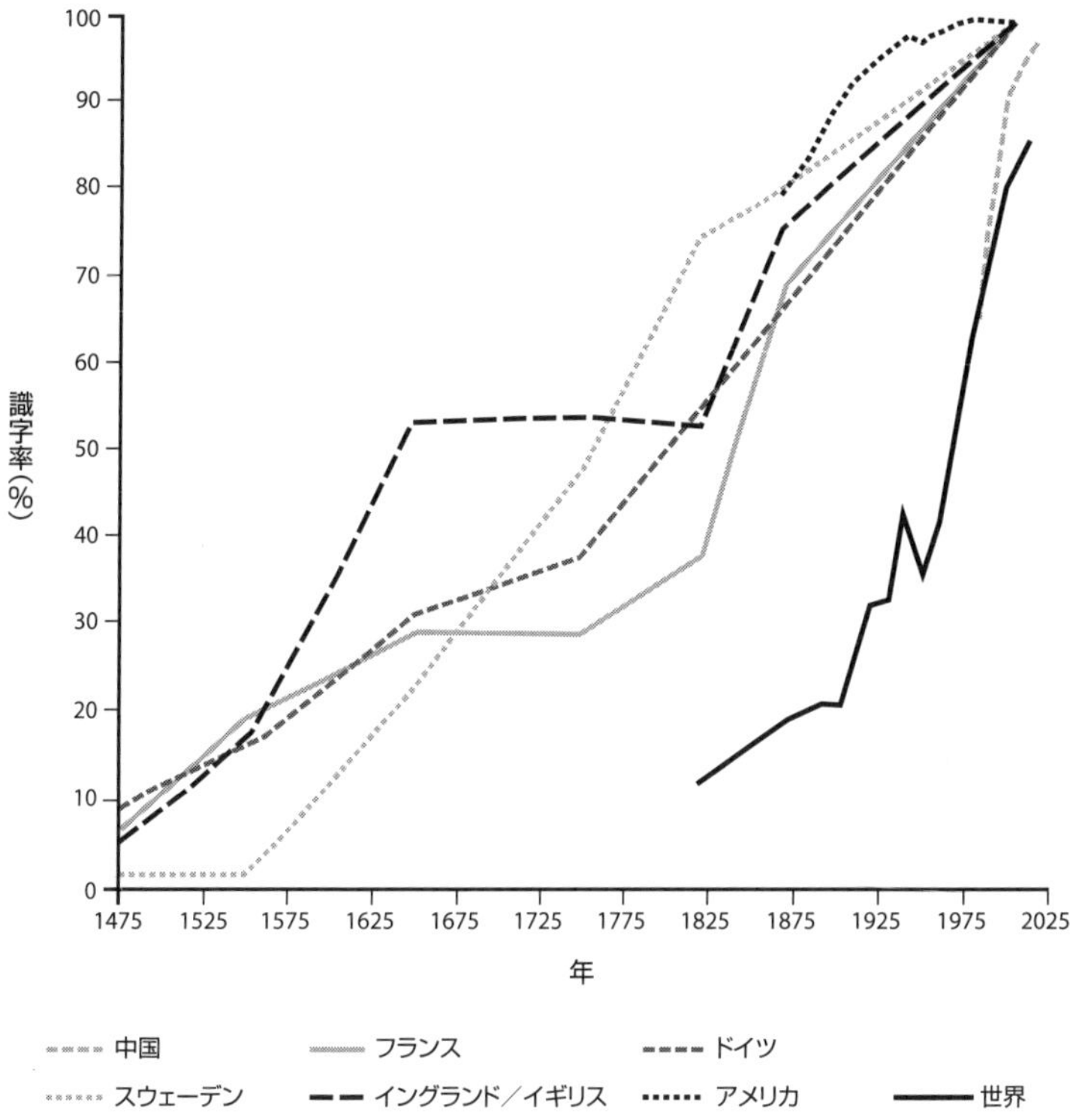

図7　世界各国の識字率の上昇、1475〜2010年[12]

幸運にも初歩的な教育を受けられた者も含めてほとんどの子どもは、成人後の職業生活に関わる技能や知識を学校で身につけることはなかった。それらの技能は、もっぱら仕事をしながら、つまり畑を耕したり、家事労働をしたり、徒弟として働いたりしながら学んだのだ。

17世紀半ば以降、西ヨーロッパには啓蒙思想家が次々に現れた。彼らは、科学知識の累積にもとづく進歩という概念、合理主義による神秘主義や宗教の教義の排除、さらには好奇心や懐疑主義に加えて機会均等、表現の自由、個人の自由といった、時に革新的な価値観を擁護した。この啓蒙時代に、教育と、それが当然もたらす人的資本の強化は、文化的にも経済的にも重要性を増した。それでもなお、工業目的や商業目的へと向かう、教育の本質の変容が起こるのは、まだ先のことだった。

工業化と人的資本の相互サイクル

産業革命のもっとも早い段階では、識字能力や計算能力が生産過程で果たす役割は限られていた。そのため、人的資本のこれらの面を高めたとしても、それが労働者の生産性に及ぼす影響は限られていただろう。労働者の一部、特に管理職や事務職には、読み書きや基本的な計算ができることが求められたが、工業分野の仕事の大半は、読み書きのできない人々によって問題なく行われていた。

産業革命のその後の各段階では、成長を続ける工業部門で、技能をもつ労働者の需要が大幅に高まった。そしてそれ以降、史上初めて人的資本の形成——教育、訓練、技能、健康など、労働者の生産性に影響する要因の改善——が意図され、実施されるようになった。その第一の目的は、工業化の進展とともにますます必要になっていく、労働者の識字能力や基本的計算能力、機械の操作技能などを培うことにあった。こうした状況は多くの工業国で見られたが、工業化を真っ先に経験したイギリス、フランス、ドイツ、アメリカでは、ことに顕著だった。

イギリスでは、産業革命の第一段階には生産過程の機械化は進んだものの、技能をもつ労働者の雇用がそれに伴って増えることはなかった。たとえば、1841年に識字能力が必要な職に就いていたのは、男性労働者では5%、女性労働者では2%にすぎなかった。[13]労働者は主に実地訓練によって技能を磨き、児童労働が重宝されていた。だが、産業革命の後半には、イギリスの教育の規模は劇的に変化した。初等学校に通う5〜14歳の子どもの割合は1855年には11%だったが、1870年には25%になり、1870〜1902年には、政府が国民に無償教育を提供する責任を引き受けたおかげで、74%近くにまで増えた。[14]こうして、1840年代には約67%だったイギリスの男性の識字率は、19世紀末までには大きく上昇し、97%に達した。[15]

フランスでは、教育制度の発展は産業革命よりかなり前に始まっていたものの、工業化の初期段階に加速し、産業の需要に応える方向に完全に舵を切った。17世紀と18世紀には、初等・中等教育は教会や修道会が主導していたが、政府が技術や職業の訓練に介入する場合もあった。

商業や製造業や軍事能力の発展を後押しするのがその狙いだった。フランス革命後に政府は、軍や政府の組織を担う有能なエリートを育成することを目的に、初等学校と、選《え》り抜きの生徒のための中等・高等学校を開設した[16]。その後、人的資本に対する産業界の需要の高まりを受けて、初等教育も高等教育も規模が拡大され、学校のない自治体の数は1837〜50年に半減した。1881〜82年までには全児童を対象とした無償の非宗教的な初等義務教育制度が打ち立てられ、技術と科学の教育が重視され、初等学校に通う5〜14歳の子どもの割合は1850年の52%から、1901年には86%にまで増加していた[17]。

プロイセンではフランスと同じく、産業革命よりかなり前の18世紀初頭にすでに義務教育に向けた第一歩が踏み出され、教育は主に国家統合の手段と見なされていた。18世紀後半には5〜13歳の子ども全員の教育が義務化されたが、こうした法令は財源不足もあって厳格には守られなかった。19世紀初頭には国民の結束や軍事能力や訓練を受けた官僚が求められたことから、教育制度がさらに改革された。学校教育は3年間が義務化・非宗教化され、中等学校のギムナジウムはエリート層のための9年制教育を行う国立学校として再編成された[18]。イギリスやフランスと同様に、プロイセンの工業化は普通初等学校教育の実施と同時期に起こった。中等学校も産業の需要に応え始めた。数学や科学の教育に重点を置いた実科学校（レアールシューレ）が次第に増え、職業学校が創設された。全体で、中等学校の入学者数は1870〜1911年に6倍にまで増加した。

アメリカの工業化も、生産過程と経済全体での人的資本の重要性を高めた。[19] 19世紀後半から20世紀前半にかけて工業や商業の部門が台頭したことで、経理やタイピング、速記、代数、商取引などの訓練を受けた管理職や事務職や教養のある販売員の需要が高まった。1910年代の後半までには、技術の進んだ産業では、幾何や代数、化学、機械製図、それらに関連する技能を習得したブルーカラーの職人が求められるようになった。このような必要性に応えて教育制度が改革され、公立の中等学校への入学者数は、1950年には1870年当時の70倍に増えた。[20]

こうした歴史の証拠を見れば明らかなように、工業化の過程では技術の進歩が人的資本の形成と結びついていた。だがこの結びつきが、工業化が原因で、技能形成が結果であることの表れだという確実な証拠はあるだろうか？　結局のところこの関連性は、人的資本形成が産業部門の発展に及ぼした影響を反映しているのかもしれない。あるいは、何か文化や制度のほかの要因で工業化と教育の両方が盛んになった可能性もある。技術の発展の加速と工業化が人的資本形成につながったという因果関係を立証するには、またしても「歴史の準自然実験」に頼ることができる。

フランスでは、産業革命初期のとりわけ重要な発明である蒸気機関が初めて導入されたのは、ベルギーとの国境に近いフレンヌ＝シュル＝エスコーというひなびた村の鉱山だった。証拠にもとづくと、この新しい技術が一帯に広まったおかげで、19世紀半ばには、この村に近い県《デパルトマン》（1790年に創設された行政単位）ほど蒸気機関の導入が早かったようだ。したがって、各県がフレンヌ＝シュル＝エスコーから地理的にどれだけ離れているかをもとに、それぞれの地域に蒸気機関が出現する相対的な時期を推定することができる。言い換えれば、ある場所に蒸気機関が実際にどれだけあるかは、その県のそれまでの教育水準やその他の要因に影響されたかもしれないとはいえ、フレンヌ＝シュル＝エスコーからの距離を使って、技術が教育にもたらす潜在的な影響を評価できるということだ。なぜなら、フレンヌ＝シュル＝エスコーからの距離は、（a）蒸気機関の数を推定する直接の指標であり、（b）従来の教育水準ばかりか、その他の何ものの影響も受けず、（c）教育水準には直接影響を与えず、蒸気機関の数を通じて間接的に影響するだけだからだ（なにしろ、フレンヌ＝シュル＝エスコーは、当時のフランスでもっとも早く教育を導入した地域ではなく、したがって、そこから教育が全国に広がったわけではないことは、ほぼ確実なのだから）。

この方法を使うことで、工業化という形の技術の加速――フランス各県の蒸気機関の数に反映され、フレンヌ＝シュル＝エスコーからの距離によって推測される技術の進歩――が1840年代には、初等学校に通う児童の割合や徴集兵の識字率といった人的資本形成などの複数の尺度にプラスの効果をもたらしていたことを立証できる。各県の蒸気機関が多いほど、人的資本への投資は多かった。[21] 同様に別の資料も、19世紀初期のイギリスで、蒸気機関の使用が近隣の労働者たち、とりわけ機械関連の労働者たちの技能向上につながったことを示している。[22]

技術の進歩が人的資本形成にもたらした影響は、アメリカでも認められる。[23] 1850〜1910年に鉄道が新しい町にどれだけ広がったかをもとにした証拠からは、幸運にも全国規模の鉄道網に組み込まれた郡では識字率が高く、エンジニア、各種の技術者、医師、弁護士など高い技能の必要な労働者の数が多い一方で、農業分野の被雇用者の割合が低かったことが窺われる。[24]

これらの幅広い研究結果からは、産業革命期には技術や商業の発展が人的資本へのさまざまな形の投資を促したことが見てとれる。人的資本は、識字能力や正規の教育という形をとる地域もあれば、専門技能職の発展と結びついている地域もあった。

前章で示した、技術の発展と人的資本が相互強化のサイクルを生み出したという主張を前提にすれば、強化された人的資本がさらなる技術の発展を促したという証拠もあったところで不思議はないだろう。[25] 現に、産業革命はヨーロッパのほかの地域ではなくイギリスで始まったと主張する人がいるのは、一つには、イギリスが人的資本の面で比較優位にあったからだ。この優位性が、工業化の初期にはとりわけ大きな恩恵をもたらすことになった。たしかにイギリスは、初期の蒸気機関に不可欠な燃料である石炭の埋蔵量が豊富だったが、石炭が豊富な国はほかにも多くあった。ところが、イギリスにはもっと希少な生産資源、つまり人的資本も存在していた。歴史家たちの記述によれば、当時の大工や金工、ガラス吹き工などさまざまな分野の職人は、優れた発明家たちの仕事を支え、その革新的な構想を形にし、時には改良することさえてきたという。[26] これらの職人は自身の技能を徒弟に伝えた。そして、徒弟の数は産業革命初期に急増し、彼らは工業技術の導入や進歩や普及に寄与した。[27]

実際、イギリスからよそに移住した技師たちは、ベルギー、フランス、スイス、アメリカなど多くの国で工業の先駆者になった。一例を挙げよう。北アメリカ初の紡績工場が1793年にロードアイランド州の町ポータケットに建てられた（ポータケットは、私が本書を執筆したブラウン大学からほんの数マイルのところにある）。工場は、アメリカの産業資本家モーゼス・ブラウンから資金提供を受け、イギリス系アメリカ人実業家サミュエル・スレイターの主導のもとに設立された。21歳でアメリカに移住したスレイターは、10歳のときからイギリスの紡績工場で働き、リチャード・アークライトの精紡機の専門知識をじかに習得していた。イギリス政府は技術の優位を守るために、その精紡機はもちろん設計図さえも国外にもち出すのを禁じていた。それにもかかわらずスレイターは、単純ながらも恐ろしく難しい手段に訴えてその禁止令をかいくぐった。機械の作りをすっかり頭に入れたのだ。「アメリカ産業革命の父」と呼ばれるスレイターが及ぼした影響があまりに大きかったために、生まれ故郷のイギリス人のなかには、彼のことを「裏切り者《トレイター》のスレイター」と中傷する人もいた。

教育を受けた労働者が技術の発展に貢献したことは、最初に工業化を経験した他の国々の歴史資料にも裏づけられている。[28] たとえば19世紀のプロイセンでは、識字能力が技術革新を促したことが、特許の登録から窺える。[29] そのうえ、興味深いことに、18世紀フランスの各都市での

『百科全書』（1751〜72年にディドロ、ダランベールらが編纂（へんさん）した28巻から成る百科事典）の予約購買者数（教養のあるエリート層がどれだけいるかを反映している）と、その都市のフランス企業による、まる1世紀後の技術革新の度合いとのあいだに正の相関関係があったことを、別の研究が示している。[30] 同様に世界全体の分析からは、さまざまな国で、技術者の数が常に1人当たりの所得に影響を及ぼしてきたことや、[31] 今日の世界でも人的資本の形成が、起業や、新しい技術と作業方法の導入、さらに広くは経済成長さえも促していることが立証されている。[32]

それでは、公的な大衆教育は実際にはどのようにしてこの発展を遂げたのだろうか？

公的な普通教育の開始

1848年、人類史上でも屈指の影響力をもつ本がロンドンで発行された。カール・マルクスとフリードリヒ・エンゲルスによる『共産党宣言』だ。マルクスとエンゲルスは、当時世界が経験していた社会や政治の大変動は生産方法の急激な技術的変化に直接関係していると考えた。そして、たしかにそれは的を射ていた。2人は、資本家階級の台頭が封建秩序の根絶と経済成長の創出に重要な役割を果たしたと主張したうえで、激化する一方の資本家同士の競争は利潤の減少を招くに違いなく、ますます労働者が搾取されるだろうとも論じた。したがって、社会は「プロレタリアが、自身を縛る鎖のほかに失うものは何もない」状況に必ず至るため、階級闘争は避けられないという。

資本家と労働者との避けがたい権力闘争がついには革命につながり、階級社会は粉砕されるというのが、マルクス主義の中心的柱となる考えだった。実際、工業化された国々では19世紀後半から20世紀初期にかけて、資本家と組織化された労働者とのあいだで激しい、しばしば暴力的な闘争が繰り広げられた。しかし、マルクスとエンゲルスが予見した共産主義革命が1917年に起きたのは、なんと、農業労働者の割合が当時80％を超えていたロシアだった。しかも、工業化がもっとも進んでいた資本主義国家では、マルクスとエンゲルスの存命中もその後もずっと、階級闘争の帰結としての革命が成功したことは一度もない。

なぜ大半の社会では、『共産党宣言』が予言した「避けられない」はずの階級闘争と共産主義革命が回避されたのだろうか？　一つには、革命の脅威を感じた先進工業国が、階級間の緊張を緩和して不平等を軽減する政策——主に、選挙権を拡大し、それによって、富を再分配する権限を拡張する政策や、社会保障制度を一般化する政策——を採用したから、という説明が考えられる。[33]

だが、別の原因もあり得る。工業化時代には生産過程で人的資本が重要な役割を果たし始めたことだ。この考え方によれば、教育や労働者の技能への投資の重要性は、資本家階級にとって減るどころかいよいよ増し、それは彼らが、自分が自由に動かせる全資本のなかで、利潤率の低下を防ぐカギを握るのは人的資本だと認識し始めたからだということになる。[34]　つまり、国が工業化への第一歩を踏み出すのを助けた個々の専門技能の重要性はやがて低下したものの、(意外に思う人もいるかもしれないが) 技能がいらなくなったわけではなく、技術や制度が急激に変化する環境に対処できる汎用性と適応性のある技能が必要とされるようになったのだ。こうした状況下で労働者は、特定の作業や職業に欠かせない狭い専門技能をもつよりも、柔軟性のある広範な教育を受けるほうが有利になった。[35]

この説のとおりなら、産業革命は人的資本の重要性を低下させ、生産手段の所有者 (資本家) は労働者をさらに非道に搾取することが可能になるというマルクスの推測に反して、生産過程で技術の変化が続くために、むしろ、人的資本は工業生産性の向上にますます大切な要素になったわけだ。したがって工業化は、共産主義革命ではなく大衆教育革命の引き金となった。資本家の利潤率の縮小は止まり、労働者の賃金は増え始め、最終的に、マルクス主義の核心である階級闘争の脅威は薄れていった。簡単に言えば、世界各地の工業社会は、西洋の近代性の他の側面に抵抗することはあっても、公教育の提供には前向きだったのだ。それは何をおいても、技術が絶えず変化する環境では普通教育が事業主と労働者の双方にとって重要であることを、人々が認識したからだ。

それにもかかわらず、産業資本家たちは当初、未来の労働者の教育への資金提供に消極的だった。それらの労働者たちが、覚えたばかりの技能を引っ提げて、ほかの場所で仕事に就かないという保証がなかったからだ。事実、1867年にはイギリスの製鉄業界の大立者ジェイムズ・キットソンが公的な委員会の席で、個人製造業者はせっかくの成果を競争相手が横取りしてしまうのを懸念して、学校への資金提供を控えている、と証言している。[36] オランダとイギリスでは、数人の産業資本家が自ら私立の学校を開設したが、はかばかしい成果は収められなかった。ウェールズの紡績業者ロバート・オーエンなど、当時学校を実際に開設して維持していた少数の資本家は、主に商業的理由からではなく、慈善活動としてそうしていた。

しかし、工業社会を打ち立てるには技能が欠かせないことがますます明らかになるにつれて、識字能力を獲得すると労働者階級が過激な思想や反体制的な思想に染まるのではないかという懸念は捨て去られ、資本家たちは、公教育の提供を政府に働きかけるようになった。ベルギー、イギリス、フランス、ドイツ、オランダ、アメリカの産業資本家は、国の公教育制度の構造に影響を及ぼそうと積極的に取り組み始め、政治指導者たちに大衆教育への投資を拡大するよう促した。結局、各国政府は産業資本家の圧力に屈し、初等教育への支出を増やした。

1867年から翌年にかけて、イギリス政府は科学指導に関する特別委員会を議会に設置した。こうして、資本家の要望に応えるためにそれから20年近く、科学と産業と教育の関係にまつわるさまざまな調査が議会によって行われた。これらの調査にもとづいた一連の報告書には、企業の監督者、経営者、所有者（資本家）、労働者が一般的に受けてきた訓練の不備が指摘されていた。それによれば、経営者と所有者の大半は製造工程を理解しておらず、そのため、効率化の促進や革新的技術の研究、労働者の技能の正当な評価ができていないとのことだった。[37]

報告書は、初等学校の再定義の必要性、学校制度全体のカリキュラムの（特に産業や製造の観点からの）見直しや教員養成の改善の必要性など、いくつかの提言をしていた。そのほか、中等学校での技術教育や科学教育の導入の提案もあった。

イギリス政府は次第に資本家らの要求に応じて、高等教育だけでなく初等教育への助成金も増額した。１８７０年に政府は普通初等教育の提供責任を負うことにし、１８８４年に選挙権が大幅に拡大されるのに先立ち、１８８０年には全国で教育が義務づけられた。

イギリスでの公教育の提供には、抵抗もあった。その抵抗が産業支配層ではなく地主によるものであった事実から、当時の実情が浮かび上がってくる。１９０２年、議会で教育法が成立し、国民に無償で教育を提供する制度が定められた当時、製造業やサービス業では、技術者や技師、事務職員や弁護士のほか、設計図や取扱説明書や棚卸資産目録などを読むことができる労働者への需要が増大していた。産業資本家は、従業員の生産性を高める人的資本への投資によって利益を得る立場にあった。しかし裕福な地主にしてみれば、教育を受けた農民と受けていない農民の生産性は大差なかったために、公教育を支持する動機がなかった。それどころか、もしあなたが幸いにも裕福な地主だったならおそらく、自分の小作人が子どもへの教育投資をするのを阻止しようと、盛んに議会に働きかけただろう。教育を受けた労働者向けの新たな働き口を求めて、小作人の子どもに農場を去られては困るからだ。実際、工業労働者の割合が相対的に高い選挙区の議員のおおかたは教育法に賛成票を投じたのに対して、大半の議員が普通教育制度の確立に反対した選挙区は農業が主体で、地主階級の勢力が強かった。[38]

公教育を阻む大きな要因には、土地所有権の集中もあった。土地が比較的均等に分有されている農業地域の地主には、教育改革を阻止する動機がほとんどなかった。なぜなら、子どもの幸せに教育がもたらす影響に比べれば、彼らが農業で得る所得は限られたものだったからだ。だが、土地が少数の地主に集中している地域では事情が違った。富を大きく農業に依存し、労働者が近隣の都市へ集団移動するのを食い止めたい地主たちは、公的な普通教育制度の確立に強硬に反対した。[39]

このようにして、長年にわたる土地所有の不平等は、農業から工業への移行速度や現代的な成長様式の出現に大きく影響した可能性がある。これは、20世紀初期にアメリカ各地で教育改革の進み具合に差が出た事実によって裏づけられている。土地所有の不平等が教育投資に不利に働いたのだ。[40]それでも、カナダとアメリカはラテンアメリカに比べれば土地が平等に所有されていたので、それが南北アメリカの教育格差の一因であるとも考えられる。そのうえラテンアメリカ諸国のあいだでも、アルゼンチン、チリ、ウルグアイなど、土地が（比較的）均等に所有されている国のほうが教育水準が高い。さらに、日本、朝鮮、台湾、ロシアなど世界のほかの地域でも、土地の所有を部分的に平準化した農地改革の実施がいっそうの刷新を招き、一般大衆の教育が改善した。

やがて、工業化の第二段階には、子どもと親と産業資本家のあいだで一致した利害が、地主たちの利害を凌ぎ、教育は、真っ先に工業化を果たした国々で社会のあらゆる階層に広まった。19世紀初頭、基礎的な学校教育を受けた成人は西洋では比較的まれだったが、20世紀初頭には教育はすでに徹底的に見直され、イギリスやアメリカをはじめとする工業先進国の成人はほぼ100%が初等教育を修了していた。この巨大な変化が発展途上国でようやく起きたのは20世紀半ばで、それを引き起こしたのは技術の急速な発展だった。

これはたしかに進歩であり、それがきっかけで労働者の生活はほかのさまざまな面でも間違いなく改善された。マルクスが階級闘争という不穏な事態を予言してから50年後、労働者の賃金は上昇し続け、階級の境界はあいまいになり始め、大衆教育によってさらなる機会の平等化がもたらされたうえ、児童労働という広範囲で行われていた悪しき慣習の段階的廃止が可能になった。

ノーモア児童労働

1910年、アメリカの写真家ルイス・ハインは、粗末な服を着た裸足の12歳の少女が紡績工場の大きな機械にもたれている写真を撮影した。少女はアディー・カードという名で、忘れがたい真剣な表情を浮かべている。ハインたち写真家はアメリカやイギリスで同様の児童労働者の姿を数多く画像にとどめ、それらはほどなく、産業革命をもっとも端的に表す象徴に数え

アディー・カード、12歳。ノース・パウナル綿紡績工場の紡績工

ヴァーモント州、1910年[41]。

られるようになった。そうした写真は人々の激しい抗議をかき立て、児童の雇用を禁じる法の整備につながった。しかし、世間で思われているのとは裏腹に、児童労働は産業革命期の新たな現象でもなければ工業化にとって重要な要因でもなかった。そして、児童労働が根絶されたのは、じつはそれを禁止する法律が制定されたからではなかった。

児童労働は、歴史を通して人間社会と切り離しようのない要素だった。生き延びるのが精いっぱいの厳しい生活の中で、幼い子どもはやむなく家事と農業の両方の過酷な労働を担わされてきた。そして、産業革命が起きたときにはすでに、児童労働の広まりは未曽有の規模に達していた。都市部の世帯の収入は生存水準をかろうじて上回る程度で、子どもは4歳からもう工業や鉱業関連の仕事に出された。児童労働は、小さな手が機械の詰まりを取り除くのに好都合だった繊維工場で特に広まっていた。教育の剥奪《はくだつ》と、子どもたちがその当時経験した悲惨で虐待的で危険な労働条件のせいで、貧困の悪循環はいっそう抜け出しがたいものになった。[42]

しかし、工業化の過程で技術が急速に進歩し、教育を受けた労働者の需要が高まるにつれ、親と産業資本家のどちらにとっても、児童労働の収益性は二つの形で次第に減少した。まず、新たな機械の出現によって、それまで子どもにも可能だった単純作業が自動化され、子どもの相対的な生産性が下がり、その結果、親と子の収入獲得能力の差が広がって、児童労働から親が受ける恩恵が減った。また、生産過程での人的資本の重要性が増したため、親が子どもの時間とエネルギーを労働にではなく教育に向けさせるようになるとともに、労働者に適切な技能を身につけさせることに熱心な産業資本家が、児童労働を制限する法律を――そして最終的には児童労働を禁止する法律を――支持するようになったのだ。[43]

児童労働を制限する実効性のある法案は、1833年に世界に先駆けてイギリスで可決された。この「工場法」によって、9歳未満の子どもの工場労働は禁止され、9～13歳の子どもの労働時間は1日9時間までに制限され、18歳未満の子どもの夜間勤務は禁じられた。1844年には新たな法案が可決され、1日に3時間は学校で授業を受けられるように、9～13歳の子どもの労働時間は1日6時間半までとなり、14～18歳の子どもの労働時間は1日12時間に制限され、子どもによる機械の操作や清掃には安全要件が課された。その後の年月に、イギリス議会はさらにいくつもの法案を可決し、雇用の最低年齢を着実に引き上げ、工場主に若年労働者の教育費の支払いを義務づけた。

こうしたさまざまな法令は、児童を雇用した事業者に税を課すことに等しかったため、このような法整備はイギリスにおける児童労働の根絶に決定的な役割を果たした、と多くの人が主張してきた。たしかに法律の貢献もあっただろうが、実際には、こうして国家が介入するかなり前にイギリスの児童労働は減り始めていた[44]。イギリスの綿産業では、13歳未満の労働者の割合は１８１６年には13％近かったが、新しい労働法が本格的に施行される前の１８３５年には、２％にまで下がっていた。同様の傾向は、リネン産業にも見られた。リチャード・ロバーツが発明した自動ミュール精紡機のような機械類によって、すでに多くの部門で児童労働の必要性が減っていたこともあり、技術の進歩が、法の制定よりもずっと以前に児童労働の段階的廃止に重要な役割を果たしていたのだ。そして絹産業は、原材料を安く入手できる外国の生産者との競争が厳しかったために児童労働を制限する法律の適用を免除されていたにもかかわらず、１８３５年には30％近かった絹織維工場の児童労働者の割合が１８６０年には13％に下がっていた。この傾向が典型的ならば、他の分野の児童労働も、たとえ法が制定されなくてもかなり減少しただろうと想像できる。

19世紀後半には教育への公的資金投入により、雇用主は従業員の教育費の全面負担から解放され、児童労働への「課税」は実質的に削減された。それにもかかわらず、工場で雇用される子どもの数が19世紀初頭の水準に戻ることは二度となかった。１８５１〜１９１１年には、10〜14歳の少年のうち工場で働く子の割合は約36％から20％未満に、少女に関してはほぼ20％から10％近くにまで減少した。[45] 先進国の大半で、同様の傾向が記録されている。これらの過程で法律は脇役にすぎなかったようで、児童の雇用と搾取が減った主な要因は、親子の所得格差の拡大と、教育に対する考え方の変化だった。

こうした考え方の変化は主に、人的資本の需要が高まったせいで生まれたことを踏まえると、児童労働という社会悪が最初に姿を消したのが先進工業国であり、なかでももっとも工業化の進んだ地域だったのは意外ではない。[46] アメリカではことに工業が盛んなマサチューセッツ州で1842年、児童労働を制限する法律が初めて可決された。工業化の進んだ州の知事が必ずしも先進的だったわけではなく、むしろ、技術の急速な進歩によって人的資本の需要がなおさら高まり、児童労働への依存度が低下し、児童労働を制限する法律制定への反対の声が弱まっていたのだ。ほどなく同様の法律が、産業革命によって変容を遂げたすべての州で可決され、その後ようやく、農業の盛んな州にも広まった。アメリカで技術の進歩が勢いを増し、教育の重要性がますます明らかになるにつれて、児童労働は徐々に撤廃された。1870〜1940年には、14歳と15歳のアメリカの少年のうち、就労している子の割合は42％から10％に落ち込んだ。同様のパターンが、少女たちやそれより年下の子どもたちにも見られた。

当時の児童労働に技術が及ぼす影響を人々がどう受けとめていたかは、1921年のトラクターの広告によく表れている。マーケティング担当者たちは農民を説得してトラクターを買わせるために、人的資本の重要性の高まりを強調しているのだ。トラクターという新技術の最大

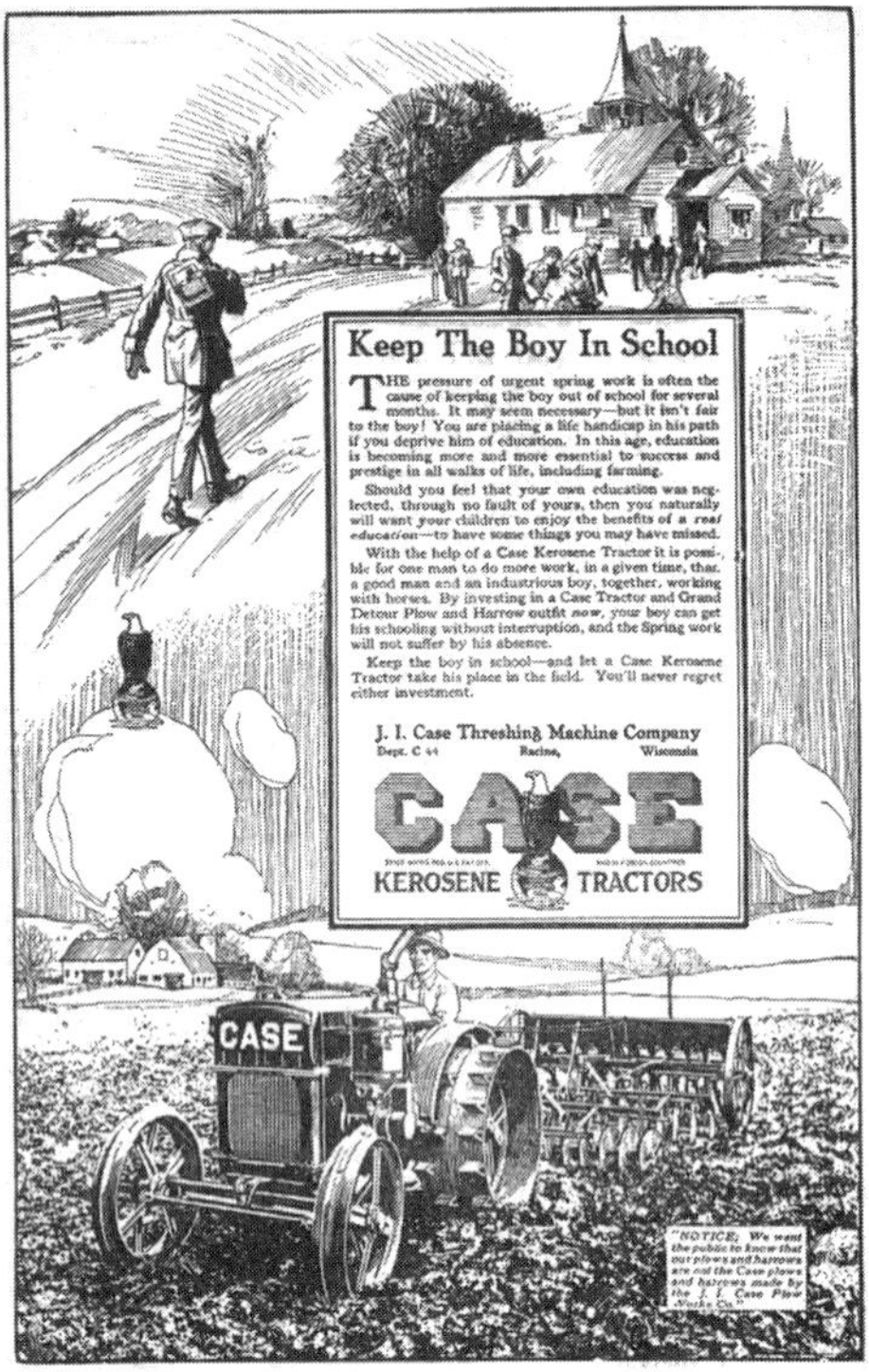

トラクターの広告、1921年

ご子息を休まず学校に行かせましょう。

春の農作業は待ってはくれず、ご子息が数カ月学校に通えないことがよくあるでしょう。しかたがないとお思いかもしれません。でも、それではご子息がかわいそうです！　教育を受ける機会を奪っては、ご子息の今後の人生が不利になります。今の時代、教育は、農業も含め、あらゆる職業で成功を収め、信望を得るためにますます重要になっています。

ケース社の灯油トラクターがあれば、働き者の少年と二人がかりで馬たちを使って作業するよりも、一人で多くの仕事をこなせます。今すぐグランド・ディートゥアー社の耕運機付きケース・トラクターをご購入いただければ、ご子息は中断せずに学校教育を受けられ、春の農作業にも支障はありません。

ご子息を休まず学校に行かせましょう。そして、ケース社の灯油トラクターに畑でご子息の代わりをさせましょう。どちらの投資にも、けっして後悔はなさらないはずです[47]。

の利点は労働力の削減であり、導入すれば農作業の繁忙期である春のあいだも子どもたちを学校に通わせられる、と彼らは力説した。興味深いことに広告主は、「農業も含め、あらゆる職業」での人的資本の重要性を訴えている。教育を受けた子どもが家の農場ではなく成長著しい工業の部門で働くことを選んだらどうなるのかというアメリカ農民の不安を、和らげようとしていたのかもしれない。

技術革新の驚異的な加速、大衆教育の登場、児童労働の撤廃という三つの重要な点で、産業革命はまさに進歩の時代だった。とは言うものの、相転移とマルサスの罠からの脱出をもたらしたのは、これらの要因が女性や家庭や出産に及ぼした影響だった。

第5章　停滞から成長へ

産業革命の初期段階では、技術が急速に進歩し、所得が伸びるなか、工業化の途上にある国々の大半で人口が急激に膨れ上がった。ところが、19世紀後半にはその傾向は逆転し、先進国の人口増加率と出生率は急落した。20世紀には、ほかの国々でも同じパターンがより速いペースで繰り返された。[1] 1870〜1920年に西ヨーロッパ諸国の大半で出生率が30〜50％低下し（**図8**）、アメリカではさらに急激に下がった。[2] こうした出生率の激減とそれに先立つことが多かった死亡率の低下は、「人口転換」と呼ばれるようになる。

人口転換は、マルサスのメカニズムの礎石の一つを打ち砕いた。増加した所得が拡大した人口の維持につぎ込まれる状況に、突如幕が下りたのだ。もう「パンの余剰」は、増えた子どもたちで分けあう必要がなくなった。その代わりに人類史上初めて、技術の進歩が生活水準の長

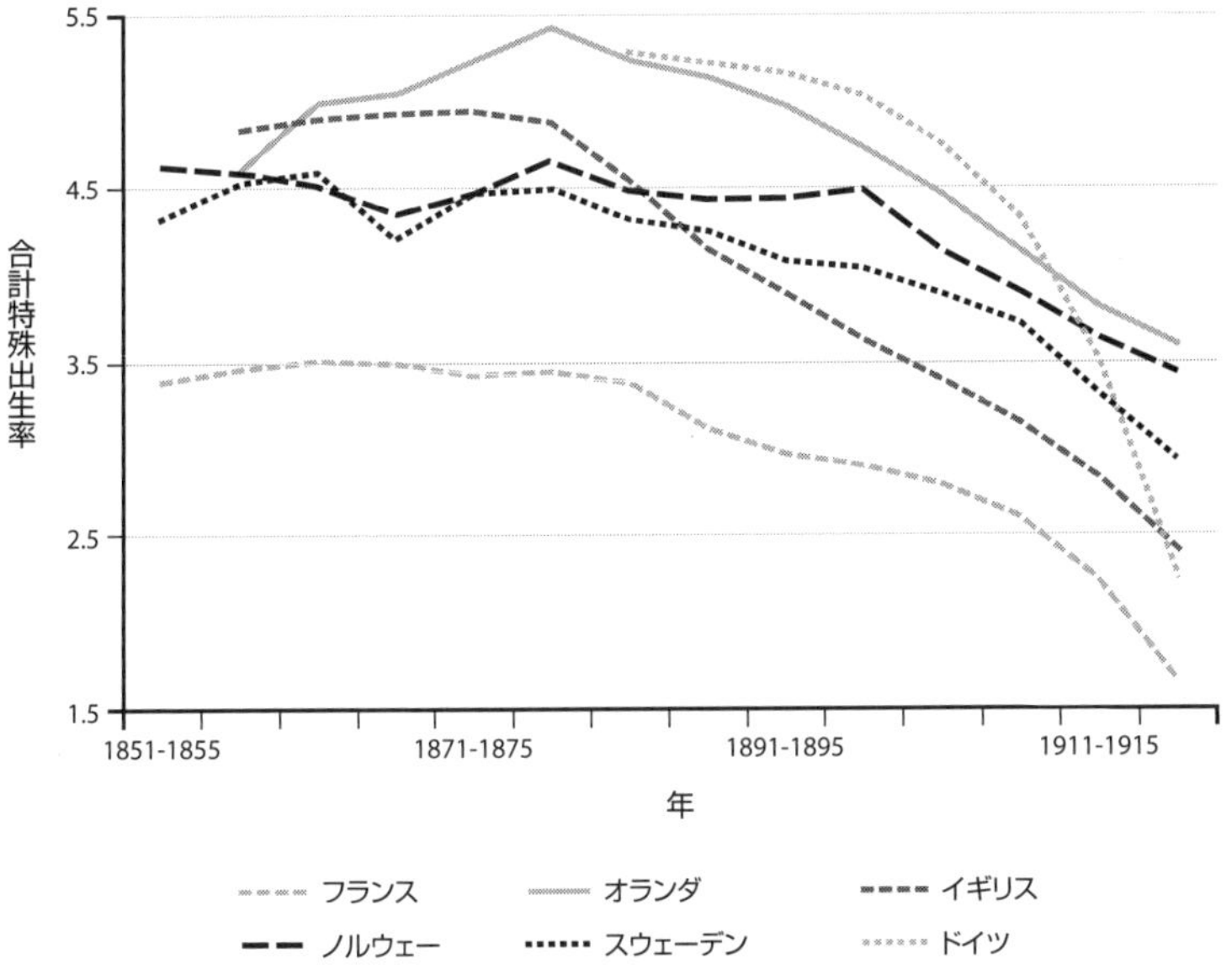

図8　西ヨーロッパ諸国で女性１人が出産する子どもの数、1850〜1920年[4]

期的な向上につながり、停滞の時代は終わりを告げた。出生率のこの低下こそが、固く閉ざされていたマルサスの罠の出口をこじ開け、現代の持続的成長開始の先触れとなった。[3]

　人口転換は、なぜ起きたのか？

今振り返れば、避妊が大きな要因だったと思う人もいるかもしれない。現代のような避妊法がない当時のもっとも一般的な妊娠防止の手段は、晩婚や禁欲、そしてもちろん膣外《ちつがい》射精といった、昔ながらの方法だった。西ヨーロッパでは、食糧難の時代には平均結婚年齢が上がり、独身者の数も増え、その両方が出生率の低下につながった。実際、イギリスの下院議員で、産業革命による変化に反

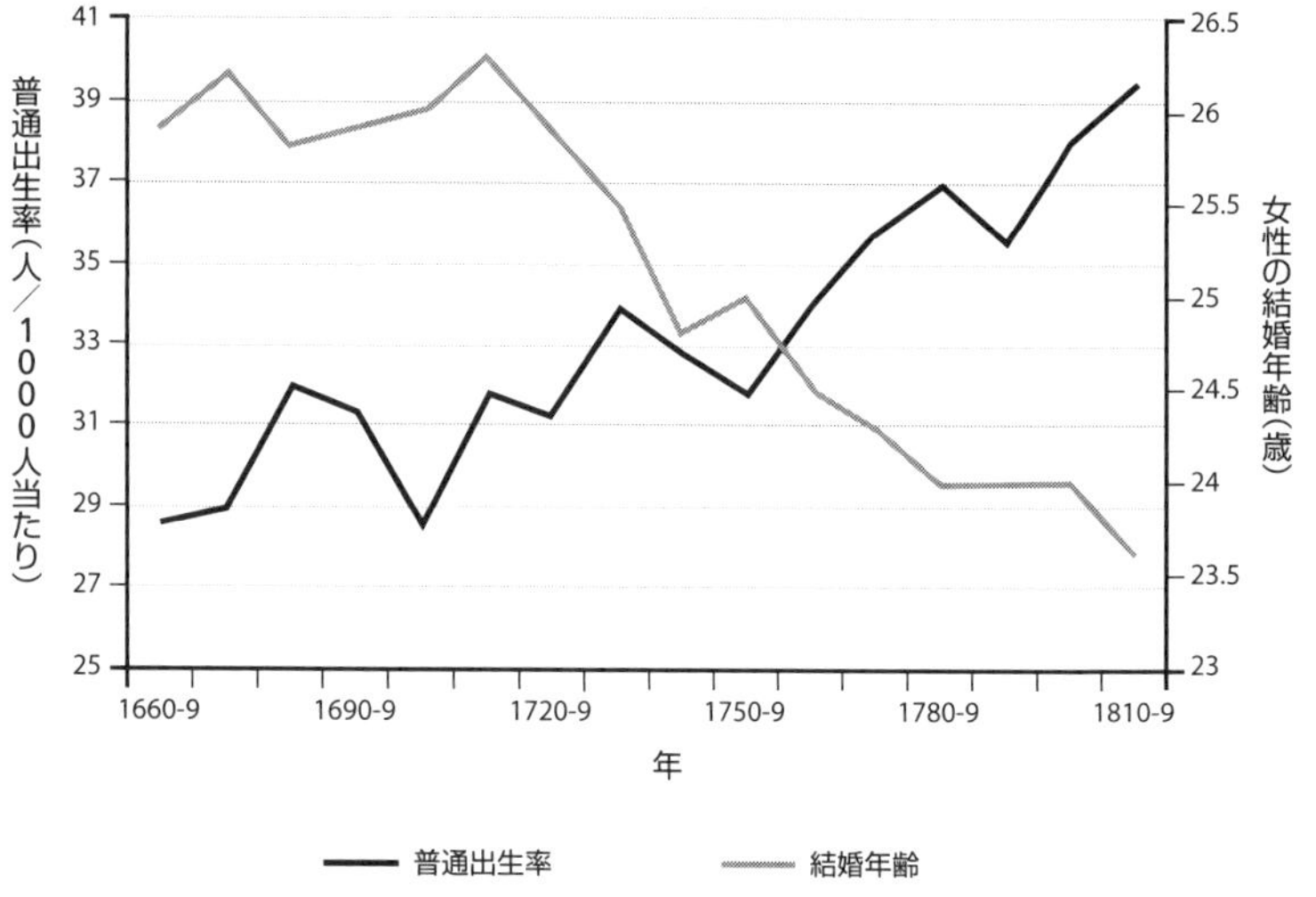

図9　イングランドにおける出生率と女性の結婚年齢、1660〜1820年

対する運動の先頭に立ったウィリアム・コベットが述べたように、その当時は「働くことが可能で働くのをいとわない男性が家族を養えず、子を餓死させるのを恐れて、大部分の女性とともに独身生活を余儀なくされている社会」だったのだ。[5] 一方、豊かな時代には平均結婚年齢が下がり、それに伴って出生率が上昇した。これは「ヨーロッパ型結婚パターン」として知られ、17世紀から20世紀初期にかけて一般的だった[6](**図9**)。

ほかの地域では、ユーラシアや北アフリカの社会における新婦の結婚持参金や、サハラ以南のアフリカ、アジア、中東、オセアニアにおける新郎側からの「婚資」の支払いといった風習が、生活水準と結婚年齢と出生率の結びつきをさらに強固にした。

豊かな時代には持参金や婚資を支払う余裕があるおかげで子どもを低い年齢で結婚させられる家庭が多く、結婚年齢が低下して出生率が上昇した。逆に食糧難の時代にはこれらを支払える家庭が少なかったために、結婚年齢が上がり、出生率が低下したわけだ。

誘発流産も、産業革命以前の社会で広く行われており、少なくとも古代のエジプトのころまで遡る。[7] たとえば、骨の折れる重労働をしたり、山に登ったり、重いものをもち上げたり、水に潜《もぐ》ったりといった激しい活動が、流産を誘発させるために故意になされた。ほかにも絶食したり、腹部に熱い湯をかけたり、熱したココナッツの殻の上に横たわったり、シルフィウム（おそらく過度な使用がもとで、ローマ帝国が滅びる前にすでに絶滅していた幻のハーブ）のような薬草を摂取したりする方法などがあった。さらに、殺精子剤や原始的なコンドームが、エジプト、ギリシア、ローマの古代文明で使われていたことを示す証拠もある。[8]

だが、こうした産児制限の方法は歴史を通じて存在し、人口転換の直前に変化したわけではないのだから、出生率の突然の大幅な低下を広範囲で促したのは、もっと深い要因だったに違いない。

人口転換の引き金

◆人的資本の利益率の上昇

前の章で見たように、技術環境の急速な変化を受けて教育の重要性が高まったため、人的資本の形成が促された。今や製造業や商業やサービス業の多くの職業で、読み書きや基本的計算の能力、さまざまな機械操作技能が必要とされたので、親は子どもの識字能力、計算能力、技能、さらには健康にさえも投資する気になった。その結果、人類の歴史を通して親たちが必死で取り組むことを余儀なくされてきた古来の「量と質のトレードオフ」は、バランスが変化し、突然、出生率の劇的な低下という人口転換がもたらされたのだ。[9]

同様のパターンは、人類の歴史のもっと早い時期にも認められる。たとえば紀元前1世紀にユダヤ教の賢者たちが、すべての親は息子に教育を受けさせよ、と命じたとき、教育費の捻《ねん》出《しゅつ》に苦労した農民は、命令に背くか――さらには多くの人が行ったように信仰自体を捨てるか――あるいは、子どもの数を減らすかという厳しい選択を迫られた。[10]やがて、この命令によってユダヤ人社会では、子どもの教育に投資しようと考える人の割合が次第に増えた。

産業革命期の技術の進歩は、いくつかの重要な点で量と質のトレードオフに新たな影響を及ぼした。第一に、親の所得が伸び、親は望めば子どもへの投資を増やすことができるようになった。この「所得効果」のおかげで、子どもの養育全般につぎ込まれる資産が増加した。第二に、収入獲得能力の向上に伴って、子どもの養育の「機会費用」、つまり、労働の代わりに幼い子どもの養育に時間をかけることで親が得られなくなる所得も増えた。この「代替効果」は、出生数を減らす方向に働いた。

歴史的に見ると、所得効果は代替効果よりも優勢で、それが出生率の上昇につながったと考えられる。事実、マルサス時代と工業化初期の世帯所得の増加からは、まさにそのとおりの結果になったことが実証研究で示されている。しかし、人口転換期にはさらに別の力も働いていた。[11] 教育を受けた人だけが手の届く経済機会が生まれたことで、親は収入のより多くを子どもの教育に投資するようになった。こうして所得効果が出生率を上昇させ得る度合いは、減殺《げんさい》されたというわけで、所得効果を圧倒し、出生率を低下させたのは結局、子どもに対して親が行う投資の利益率の上昇だったのだ。

同時にこのメカニズムは、技術の進歩が引き起こしたいくつかの重要な変化によってさらに強化された。まず、平均寿命の急上昇と子どもの死亡率の低下だ。これら二つの変化により、教育による利益が見込まれる期間が増したので、人的資本に投資し、出生率を下げる動機がいっそう強まった。また、技術の発展と産業における教育の需要の高まりも、児童労働の生産性を相対的に下げ、そのせいで収益性も落ちるという波及効果をもたらし、労働力の供給源として子どもをもうける意欲をそぐこととなった。そして最後に、地方から町や都市への移住が挙げられる。町や都市は生活費が高いので、子どもの養育費が増え、それがさらに出生率を低下させた。

プロイセンでの宗教改革の地理的伝播は準自然実験と見なすことができ、そこからは、教育への投資の増大が出生率に及ぼす影響が明らかになる。1517年10月31日、マルティン・ルターはローマ・カトリック教会による免罪符の販売に抗議する「九五箇条の意見書」をヴィッテンベルクの諸聖人教会の扉に打ちつけ、宗教改革の口火を切った。ルターは、ローマ教会は人と神を仲介する立場にはないと主張し、各自が自主的に聖書を読むことを奨励した。この急進的な考えによって、ルターの追随者たちは、読み書きのできる子どもを育てるように励む気になった。資料によれば、1517年以前はヴィッテンベルクからの距離が地域の経済や教育の発展に影響を及ぼしたことはなかったようだ。ところが、同年以降はプロテスタンティズムがヴィッテンベルクからさざ波のように広がるにつれて、ヴィッテンベルクに近い地域の親ほどこうした革新的な思想に多くさらされ、子どもの識字能力に投資する傾向が強まった。宗教改革が人的資本の形成に与える影響はしっかり続いたため、3世紀半が過ぎたあとでさえ、プロイセンの中でもヴィッテンベルクに近い郡のほうが教育水準が高く、量と質のトレードオフの原則に従い、遠い郡よりも出生率の低下が著しかった。[12]

教育と出生率の関係を明らかにするような準自然実験は、アメリカでも見られた。1910年にロックフェラー衛生委員会は、アメリカ南部の鉤虫症《こうちゅうしょう》を根絶する取り組みに着手した。

鉤虫という腸管寄生虫に感染した子どもは授業中の集中力が低下することが知られており、鉤虫症が根絶されれば子どもたちの学習能力は向上し、学業を最後までやり遂げられるようになる。言い換えれば、この取り組みが成功したら――現に成功したのだが――子どもという人的資本への投資利益率が上昇する。鉤虫症根絶の恩恵を受けた地域と、受けていない類似した地域とで出生率の変化を比べると、子どもの教育の利益率上昇が明らかに出生率の低下をもたらしていたことが窺われる。[13]

量と質のトレードオフが出生率の低下に関与したことは、中国、フランス、イングランド、アイルランド、朝鮮などの国々や、過去数十年間の発展途上国の国際比較分析でも認められた。[14] たとえば、1580～1871年のイングランドのデータは、子どもが1人増えると、その世帯のほかの子どもたちが読み書きを学んで技能の必要な職業に就けるようになる可能性が下がることを示している。[15] 同様に、13世紀から20世紀までの中国の資料にもとづけば、人数の少ない世帯に生まれた子どもほど、難関の官吏登用試験（科挙）を受ける傾向が強かったようだ。[16]

もちろん、人的資本が労働生産性に与える影響だけが、親が少人数の子どもへの教育投資を選んだ理由ではない。前の章で述べたように、人間社会は何千年ものあいだ、教育に投資してきた。それは宗教や文化や国家の上昇志向の表れであり、そうした要因は間違いなく、出生率や技術革新にも影響してきた。とは言うものの、人的資本への投資と公教育制度が19世紀末期に先進工業国で特に普及したのは、偶然ではない。人口転換の開始と同時にそれらが普及したのも、偶然ではないのだ。

だが、そこには別の重要な要因も働いていた。男女の賃金格差の縮小と女性の有給雇用の増加だ。

◆男女の賃金格差の縮小

アメリカとイギリスで賃金差別が違法とされてから半世紀以上が経ち、女性のほうが男性よりも教育水準が高くなっているにもかかわらず、今日、両国をはじめ世界中で女性は男性よりも平均すると賃金が低い。男女のこの賃金格差をもたらす要因はさまざまで、たとえば、管理職や賃金の高い部門での男性の雇用率の高さや、育児休暇がキャリアの向上や有給労働時間に及ぼすマイナスの影響、あからさまな差別が挙げられる。

だが、そう遠くない昔まで男女の賃金格差は現在よりもはるかに大きく、その格差が全世界で目に見えて減り始めたのは工業化の第二段階が始まってからだった。1820年のアメリカでは、平均的な働く女性の賃金は、男性の賃金の30%にすぎなかった。それが、1890年には46%になり、第二次世界大戦のころには約60%にまで上昇していた。[17]驚くにはあたらないかもしれないが、男女の賃金格差の縮小は女性の教育機会の増加と同時に起こった。1840年のイギリスの識字率は男性が67%で女性が50%だったが、19世紀末までには格差が大幅に縮み、男女ともに90%以上が読み書きできるようになっていた。[18]同様のパターンは、工業化の過程にあった西ヨーロッパ諸国や20世紀の各地の発展途上国でも認められた。[19]

男女の賃金格差の縮小には、経済や文化、制度、法律、社会にまつわるさまざまな要因が寄与した。[20] たとえば、生産過程の機械化によって、従来「男性の仕事」とされてきた、技能をあまり必要としないきつい肉体労働の重要性が減るとともに、頭を使う仕事の重要性が高まり、その両方が所得と教育の男女格差の縮小につながった。さらには教育の機会拡大や経済全般における財産権保障のための法整備が、女性の参政権獲得の種をまき、ついには差別の法的禁止につながり、男女差別は道徳的に許されないこととして非難されるまでになった。

19世紀初期のイギリスでは繊維産業で自動化が進み、家庭を仕事場として女性たちが手作業で作っていた織物の需要が減ると、男女の賃金格差が拡大するとともに出生率が上昇した。[21] だが19世紀のあいだに、一つには生産過程の急速な機械化と知的技能の重要性の高まりによって、男女の賃金格差はどの分野でも劇的に縮まった。[22] さらに1890年から1980年にかけてのほぼ1世紀間には、アメリカの技術進歩が目覚ましかった部門では、男性よりも女性の雇用率のほうが大きく上昇した。[23]

女性の賃金の急増は、相矛盾する影響を出生率に及ぼした。女性の賃金が上がると世帯の予算の制約が緩和され、子どもの数を増やすことができた（所得効果）。だがその一方で、子どもを増やすことや娘を早く結婚させることの機会費用が増し、晩婚や出生率抑制につながった（代替効果）。歴史的に見ると大半の文化では育児の負担は主に女性にかかっていたために、代

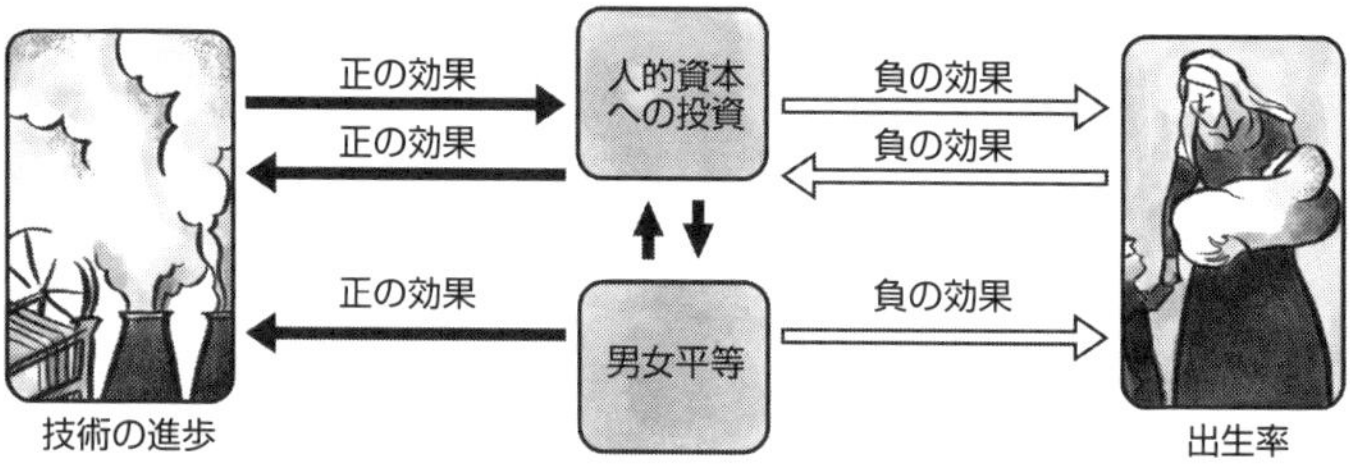

［訳注］「正の効果」は一方の増加が他方の増加をもたらすこと、「負の効果」は一方の増加が他方の減少をもたらすことを、それぞれ意味する。

替効果が所得効果を上回り、出生率は下落した。[24]

男女の賃金格差の減少は、人的資本の投資利益率上昇によって引き起こされた出生率の低下をさらに促進した。イングランドとウェールズにおける1911年の国勢調査のデータは、女性の雇用機会が増加して男女の賃金格差が狭まるにつれて、出生率も下がったことを示している。[25]同様のパターンは、1880〜1910年のドイツ、[26]1881〜1900年のアメリカ、[27]1860〜1955年のスウェーデン[28]の繊維工場での調査にも認められる。

というわけで、こうした豊富な歴史の証拠は、産業革命期の技術の進歩が人的資本への投資利益率の上昇や、男女の賃金格差の縮小、児童労働の減少、平均寿命の上昇、地方から都市部への移住者の増加などをもたらし、さらにこれらの要因が人口転換期の出生率の低下を促したことを示している。

だが、これらの大々的な変容は、一般家庭の日々の暮らしにどんな影響を及ぼしたのだろうか？

三つの家族の物語

三つの架空の家族について考えてみよう。これら三家族はそれぞれ異なる時代の典型的な出生率と教育水準と生活水準を反映している。最初の家族はマルサス時代に生きており、当時は、人々の経済的境遇は長期的には変化がなく、余剰食糧の大部分は増えていく子どもの養育に充てられていた。二番目の家族は産業革命の黎明《れいめい》期に生きており、その時代には、所得の増加は子どもの数のさらなる増加や、時には子どもの教育につながった。最後に、三番目の家族は人口転換のあとに生きており、それは1世帯当たりの子どもの数の減少や子どもへの教育投資の増加、生活水準の大幅な向上を特徴とする時代だった。

最初のケリー家は、16世紀アイルランドの田舎にささやかな土地をもっていた。娘2人と息子1人の3人の子どもがおり、ケリー夫妻は3人目の娘を数カ月前に肺炎で亡くし、まだ悲しみに暮れていた。一家の小さな農場の収入は乏しく、生きていくのがやっとだった。家は雨漏りのする古い小さな丸太小屋で、子どもたちは寒さや空腹、栄養不良による病気に苦しんでいた。

ケリー夫人は姉のアンを羨《うらや》まずにはいられなかった。隣村の裕福な地主に嫁いだアンはそれまでに5人の健康な子どもを産み、彼らに農作業や家事を手伝わせていた。親族の集まりの際、アンの夫は大人たちに、アメリカ大陸から伝わった前途有望な驚異の作物、ジャガイモについて話して聞かせた。ケリー氏は少しばかり疑いを抱いている様子だったが、夫人に説得され、思い切って作物を小麦から最新流行のジャガイモに切り替えた。やがて彼らはジャガイモを栽培することで、小さな畑から前より多くのカロリーをしぼりとれるようになった。子どもたちは次第に体力がつき、収穫の余剰分を近くの市場町《いちば》で売る手伝いもするようになった。

ようやくお金に多少ゆとりができたケリー家は、家と雨漏りのする屋根を修理し、厳しい冬が来る前に暖かい服を買うことができた。ほどなく、ケリー夫人はまた妊娠した。夫妻は、これから子どもがもう1人生まれて家族が増え、暮らし向きが良くなるのを喜んだ。夫人が前回よりも健康だったために赤ん坊も丈夫で、上の子どもたちが家事をしてくれているあいだに夫人は授乳や赤ん坊の世話ができた。その赤ん坊は、上の3人の子どものうちの2人や、その後間を置かずに生まれてくる2人の子どものうちの1人と同じように、成人に達することになる。

ケリー夫妻は、子どもの教育に投資しようと考えることはなかった。夫妻はどちらも読み書きができず、それは村長や最寄りの町の司祭を別にすれば、知人もみな同じだった。近所の人の大部分は読み書きのできない農民で、村の鍛冶屋、大工、漁師やさまざまな職人たちはそれぞれ技能をもっていても、収入は2人よりほんの少し多い程度だった。これらの職業には基本的な識字能力は必要がなく、現場で身につけた技能が頼りだった。医者や弁護士のように教育が求められる専門職はまれで、そうした仕事はたいてい遠くの名門校で勉強した上流階級や中産階級の子弟のためのものだった。したがって、ケリー夫妻には限られた収入を子どもたちの教育につぎ込む動機がなかった。教育を受けさせれば、農作業と家事のための貴重な人手を失うことになるので、なおさらだった。

子どもの教育に投資する理由がほとんどなかったケリー夫妻は、ジャガイモの収穫によって増えた収入を住まいや食事の改善と、より多くの子どもの養育に使った。だが、マルサスの罠にはまったケリー家の豊かさは、長続きしないことがほどなく判明する。夫妻の子どもたちは大人になり、収入が生存水準を上回るたびに子どもを増やしたが、一家が所有する土地はわずかであるため、暮らし向きは少しずつ悪くなった。数世代のうちに、彼らの子孫は祖先同様の過酷な状態に陥っていた。一族の発展は終わり、収入はほぼ生存水準まで落ち込んだ。やがてジャガイモ疫病がアイルランドを襲うと、一族の一部は不幸にも餓死し、アメリカに移住する者も出た。

二番目のジョーンズ家は、19世紀初期のイングランドに暮らしていた。ケリー家と同じで、あばら屋に住み、わずかな土地を耕していた。ジョーンズ夫妻にも3人の子ども（息子2人と娘1人）がおり、夫妻もまた、最近3人目の息子を天然痘で亡くし、悲嘆に暮れていた。とはいえ、19世紀初頭のイギリスは、繊維・石炭・金属産業の機械化や大西洋を挟んだ貿易の発展によって目まぐるしく変化していた。

ジョーンズ夫人の妹のエレンは先ごろ結婚し、夫が工場長を務める織物工場のある近くの都市リヴァプールに移り住んだ。親族が集まったおり、エレンの夫はジョーンズ氏とその2人の息子に自分の工場で働かないかと勧めた。初めのうちジョーンズ氏はためらっていたが、夫人に説得されて申し出を受けることにした。こうして一家は村を離れ、リヴァプールに引っ越した。町での仕事は楽ではなかったが、工場で働く3人の賃金は農業をしていたころの収入をはるかに上回った。数カ月後、ジョーンズ家は子どもたちに新しい服を買うゆとりができ、もっと広いアパートに移ることもできた。

その後まもなくジョーンズ夫人はまた妊娠し、元気な女の子を産んだ。夫人が家で赤ん坊の世話をしているあいだに、ジョーンズ氏は長男のウィリアムを連れて織物工場の技術主任に会いに行った。お金を払う代わりに長男に徒弟としての訓練を施し、仕事のこつを教えてほしい、ともちかけるためだ。10代の長男は技術者の徒弟になって厳しい修業をすることに気が進まなかったが、こういう専門技術があれば給料がぐんと上がり、隣の娘さんが結婚する気になってくれるかもしれない、と母親に説得された。次男はがっかりした。兄と同じような訓練を受けさせてもらえるほどの余裕が両親にないことを、十分承知していたからだ。弟はその先一生、一介の工員として単調で骨の折れる仕事に甘んじるほかない。ジョーンズ夫妻は長男の技能に投資する一方で、健康な赤ん坊をあと2人もうけたが、その2人は貧しい人生を送る運命にあった。

ジョーンズ一家が暮らしていた当時、ほかの多くの親が子どもの教育や技能の習得に投資を始めたにもかかわらず、出生率は急上昇した。だが、扶養家族が増えても、技術の進歩が生活水準にもたらすプラス効果は部分的にしか失われなかった。ケリー家とは対照的にジョーンズ家は、最終的にマルサスの罠から抜け出る旅に踏み出していた。夫妻とその子どもたち、特に長男のウィリアムのもとに生まれた孫たちは、次第に繁栄を享受することになる。

三番目のオルソン家は、20世紀初期のストックホルムに質素な家をもっていた。オルソン夫妻には、息子が2人と娘が1人いた。だが、ケリー家やジョーンズ家とは違い、オルソン夫妻は子どもを亡くして悲しむことがなかった。彼らが生きていた当時、西洋では技術が目もくらむほどの勢いで進歩していた。オルソン家のまわりの新しい建物はどれも送電網に接続されており、近隣で農業に従事している人はそれまでにないほど少なかった。蒸気機関車と蒸気船の組み合わせでスウェーデンはヨーロッパ各地と結ばれ、ストックホルムの通りを自動車が走り始めていた。

オルソン夫妻は知人のほぼ全員と同様、読み書きができた。十分な富を蓄えてから身を固めたいと思っていた2人は、ジョーンズ夫妻やケリー夫妻よりも上の年齢で結婚した。オルソン氏は小さな漁船をもっており、結婚前に繊維工場で働いていた夫人は、今は地元の新聞社でパートタイムで働きながら、空いている時間を女性解放運動の推進につぎ込んだ。夫妻の娘はもうすぐ初等学校に入学する。年上の2人の息子は初等学校を卒業し、1人は新聞配達員として、もう1人は埠頭《ふとう》の倉庫で働いていた。

オルソン夫人の姉のイングリッドは裕福な銀行家と結婚し、郊外に広々とした家を購入して、子どもたちを高額な費用のかかる私立の中等学校に通わせていた。クリスマスの昼食のおりに、イングリッドの夫がオルソン氏に向かって、自分の銀行から資金を借りて新しい蒸気トロール船を購入してはどうかと提案した。オルソン夫妻は迷ったが、これを機会にそうしてみようと決心した。新しい船のおかげで水揚げは格段に増えた。夫妻は新たに手にした富で2人の息子を中等学校に通わせ、学期中は、息子たちの労働による追加の収入なしで暮らすことにした。息子たちが教育によって実入りの良い立派な仕事に就けることを期待していたのだ。

オルソン一家が暮らしていた時代には、人的資本の重要性の高まりによって教育が強力なステータスシンボルになりつつあった。教育は人が社会階層に占める位置を示し、ふさわしい配偶者を見つけたり、有意義な人間関係や取引関係を築いたりといった、さまざまなことを可能にした。子どもの教育には費用がかかり、オルソン夫人の時間は貴重だったために、夫妻はこれ以上子どもを増やしたいとは思わなかった。ストックホルムの出生率はまだ死亡率よりも高かったが、人口の緩やかな増加は生活水準の向上をわずかに抑制するにとどまり、人々の暮らしは猛烈な速さで豊かになっていた。

ホモ・サピエンスがこの惑星に出現してから数十万年後、オルソン夫妻は、マルサスの罠を逃れた最初期の世代に生まれた。そしてオルソン一家は、当時西ヨーロッパと北アメリカで貧困から逃れた何百万もの家族の一つだった。オルソン家が経験していた生活の質の向上は技術進歩の直接の産物であり、進歩の勢いは次の数世代にわたって、衰えることなく、ひたすら増していった。ジョーンズ家の子孫は人口転換期を経て、19世紀末にオルソン家よりも一足先にマルサスの罠から解放されることになる。一方、ケリー家の子孫は20世紀初期に、オルソン家に続いてマルサスの罠から抜け出しただろう。

人口転換のおかげで、ついに人類は相転移を起こしたのだ。

劇的な「相転移」

人類が出現して以来、技術の進歩は人口が徐々に増えるのを促すとともに、技術のいっそうの進歩につながるような特性の拡散も後押ししてきた。だが、これまでの章で述べたように、マルサスの罠は数十万年ものあいだ、人々の生活水準が持続可能な形ではっきり向上するのを阻んできた。それでも水面下では、人類の歴史の大きな歯車——技術の進歩と人口の規模・構成との相互作用——は最初から回り続けていた。そしてその回転は、初めはわずかな、けれど次第に大きな加速を重ね、ついに18世紀後半に産業革命という技術の爆発的進歩を引き起こした。それから100年後、技術革新の加速と、それによる技術環境の変化に対応できる、教育を受けた労働者の需要の高まりは、平均寿命の延びや児童労働の減少、男女の賃金格差の縮小と相まって人口転換を引き起こし、経済成長を人口増加の相殺効果から解放した。ようやく、

変化の歯車

社会はマルサスの執拗な罠から逃れ、生活水準を急上昇させることができた。

人類の旅の軌跡――マルサスの罠から抜け出て現代という成長の時代へ進んだ道のり――は、今振り返れば必然に見えるかもしれない。しかし、その時機と速度は、ほかのきわめて重要な要因の数々に影響されてきた。前に取り上げた湯沸かしのたとえに戻ると、どの瞬間に水が液体から気体へ相転移するかは、もちろん温度に左右されるが、湿度や気圧など、温度以外の変数にもよる。こうしたその他の要因の影響のもとで、液体から気体へという水の相転移は100℃以下でも以上でも起こり得る。同様に、人類の旅における相転移をもたらしたのは、時代と場所を問わず技術の進歩を促して大半の社会をマルサスの罠から脱出させた、もっとも深い場所での地殻変動だったものの、社会を形成し特徴づける地理や文化や制度などの側面のせいで、その転移が加速した地域もあれば、妨げられた地域もあった。これらの要因を明らかにし、その影響を理解することが、本書の旅の第2部の目標となる。

だがそもそも、この相転移以来ずっと人類が経験してきた生活水準の向上が一時的な例外にすぎないとわかったら、どうなるのだろうか？　仮に今の成長の時代が、一部の人々が確信しているように突如終わりを告げたら、どうなるのか？　私たちは本当に、約束の地に到達したのだろうか？　工業化は長期的な繁栄につながるのだろうか？　人類の旅は、はたして持続可能なのだろうか？

第6章 約束の地

19世紀後半には、世界の大多数の人は、電気や水道、トイレ、下水、セントラルヒーティングのない家で暮らしていた。食事は貧弱で代わり映えがせず、洗濯機や食洗機はもちろん、冷蔵庫も手に入らなかった。日々の交通手段として自動車を――ましてや飛行機を――使うことなど、ほとんどの人には想像も及ばなかっただろう。ラジオは発明されたばかりで、テレビやコンピューターは存在せず、電話による通話もごく一部に限られ、携帯電話やインターネットはその構想でさえ、大半の人には魔法のように思われただろう。

それにもかかわらず、こうした生活環境は瞬く間に変化した。水道を備えたアメリカの家庭の割合は1890年には24%だったが、1940年には70%に達し、屋内トイレがある割合も12%から60%にまで増えた。アメリカで電灯のある家は1900年にはほんのわずかだったが、

1940年には何千万もの家が送電網につながり、80％の家で電灯が灯っていた。20世紀初期に初めて導入されたセントラルヒーティングもアメリカ各地に急速に広まり、1940年には家庭の42％を暖めていた。その数十年前は、自動車や電気冷蔵庫や洗濯機を所有することなどアメリカの家庭の大半がほとんど想像できずにいたが、1940年までにはほぼ60％が車をもち、45％に冷蔵庫が、40％に洗濯機があった。[1] 同様の傾向はその他の西洋諸国でも同じ時期に認められ、20世紀後半以降はほかの地域にも広がった。これらの数字の背後には、一般人の生活の質の驚異的な向上があった。水道や電気や屋内トイレ抜きの暮らしを経験したことがない現代人には、この変化がどれほど途方もないものだったかはなかなか理解できないだろう。

衛生もまた、言うまでもなく生活の質の重要な要因の一つであり、世界は衛生面でも大きな飛躍を遂げた。現代医学が20世紀後半に興隆するかなり前に、フランスの科学者ルイ・パストゥールの貢献によって、病気は病原体が引き起こすという理論が認められ、それに続いて主要都市で20世紀初頭に上下水道網が整備されたおかげで、感染症による死者が激減した。それに加えて、その後数十年のうちに天然痘やジフテリア、百日咳などの病気に対する予防接種が導入され、普及したことで、死亡率はさらに低下した。

このような生活水準の未曽有の向上は、平均寿命の並外れた延びを助けた。何千年ものあいだ、1人当たりの所得はほぼ生存水準で、平均寿命は30年と40年のあいだの狭い範囲をさまよっていた。手に入る資源の量の変化や戦争、飢饉、疫病によって出生率と死亡率は一時的に

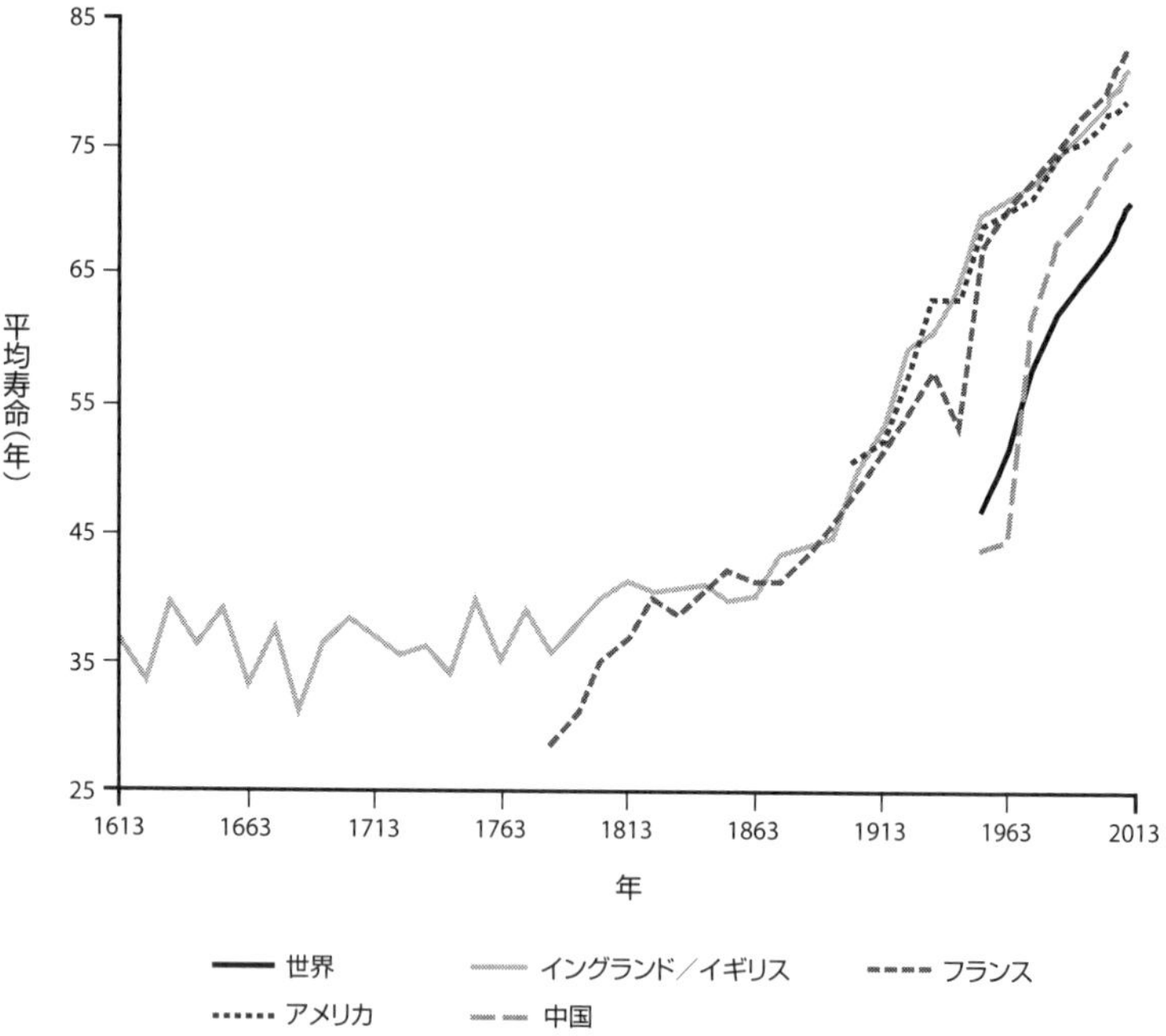

図10　世界各国の平均寿命、1613～2013年〔2〕

上下したが、平均寿命は変動が少なかった。それは、マルサスのメカニズムによって、生活水準の改善や悪化が持続しなかったからだ。だが、19世紀半ばに1人当たりの所得がかつてない増加を始めると同時に、平均寿命も急速に延び始めた（**図10**）。こうした傾向も先進工業国では19世紀半ば以降の、マルサスの罠からの脱出期に始まり、20世紀後半には発展途上国にも広がり、寒さや飢えや病気に対してもっとも無防備な最貧困層に主として影響を及ぼした。

公衆衛生におけるこれらの向上は、技術の進歩と人的資本形成との好循環に弾みをつけた。技術の進歩は罹患率の低下と平均寿命の延びに貢献し、その結果、教育への投資意欲が高まり、技術革新がさらに促進された。たとえば、マラリアが20世紀初めにアメリカ南部で、そして20世紀半ば以降にブラジル、コロンビア、メキシコ、パラグアイ、スリランカなどの国々でも撲滅されたおかげで、子どもの健康だけでなく、彼らの教育や技能、何十年も先までの収入獲得能力も改善した[3]。

当然ながら、人間の生活水準は衛生や物の豊かさや身体的な快適さだけの問題ではなく、暮らしの社会的・文化的・精神的側面からも影響を受ける。これらの面にも、当時の技術の進歩は恩恵をもたらした。物理的距離に関係なく情報を入手したり文化の交流をしたり、人付き合いをしたりする機会が以前よりも格段に増えたのだ。最初の重要な進展はグーテンベルクの印刷技術の急速な普及であり、そのおかげで、書籍や新聞による情報や文化の拡散が容易になった。その後、サー・ローランド・ヒルが推し進めた19世紀イギリスの郵便制度改革によって、一般市民も手紙のやり取りができるようになった。また、情報送信技術を画期的に飛躍させる電信の出現により、大西洋の両側など遠く離れた地域のあいだもほぼ瞬時の通信が可能になった。

とはいえ、これほど急速な変化の時代にあっては、電信という類いまれな発明でさえ、たちまち影が薄くなった。1876年、スコットランド生まれの発明家でカナダへ移住したのちにアメリカに移ったアレクサンダー・グラハム・ベルは、発明したばかりの電話で史上初めて通話をした。世紀が替わるころには、約60万台の電話機がアメリカの各地で鳴り響いており、1910年には、その数は10倍弱の580万台にまで増えていた。[4] 当時の電話の普及率は、デンマーク、スウェーデン、ノルウェー、スイスでも同様に目覚ましかった。[5] 20世紀初期に世界中の人が経験した生活の質の飛躍を、今の私たちが理解するのは難しい。手紙で連絡を取りあうのに何週間も（あるいはそれ以上）待ったり、短い電報のために大金を費やしたりしていた彼らは、突如として、遠く離れた親類や友人や同僚と話せるようになったのだから。

この時期の進歩には、独自の文化的側面も含まれていた。エジソンは1877年に蓄音機を発明したとき、重要な政治演説を録音して演説法を指導するのに使われればいいと思っていた。ところが、1890年代までには蓄音機はカフェやレストランで音楽を奏でるようになっており、20世紀初期には家庭にも普及した。蓄音機は文字どおりのセンセーションを巻き起こした。もっとも、文化や娯楽を一般大衆のものにするうえで最大の進歩の訪れは、1895年にイタリアの発明家グリエルモ・マルコーニが無線通信機を開発するのを待たなければならなかった。

無線送信技術はすでに19世紀後半には開発され、いち早く海運業界で採用されていた。1912年、氷山に衝突したタイタニック号は無線遭難信号を送信したが、近くを航行していて状況を変えられたかもしれない船舶の応答機は不幸なことにどれもスイッチが入っておらず、信号は受信されなかった。第一次世界大戦によって無線技術が自由市場に出るのがいくらか遅れ、史上初めて民間ラジオ放送が行われたのは1920年11月のアメリカだった。しかし、

1920年代にはイギリス放送協会（BBC）、ラジオ・パリ、フンク・シュトゥンデ・AGベルリンなど数多くのラジオ放送局が、ヨーロッパ、北アメリカ、アジア、ラテンアメリカ、オセアニアの各地に続々と出現した。ラジオはそれ以前のほかのどんな発明よりも、生活様式や文化に劇的な影響を及ぼしたように思われる。辺鄙な地域の多くの家庭にとってラジオは、首都での政治的陰謀や現代音楽や海の向こうのニュースに溢れた外界に触れる唯一の手段だった。映画『ラジオ・デイズ』に描かれているように、1930年代と40年代のアメリカでは誰もがラジオ番組に夢中で、H・G・ウェルズの小説『宇宙戦争』が1938年にドラマ化されたときは国中がパニックを起こし、井戸に落ちた8歳の少女の救出劇が現場中継されたときは人々が釘付けになった。

映画は、1895年にパリでリュミエール兄弟によって初めて上映されたあと、20世紀初期に普及し、チャーリー・チャップリンやメアリー・ピックフォードらの俳優が国際的なスターになった。やがて白黒のサイレント映画はテクニカラーの「トーキー」に道を譲り、1939年には、世界中の何千万もの映画ファンが『オズの魔法使い』の途中で突如画面に現れた鮮やかな色彩に仰天した。「ねえ、トト。ここはもうカンザスじゃないみたい……」と（ジュディ・ガーランド演じる）ドロシーが愛犬に言う。「あたしたち、きっと虹の彼方に来たんだわ！」事実、1世紀以上にわたる目まぐるしい技術の進歩を経て、それこそ人類の一部はついに虹の彼方に来たかに思われた。

だが、本当にそうだろうか？　人類は、息を呑むような技術の進歩と生活水準の大幅な向上を目の当たりにする一方で、20世紀前半に幾度か大惨事も経験した。何千万もの人が、第一次世界大戦中に塹壕《ざんごう》で、そして1918～20年に世界を震撼《しんかん》させたスペイン風邪で、命を落とした。1929年に始まった大恐慌では多くの国が貧困や失業に苦しんだばかりか、深刻な政治的過激主義に陥り、10年後には残虐行為に満ちた第二次世界大戦の火蓋《ひぶた》が切られることになった。

その一方で、もっとも進んだ社会の一部では、生活水準が向上していた当時の繁栄を、さまざまな社会層が等しく分かちあったわけではない。機会の不平等、差別、社会的不公正が社会や経済の大規模な格差を助長してきた。そこには人種偏見や性差別、さらには奴隷制度の暗黒時代の名残が反映されていた。実際、医療や教育の格差は拡大し、市民的自由は一部の人の特権にとどまり、社会的不公正はある意味ではさらに広まった。

それにもかかわらず、過去100年間のこうした恐ろしい出来事でさえも結局のところ、持続的な経済成長という新たな段階から、そして人類の進歩という壮大な流れから、私たちの道筋をそらすことはなかった。人類全体の生活水準は、広く見渡せば、これらの惨禍からその都度素早く回復したのだった。

当時の進歩は、人口転換が始まって以降世界各地で見られた1人当たりの所得のかつてない増加から、およその見当がつく。1870～2018年に、1人当たりの年間所得の世界平均は、以前なら想像すらできない10・2倍の1万5212ドルにまで急増した。アメリカ、カナダ、オーストラリア、ニュージーランドの1人当たりの年間所得は11・6倍の5万3756ドルに増加し、西ヨーロッパでは12・1倍の3万9790ドル、ラテンアメリカでは10・7倍の1万4076ドル、東アジアでは16・5倍の1万6327ドル、アフリカではほかに比べてかなり少ない割合ではあったが、それでも4・4倍の3532ドルにまで、それぞれ増えた。[6]

このように、大局的に見ると過去2世紀の主な動向は「移行」だった。絶えず懸命に働き、粗末な食事をし、多くの子どもをもうけながら、そのほぼ半数が成人に達する前に死亡するのをなすすべもなく見守る、無学で貧しい農民が大勢を占める世の中から、大半の人が子どもに先立たれずにすみ、多彩な食事や娯楽や文化を楽しみ、前と比べて危険や労苦の少ない環境で働き、以前よりも格段に高い所得と長い寿命の恩恵を受ける世の中への移行だ。今までのところ、ひたすら権力を我が物にするのに技術の進歩を利用したり、破壊や抑圧のために役立てたりする勢力は、創造のために、あるいは機会均等の促進や人間の苦悩の軽減、より良い世界の構築に技術の進歩を活用しようとする勢力ほどの影響は及ぼしてこなかった。

それでもなお、この経済成長の持続可能性を考えるときには、近年に起こった、ある注目すべき変化について、さらに深く考察する必要がある。生活水準は20世紀末期にも持続的に向上したものの、それは工業生産のおかげで起こったのではなく、ことによると、工業生産が行われていたにもかかわらず起こったのかもしれない。これは、何を意味しているのだろうか？

製造業のたそがれ

19世紀後半に、西洋でも成長著しい工業都市の一つが北アメリカの五大湖の沿岸に出現した。ミシガン州のデトロイトだ。その壮観な建築物と、街灯を配した広い並木道から「西のパリ」と呼ばれたこの都会は、シカゴとニューヨークその他の東海岸一帯とを結ぶ広大な商業ネットワークの中心に位置していた。20世紀初頭、ヘンリー・フォードはのちに大成功を収めるフォード自動車会社をここに設立し、まもなく大勢の起業家が引き寄せられて流れ込み、デトロイトは自動車産業の世界的中心地になった。そして、1950年代に最盛期を迎え、185万の人口を抱えるアメリカ第五の大都市に成長した。自動車産業の労働者は、ほかの産業の労働者よりも高い賃金を得た。そのうえ、この産業には管理職や技術者が多く、彼らは高収入のおかげで郊外に邸宅を構え、高級レストランで食事をし、デトロイトの豪華な劇場で演劇を楽しむことができた。

ところが1960年代に入ると、デトロイトの繁栄は曲がり角に来た。自動車業界内の競争が激化し、人件費節減のために業務の一部をメキシコやカナダ、アメリカ南部の州へ移す製造業者が出始めた。こうしてデトロイトからの大移動が起こり、市内のあちこちから人の姿が消えた。デトロイトの経済が悪化し続けていた1967年、5日に及ぶ暴動が起こり、43人の住民の命が失われた。デトロイトは汚職や犯罪、失業に苦しみ、そのイメージは『ロボコップ』などの映画で大衆文化に浸透した。2013年にデトロイト市当局は、アメリカのほかのどんな都市も経験したことのないほど多額の借金を背負い込んだ挙げ句、破産申請をした。現在、デトロイトの人口は1950年代の3分の1にも満たず、多くの通りに人気《ひとけ》のない建物が放置されたまま建ち並んでいる。輝かしい過去とは対照的な、もの悲しい光景だ。

これは、デトロイトに限ったことではない。バッファロー、クリーヴランド、ピッツバーグなどアメリカ北東部と中西部の工業中心地にあるほかの多くの都市も20世紀後半にひどく衰退し、その一帯には「ラスト・ベルト（さびついた工業地帯）」という身も蓋もない呼び名がついた。イギリス、フランス、ドイツその他の先進国でも、20世紀初めに急激に発展した工業地域が周辺地域に大きく後れを取るという事態が起きた。実際、1980年の直後から先進社会全体で、製造業は総じて下り坂になった。先進諸国では雇用に占める製造業の割合は1970～79年には25％近かったが、2010～15年には約13％にまで激減した。[7] イギリスではその割合が1981～2019年に21・8％から7・6％に減り、[8] アメリカでは21％から8％に下がった。[9] 一方、新興国や発展途上国での割合は、1970～79年の13％から1981～2019年の12％へと微減にとどまり、中国に至っては同じ期間に10％から21％に急増した。[10]

これまでの章で見たように、産業革命期に西洋で起こった生活水準の向上は主に、人的資本の形成と急速な技術の進歩が互いに促進しあった結果だった。当時の技術の進歩は工業化という形をとっていたが、生活水準の向上は工業化そのものには左右されなかった。たしかに、この二つは工業化の初期段階では密に関連しており、1人当たりの所得は工業の発展とともに増加した。しかし20世紀には、技能をあまり必要としない産業で技術の進歩が減速するにつれて、工業化が生活水準にもたらす影響が変化した。低技能産業では、人的資本の育成や経済成長は促進されず、むしろ抑制されたのだ――過去に農業でそうであったように。

フランスを例に考えよう。19世紀半ばに急速な工業化と経済成長を経験した地域は1930年代までは相対的に豊かであり続けたが、21世紀初頭には、工業化が遅れていたほかの地域に追い越されていた。製造業に特化した工業中心地では、短期的には地元住民は裕福になれた。だが、工業化が進んだこれらの地域では、基礎教育だけを受けた労働者に工業部門が依存したことが裏目に出て、時とともに高等教育への投資意欲が薄れ、住民の教育面での向上心がさらに抑え込まれた。低技能の工業地域と高技能の工業やサービス業が中心の地域との人的資本形成での格差は、時とともにいっそう広がった。その結果、かつての工業中心地では高水準の教育を必要とする技術の導入が遅れ、低技能の分野に重点を置く傾向がなおさら強まり、衰退が進んだ。[11]

製造業の重要性が相対的に低下した余波は、近年とりわけ注目された政治的な出来事のいくつかにも認められる。ドナルド・トランプは2016年、アメリカの産業を「再び偉大に」するという公約を軸にして選挙運動を展開した。事実、選挙の勝敗を左右した投票者の多くは、インディアナ、ミシガン、オハイオ、ペンシルヴェニアなどのラスト・ベルトの州や、産業の衰退による失業で空洞化し荒廃していた地域の人々だった。

先ごろのイギリスの欧州連合（ＥＵ）離脱、いわゆる「ブレグジット」もまた、製造業の衰退と結びつけることができるだろう。製造業に携わるイギリスの労働者や、イングランド北東部など工業生産に依存した地域の住民は、ブレグジットに賛成票を投じる率が高かった。[12]イギリスだけでなく、フランスやドイツその他の先進国でも、賃金の著しく低い発展途上国に企業が業務を移さないように、政治家は助成金や関税、生産割当、さまざまな特典によって国内産業をたびたび支援しているが、あまり効果は出ていない。

限られた範囲の基本技能に依存していた産業は、経済成長の二つのエンジンである技術の進歩と人的資本への投資という松明《たいまつ》を手放し、新たに世界を照らすべくその松明を手にしたのが、サービス業や金融業やデジタル技術などの部門だった。工業都市や工業地域の衰退は、そこに築かれた共同体に大きな苦難をもたらした。年長の労働者の一部は生計の手段を失って先行きのめどが立たず、多くの若い住人は地元を離れてよそに移り、仕事を見つけざるを得なかった。それでも、包括的な基本教育を提供して応用が利く技能を人々に習得させるために、人的資本全般に投資が行われているおかげで、次第に多くの労働者が斜陽産業から好況産業に切り替え、絶え間なく上がり続ける生活水準の恩恵を受けられるようになってきている。

西洋社会の低技能産業の衰退からは、重要な教訓が得られる。それは、発展途上国は資源の投入を、従来の低技能産業の発展にではなく、人的資本形成と高技能産業に向けたほうがいいだろうということだ。[13]

成長の時代

20世紀の後半、変化の巨大な歯車は常に加速しながら回り続けた。成長の時代がついに世界中の経済に訪れたのがこの時期であり、しばしば非常に不均等にではあったものの、地球上の何十億もの人の生活水準が向上した。そしてこの変化からも、人的資本が現代社会における生活の質の改善に果たしてきた中心的役割が浮かび上がってくる。その役割に気づいたアメリカの経済史学者クローディア・ゴールディンは、20世紀を「人的資本の世紀」と呼んだ。

20世紀に技術の分野で起こった主な飛躍的進歩には、核エネルギーの利用、パーソナル・コンピューターの導入、抗生物質の開発、自動車や飛行機、ラジオ、テレビ、そして言うまでもなくインターネットの発展がある。だが技術の変化は、これらのまったく新しい発明を実現すると同時に、人類にとっていちばん古くからある不可欠の農作物の「アップグレード」も行った。小麦、トウモロコシ、稲などに、並外れて収量が多く病気に強い品種が開発され、農業の生産性が一気に上がったのだ。「緑の革命」と呼ばれるこうした新たな高収量品種の導入によって作物の収穫高は著しく増え、世界中で飢饉が減った。新たな品種のおかげで、メキシコは１９６０年代に穀物を自国で賄《まかな》えるようになり、インドとパキスタンでは１９６５〜70年に小麦の収穫高がほぼ倍増し、１９７４年には穀物の自給自足が可能になった。

ほかの多くの事例では、革新は技術や科学ではなくむしろ、主に方式にまつわるものだった。１９６８年に国際標準化機構は、アメリカの起業家マルコム・マクリーンが設計した新しい複合一貫輸送用コンテナを、世界の標準規格として推奨した。この統一規格があらゆる輸送方式で採用されたことで、港での荷の積み降ろし作業が大幅に効率化され、貨物の輸送費用が劇的に減り、国際貿易の急成長が促された。

それまでと同じで、技術がこうして普及すると、人的資本形成の必要性と重要性がともに増し、人口転換が地球の隅々まで及んだ。１９７６〜２０１６年に人的資本への投資が世界的に増え、世界中の成人の識字率は女性が61％から83％に、男性が77％から90％に上昇した。それと同時に、初等学齢児童の不就学率は、女子は１９７０年の35％から２０１６年には10％に、男子は20％から8％に低下した。さらに際立っていたのは、世界銀行が「低所得国」と定義した所得水準の国々における学齢児童の不就学率が、女子は１９７０年の72％から２０１６年の23％に、男子は56％から18％に下がったことだ。

そして、おそらくすでにご想像のとおり、人的資本の形成が進んでいた地域ではみな、出生率が落ちていた（**図11**）。

20世紀後半に、多くの発展途上国がついにマルサスの罠から抜け出した。アフリカ、アジア、

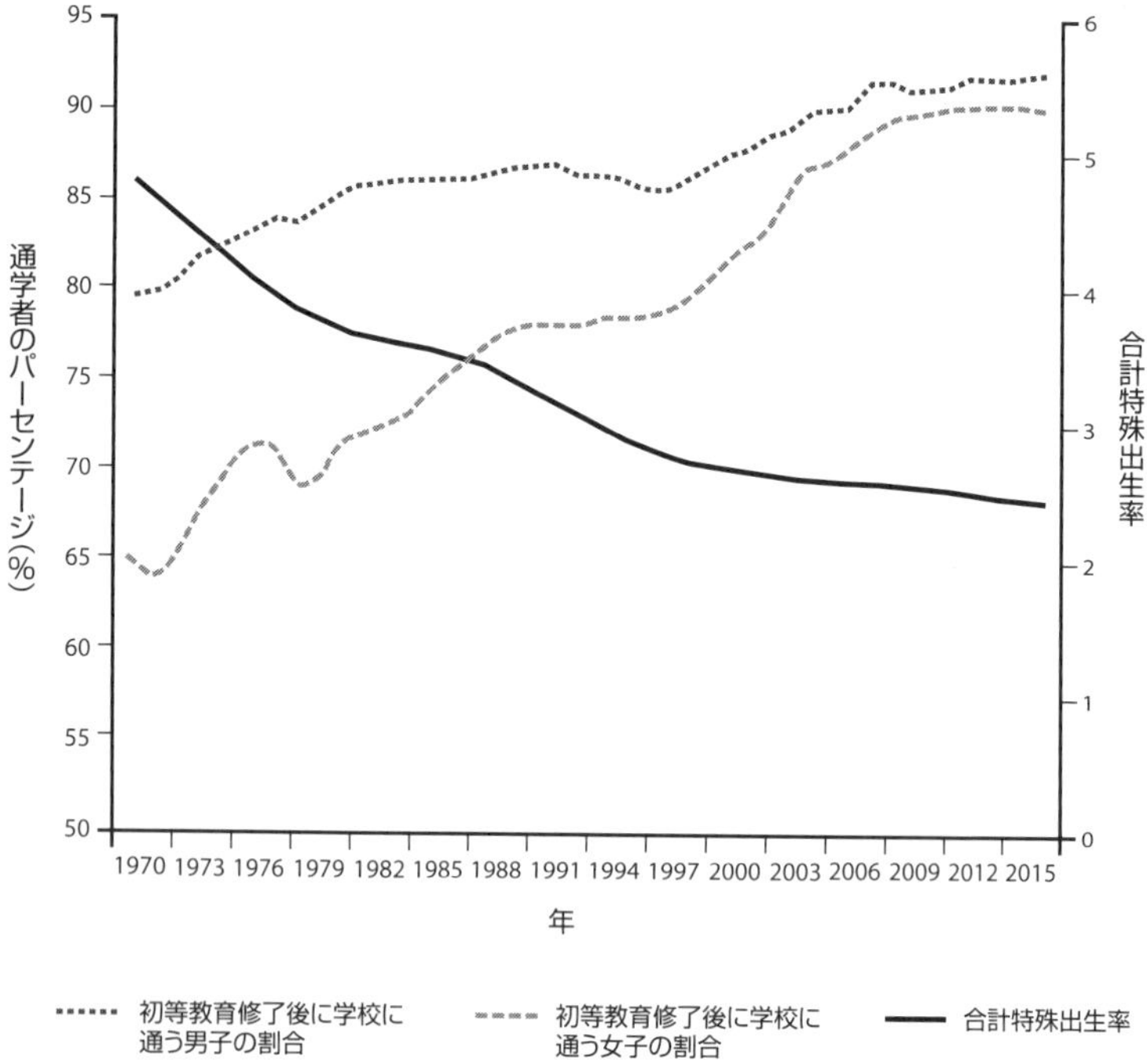

図11　世界全体における教育の発展と出生率の低下、1970〜2016年[14]

ラテンアメリカの各地の家庭で、生まれる子どもの数が減り、子どもへの投資が増え始めた。1970〜2016年に、女性1人が生涯に産む子どもの数を示す合計特殊出生率の世界平均は、5から2・4に減った。程度の差はあったものの、こうした減少は世界のあらゆる地域で見られた。高所得国では出生率は3から1・7に、低所得国では6・5から4・7に下がり、サハラ以南のアフリカでは6・6から4・8に、アラブ世界では6・9から3・3に、それぞれ低下した。さらに、世界で最大級の人口を抱える国々では、出生率は急激に低下した。中国では1979年に制定された「一人っ子政策」が大きな原因となって出生率は5・7から1・6に低下し、インドでは5・9から2・3に減少した。そのうえ、ドイツ、イタリア、日本など屈指の先進国のいくつかでは、落ち込んだ現在の出生率では人口の補充が追いつかず、移民がなければ、今後数十年のあいだに人口の減少が進むことが予想される。

こうした出生率の低下は急速な経済成長と相まって、世界全体の生活水準の劇的改善につながった。1970年代と80年代には世界の人口のほぼ40%が、世界銀行の設定した「1日当たりの所得が1・90ドル」という貧困ライン〔1・90ドルは現在の基準。1990年から2005年までは1ドルだった。パーセンテージは物価水準の変化をもとに換算した数値〕を下回る暮らしを送っていた（**図12**）。1994年のサハラ以南のアフリカでは61%の人の生活が貧困ライン未満であり、極端に人口の多い国々では、1990年の中国で66%の人が、1972年のインドで63%の人が、それぞれ貧困ラインに届かなかった。サハラ以南のアフリカ以外では、この割合は過去数十年で急速に減った。現在、サハラ以南のアフリカ人の40%を含めて、

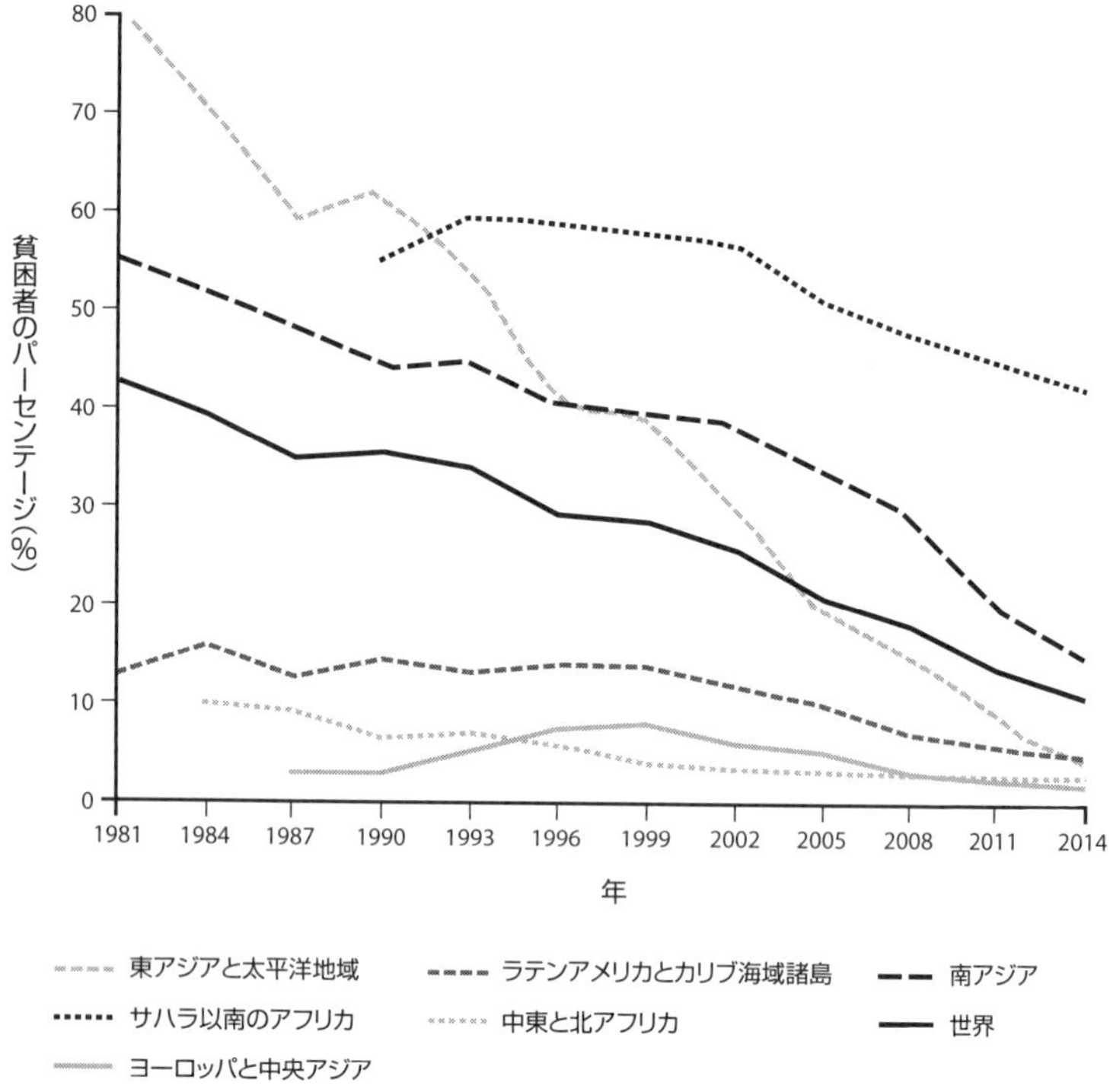

図12　世界各地の貧困ラインを下回る所得水準の人々の割合の低下、1981〜2014年[15]

世界の約10％の人が相変わらず貧困ラインを下回っているが、ラテンアメリカとカリブ海域諸島での割合は5％未満であり、世界の人口大国ではこの比率は、2011年のインドで22％に落ち、2016年の中国では1％を切っていたのだからたいしたものだ。

経済成長が生活水準の改善を助けたことは、多くの健康指標から明らかだ。1953〜2015年に、平均寿命の世界平均は47年から71年に延び、乳児死亡率も目覚ましい低下を見せた。この素晴らしい進歩は、数十億もの子どもが学校で学び、数十億もの女性が基本的な衛生状態の保たれている病院で出産し、数億もの高齢者が老年期に経済的支援を得ていることを意味する。世界の多くの場所では、この進歩は、20世紀の終わりに生まれた子どもたちが、苦難に満ちた日常生活を抜け出す日を思い描ける最初の世代であることを暗示している。彼らは、より良い未来を——生活の質が持続的に向上する未来を——単に夢見るだけでなく、実際に期待できるだけの根拠がある最初の世代なのだ。

当然ながら経済成長のペースは、場所と時期によってさまざまな一時的要因にも影響されてきた。第二次世界大戦直後には戦後の復興の努力もあって、多くの国で経済が躍進した。逆に、1970年代と80年代には、1973年の石油危機や人口動向のせいで、世界の経済成長が減速した。90年代には、情報技術革命やグローバル化、アウトソーシング、中国やその他の発展途上国の驚異的な進歩のおかげで、経済成長に再び弾みがついた。ごく最近では、2008年の金融危機や新型コロナウイルス感染症（COVID‐19）のパンデミックが世界の成長に一時的な悪影響を及ぼしている。だが、重大な危機によるこうした短期的変動があったにもかかわらず、過去150年間の――つまり人口転換の開始以降の――西ヨーロッパと北アメリカの経済は、平均約2%の年率で成長し続けてきた。

イギリスの経済学者ジョン・メイナード・ケインズが残した有名な警句の一つに、「長い目で見れば、私たちはみな死ぬ」というものがある。この言葉には、短期的危機が無数の人の暮らしに即座に及ぼす影響よりも長期的発展を重視する経済学者たちを批判する意図があった[16]。しかし、ケインズの警句は非常に誤解を招きやすい。実際、私たちはみな、おおむね、自分が生まれる何十年、何百年、いや何千年も前に始まった出来事や行動の影響の産物であり、それらの影響と格闘しながら生きている。本書の第2部で明らかにするように、社会全体の現在の経済的繁栄は主に、歴史、地理、制度、文化の奥深い特性が生み出したものであり、たとえば第二次世界大戦の残虐行為や破壊の深刻な影響や、世界大恐慌の壊滅的な影響による部分は少ない。これらの出来事のさなかや直後に、人類は途方もない苦しみを味わった。それにもかかわらず、当時とその後の人命の損失とトラウマの大きさのわりには、これらの出来事が生活水準の（個人的ではなく）社会的指標に及ぼした影響はほんの束《つか》の間《ま》で、たいていは数年か数十年のうちに消えていった。一方、本書で探究している根本的な力は、数百年、数千年、あるいは数万年にさえわたってその影響が持続する。

最近の数十年で発展途上国のおおかたがこの成長の時代に加わり、何十億もの人が飢えや病気、不安定な社会情勢に対する脆弱さから解放される一方で、大きな危険が新たに浮上した。地球温暖化だ。この現象もまた、その時代を生きる世代には壊滅的であったとしても、結局は短期的なものとなるのだろうか？　それとも、長期に及ぶ最悪の結果をもたらし、人類をこれまでの旅の道筋から逸脱させる唯一無二の歴史的出来事になるのだろうか？

成長と環境維持はトレードオフか

産業革命は、人類が環境に憂慮すべき影響をもたらす発端となった。[17]　産業革命の初期以降、主要な工業都市では環境汚染がすさまじい勢いで進み、それが、私たちが今直面している気候危機につながった。特に、化石燃料の燃焼は大気中の温室効果ガスの濃度を上昇させ、地球温暖化を促進した。これから数十年にわたってこのまま地球全体の気温が上がれば、環境は大きく変化し、さまざまな動植物が絶滅に追いやられ、地球上の生態系の複雑なバランスが崩れることが予想される。さらに、今後見込まれる海面上昇によって、何千万もの人が住みかを追われ、世界の食糧供給に影響が出て、甚大な経済的損害と苦難を引き起こすと考えられている。

こうした傾向は、環境規制と、太陽や風力のエネルギーの活用や、リサイクル、廃棄物の管理、汚水処理といった、環境を維持できる技術を徐々に導入することで、ある程度は緩和されてきたが、人類による地球の汚染は依然として警戒せざるを得ない。

爆発的に増える人口を地球が支えきれず、大規模な飢餓が起こるだろうという以前の予想は、緑の革命のあいだに食糧供給が飛躍的に増え、人口の増加が緩やかに鈍化して、おおむね覆された。そうは言うものの、過去200年で世界人口が7倍に急増し、1人当たりの所得が14倍に跳ね上がったせいで、世界中の消費が劇的に増え、これが環境悪化を促す大きな要因になってきた。私たちが慣れ親しんできたような人類の旅はもう続けられないのではないかと懸念する人々もいる。持続可能なエネルギー源への移行がはかどらず、環境に優しくない製品の生産も続いているために、環境災害を避けるには経済成長を減速させる必要があるという見方が強まっている[18]。

経済成長は、地球の自然環境の維持と本当に両立できないのだろうか？　私たちは、そのどちらかを選ばねばならないのか？　必ずしもそうとは限らない[19]。国際比較分析からは、次のことがわかる。人口の増加は炭素排出量の増加につながるが、その排出量増加分は、人口を増やす代わりにその分だけ物の豊かさを増したときの炭素排出量の増加分よりも一桁多い。つまり、人口が5000万人で1人当たりの所得が1万ドルの地域は、人口が1000万人で1人当たりの所得が5万ドルの地域に比べて、総所得はまったく同じであるのに、炭素排出量がはるかに多いということだ。したがって、出生率の低下によって促進される経済成長――生産年齢人口の相対的規模の増加による経済成長（経済学の世界では「人口ボーナス」と呼ばれている）――は、炭素排出量の予測水準を大幅に減少させ得ることになる。

事実、人口転換が始まって以降、出生率が低下したおかげで、急激な人口増加が環境にかける負荷が減ってきている。したがって、産業革命が現在に至る地球温暖化の引き金を引いたのに対して、同時に始まった人口転換はおそらく産業革命の影響を緩和する働きをし、経済成長と環境維持の将来のトレードオフを軽減するだろう。基本的には、いっそうの環境悪化を緩和して「崩壊」の可能性を減らしつつ経済成長を維持するには、私たちを現在の窮地に追いやったのと同じ、重要な要因のいくつかがカギになる。たとえば、技術革新は化石燃料への依存から環境に優しい技術への移行を促し、出生率の低下は人口が環境にかける負荷を軽くし、さらなる経済成長を生み出す。アメリカの科学技術者でビジネスリーダーで慈善家のビル・ゲイツは、こう述べている。「私たちは今後10年間、温室効果ガスの排出を2050年までになくすようにするための技術や政策、市場構造の創出に重点的に取り組むべきだ[20]」

そうした政策や構造のなかには、全世界での男女平等や教育の機会拡大や避妊法の普及を促進し、世界中の出生率の低下につながるものがなければならない。それらによって現在の地球温暖化傾向が緩和され、この闘いの流れを変えるのに必要な技術を開発する貴重な時間稼ぎができるだろう。こうした人口対策が公式に推奨されれば、大半の発展途上国では、従来の気候政策提言よりも大きな政治的支持が得られるかもしれない。クリーンエネルギー技術や環境規制の導入は管理や実施に費用がかかるが、出生率の低下につながる政策は環境を維持しつつ経済成長するという恩恵をもたらすからだ。

もし私たちが気を緩めずに適切な資源を投入することができれば、進歩の時代に華々しく解き放たれた人類の驚くべき技術革新力は、出生率の低下と相まって――それらはどちらも人的資本の形成によって促進される――これから必要になる画期的技術の時宜に適った発展を可能にし、今後の数世紀で、この気候危機を薄れゆく記憶に変えるはずだ。

第1部のまとめ――成長の謎を解く

これまでの人類の発展は並外れていた。その道筋は驚異的で、地球上のほかのどの生存種の進化とも根本から異なっていた。初期の人類は東アフリカのサバンナを移動しながら、火を使って明かりにし、暖をとり、調理をし、石を削って刃物や斧などの道具を作った。その数百万年後、彼らの子孫の1人が、ナノテクノロジーを応用したマイクロプロセッサーで瞬時に複雑な数値計算ができるポータブル機器を使って、本書を執筆している。この機器には、ほんの50年前に人類を月面着陸させるために使われたコンピューターの10万倍の処理能力がある。

人類をその独自の旅に向かわせた最初の引き金は脳の発達であり、脳の機能の拡大は人類特有の進化圧への適応によるものだった。高性能の脳を備えた人類は次第に優れた技術を開発し、狩猟採集の効率を高めた。こうした進歩によって人類は数を増やすことができたし、それらの技術をうまく使いこなすのに適した特質が人間の生存に有利に働いた。こうして、ホモ・テクノロジクスが出現した。ホモ・テクノロジクスは、材料を削って便利な狩猟用具や調理用具を作ることに適応した指や、槍を投げられるように発達した腕をもち、脳は情報の蓄積や分析や伝達、言語を使っての思考や意思疎通、協力や複雑な取引の円滑な実施などができるように進化していた。

数十万年にわたり、これらの過程は、変わり続ける環境に人類が適応する力を絶えず高めて繁栄し、発展し、アフリカから足を踏み出して新たな生息場所に広まることを可能にした。人類はさまざまな生活環境で危険な気候条件から身を守り、狩猟採集の技能を磨き、今から約1万2000年前に最初の大きな変化を経験した。一部の集団が定住生活に切り替えて食糧を栽培し始め、それが生み出した進化圧を受けて残りの人類全体があとに続いたのだ。

農業革命は、人類に永続的な影響をもたらした。数千年足らずで、人類の大多数は移動生活をやめ、土地を耕したり、ウシやヒツジやヤギを飼ったりし始め、新たな環境に適応した。農耕社会は技術の恩恵をたっぷり受け、その状態は数千年続いた。灌漑や耕作の方法などの技術革新によって農業生産高が増えて人口密度が上がり、職業の専門化が進んで知識の創造に専念する非食糧生産階級が出現した。彼らは技術の進歩に拍車をかけるとともに、芸術や科学や文字の発展も加速させ、それが文明の誕生につながった。人類の居住環境は次第に変化し、農場から村になり、村は町へと発展し、さらに城郭都市へと拡大した。これらの都市には壮大な宮殿や神殿や要塞が出現し、それを拠点にエリート層が強力な軍隊を組織して土地や威信や権力を争い、敵を虐殺した。

人類の歴史の大半で、技術の進歩と人口のあいだには絶えず相互強化のサイクルが存在していた。技術の進歩によって人口の増加が可能になり、それらの進歩に対する社会の特性の適応が促される一方で、人口増加と適応によって発明家の人材が増えると同時に技術革新の需要が拡大し、新たな技術の創造と導入がさらに促進された。長い歳月にわたって、この人類史の巨大な歯車が水面下で回り続け、人類の旅を推し進めた。技術が向上し、人口が増え、新たな技術に適した社会の特性が広まり、こうした変化が、あらゆる大陸で、あらゆる時代に、あらゆる文明で技術のいっそうの進歩を引き起こした。

だがそうしたなかでも、人類が置かれた状況の重要な一面はほとんど影響を受けずにきた。それは、生活水準だ。人類史の大半を通して、技術の進歩は人々の物質的豊かさを長期にわたって大きく向上させることができなかった。なぜなら、地球上のほかのすべての種と同様に、人類は貧困の罠に捕らえられていたからだ。技術の進歩とそれに伴う資源の増大はきまって人口の増加を招き、進歩の成果を次第に多くの人間が分けあう羽目になった。技術革新は数世代のあいだは経済の繁栄を促したが、結局は、人口増によって人々の暮らしは生存水準に引き戻された。人々が肥沃な土地と政治の安定に恵まれたときには、技術は大きく進歩した。この現象は、古代のエジプトやペルシアやギリシアのほか、マヤ文明、ローマ帝国、カリフ制イスラム国家、中世の中国など、さまざまな状況で見られた。技術の急激な進歩によって新たな道具や生産方法が世界各地に普及し、一時的に生活水準は上がったが、そうした向上は長くは続かなかった。

それでも、人類の歴史を通して技術の進歩はいやおうなく加速を続け、ついに臨界点に達した。北ヨーロッパの狭い範囲で18世紀と19世紀に始まった産業革命期の技術革新は、急速に進んだために、ある特別な資源の需要を高めた。その資源とは、新しいばかりでなく絶えず変化する技術環境に対応できる技能と知識だった。そういう世界に子どもたちを備えさせるために親は養育や教育への投資を増やし、その結果、出産数を抑えることを余儀なくされた。そして平均寿命の急上昇と子どもの死亡率の低下によって、教育がもたらす利益の持続期間が延び、人的資本への投資と出生率削減への意欲がさらに高まった。一方、男女の賃金格差の縮小によって子どもの養育費が増加し、これもまた子どもの数を抑える動機になった。これらの要因が合わさって人口転換の引き金となり、経済成長と出生率との根強い正の相関が断たれた。

出生率のこの著しい低下によって成長の過程は人口増加の相殺効果から解放され、技術の向上が繁栄を、束の間ではなく永続的に進展させることが可能になった。労働者の質が高まり、人的資本への投資が増えたおかげで、技術の進歩がさらに加速し、それによって生活水準が上がり、1人当たりの所得も持続的に増えるようになった。こうして人類は相転移を経験した。農業革命が肥沃な三日月地帯や揚子江《ようすこう》など少数の中心地からほかの地域へ広まったように、産業革命と人口転換は西ヨーロッパで始まったのち、20世紀のあいだに世界の大半の地域へと広まり、いたるところで繁栄の水準を押し上げた。

したがって、この200年間は画期的な時代だった。生活水準は、考え得るどんな尺度で計ってもかつてないほどの飛躍を遂げた。1人当たりの所得の世界平均は14倍に増加し、平均寿命は2倍以上に延びた。子どもの死亡率が恐ろしいほど高い悲惨な時代は、1人の子どもの死でさえ異例の悲劇である豊かで幸せな時代に道を譲った。だが、生活水準の向上は、健康状態の改善や所得の上昇をもたらしただけではなかった。技術の進歩によって児童労働も減り、危険が少なく過重でない仕事への移行が進み、どれほど離れていても連絡や取引が可能になり、祖先が想像もつかなかった規模で大衆向けの娯楽や文化が普及した。

技術のこうした目覚ましい進歩と生活水準の大幅な改善の恩恵は、世界各地に均等に行き渡ったわけではなく、社会の内部でもおぞましいほど差が生まれたこともあったし、自然災害やパンデミック、戦争、残虐行為、政治や経済の大変動が時として無数の人の命を奪うこともあった。それにもかかわらず、これらの悲劇や不公正は——強烈な印象を残す恐ろしい出来事ではあったが——人類の旅の長期的な進路をそらしはしなかった。視野を広げれば見てとれるように、人類全体の生活水準はこれらの惨禍からその都度驚くべき速さで立ち直り、勢いよく向上し続けた。そしてそれを促した巨大な歯車は、技術の進歩と人口変動（規模と構成の変化）だった。

しかし、工業化は地球温暖化の引き金も引き、それが今や世界中の人々の暮らしを——そして生命を——脅かしており、現在のような贅沢な消費は倫理にもとるのではないか、人類の旅は持続できないのではないか、と考える人も出てきた。だが幸い、生活水準の向上をもたらした要因が、生活水準を維持する働きをすることもあり得る。出生率の低下を伴う技術革新には、経済成長と環境維持のトレードオフを軽減する可能性をもともと秘めているかもしれない。環境に優しい技術の開発とそれへの移行とともに、教育から得られる利益の増加と男女平等の推進によって人口の増加率がさらに落ち、環境への負荷が軽くなれば、今まさに進行している地球温暖化を軽減しつつ経済成長を持続することもできるかもしれない。そうなれば、現在の地球温暖化の傾向を逆転させるのに欠かせない新しい画期的技術を開発する貴重な時間が得られる。

人類の旅は、魅惑的なエピソードに富んでいる。ディテールの大海原に漂い、波にもまれていると、水面下の強力な流れはつい見過ごしてしまう。本書の第1部では、これらの底流、つまり技術の進歩と人口の規模や構成との相互作用に焦点を当ててきた。こうした力が人類の発展——脳の進化、農業革命と産業革命という二つの重大な革命、人的資本への投資の増加と人口転換など、私たちを地球上でもっとも有力な種にした主な出来事——にどんな貢献をしたかを把握せずに人類の歴史を理解するのは、事実上不可能だ。これらの底流はすべてを統合する概念の枠組みを提供し、人類の旅を理解する明確な軸を与えてくれる。それがなければ、人類の発展の歴史は単に事実を年代順に羅列した一覧になってしまい、文明が栄えては滅ぶことを繰り返す不可解な光景が広がるばかりだろう。

そうは言うものの、生活水準はどこでも同じように改善したわけでもなければ、向上の速さが一つに決まっていたわけでもない。それどころか、現代の人類の状況は、世界の人々の生活水準が主として出生地に左右されるという点で過去に例を見ない。現代の国家や地域のあいだに存在する貧富の巨大な差の根本原因は、何なのだろう？　人間の社会はみな、それぞれ発生した場所の歴史と地理の制約を受け続けざるを得ないのか？　現在の格差は、おおむね起こるべくして起こったのか、あるいは偶然だったのか？　深く根づいた制度や文化や社会の特性は、国家間の豊かさの相違が生まれる過程で、どのような役割を果たしたのだろうか？

　これまでは過去から現在へと人類の旅をたどってきたが、今度はこの格差の謎を探究するために、根源的な原因を探し求めて少しずつ時計の針を巻き戻し、最終的には人類の旅の起源、つまり数万年前のホモ・サピエンスの出アフリカまで戻ることにしよう。

第2部

なぜ「格差」が生じたのか

第7章

光と影

過去10年間に、アフリカからの難民をぎっしり乗せた舟がリビア沿岸で多数沈み、何千もの命が失われた。恐ろしい事故を生き延びた人の多くが、めざしていたイタリアにたどり着けなかった無念を口にしたが、ヨーロッパへの危険な旅に乗り出すという決断を悔いている人はまれだった。

２０１５年だけでも１００万人以上が同じような舟で地中海を渡った。そして、今もなお続いているこの人道上の危機のあいだに、さらに何千もの人がアフリカや中東やラテンアメリカからヨーロッパやアメリカの国境に向かう途上で亡くなっている。このいちかばちかの集団脱出は命懸けのものであるだけでなく、人々はなけなしの大金を移民密輸業者に支払い、家族と別れ、故郷をあとにする。そこまでする最大の理由は、世界の地域間に存在する生活水準の巨大な格差だ。そうした格差は、人権や市民的自由、社会や政治の安定性、教育の質、平均寿命、収入獲得能力、近年とみに緊迫している暴力紛争の蔓延などの差に表れている。

この生活水準の差はあまりにも大きいため、両極端にいる人はどちらも、反対側にいる人の暮らしの実情が想像できない。2017年、先進国の大半では平均寿命は80年を超え、乳児の死亡率は1000人に5人を下回った。ほぼすべての国民が電気を利用でき、インターネットに接続できる人もかなりの割合にのぼり、栄養不良の人は人口のおよそ2・5%だった。一方、もっとも発展の遅れた国々では平均寿命が62年に届かず、乳児死亡率は1000人当たり60人を超えていた。電気を利用できる人は国民全体の47%に届かず、インターネットに接続できる人は人口の0・1%未満で、19・4%の人が栄養不良だった[1]（図13a～13e）。

これまた気がかりなのが、一国の中で見られる社会集団や民族集団や人種集団ごとの生活水準の大きな隔たりで、それは教育や収入や健康面での差となって表れている。コロナ禍前の2019年、世界でもっとも豊かな国であるアメリカでは、アフリカ系アメリカ人の平均寿命は74・7年だったのに対して、白人の平均寿命は78・8年だった。1000人当たりの乳児死亡率は前者が10・8人で、後者は4・6人。また、25歳までに大学の学位を取得する割合は、アフリカ系アメリカ人の26・1%に対して、白人は41・1%にのぼった[2]。

それでも、世界でとりわけ裕福な国々ととりわけ貧しい国々の隔たりのほうがはるかに大きいため、何百万もの男女が命を懸けてまで先進国にたどり着こうとするのだ。

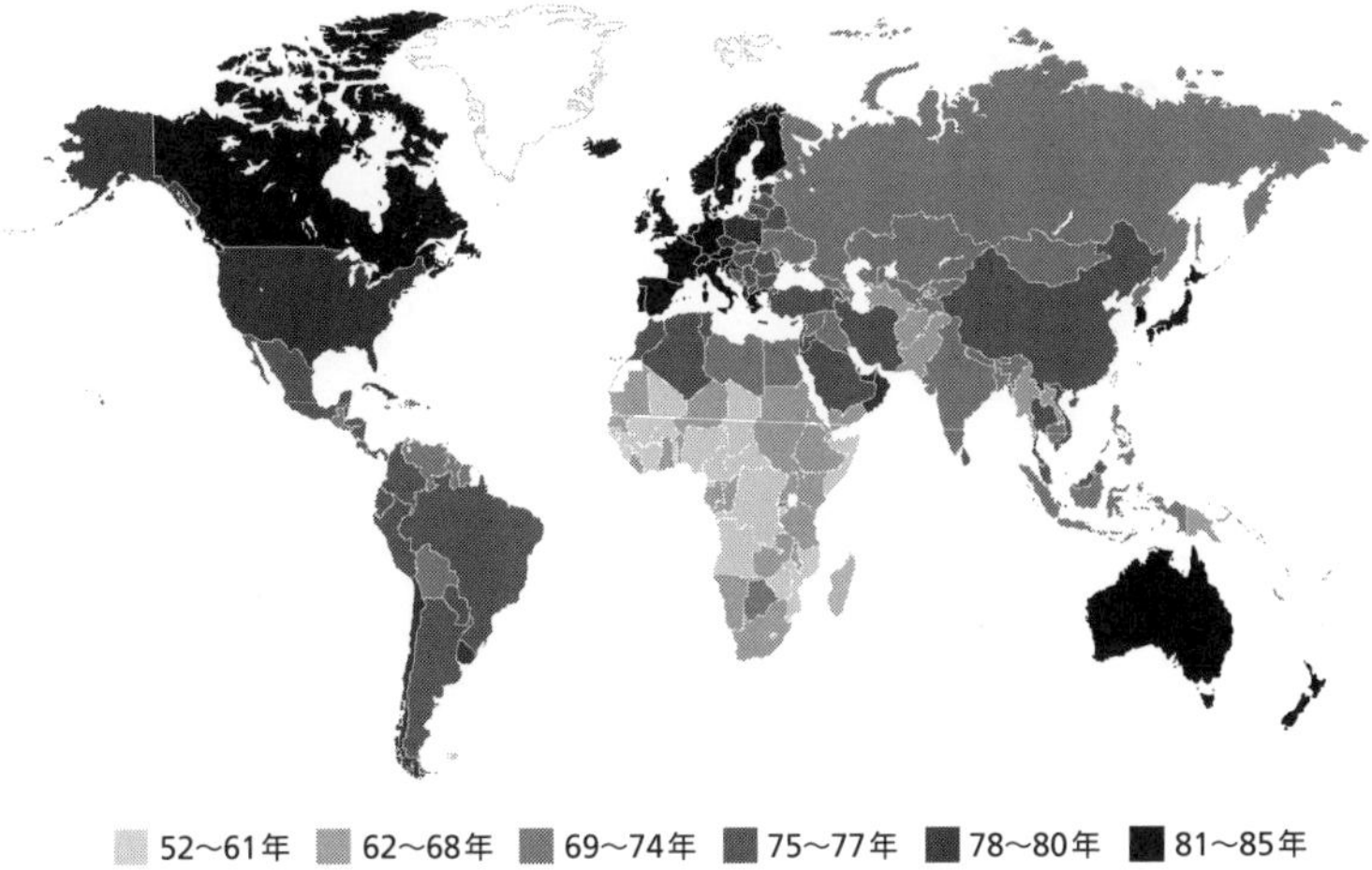

図13a　世界各国の平均寿命、2017年

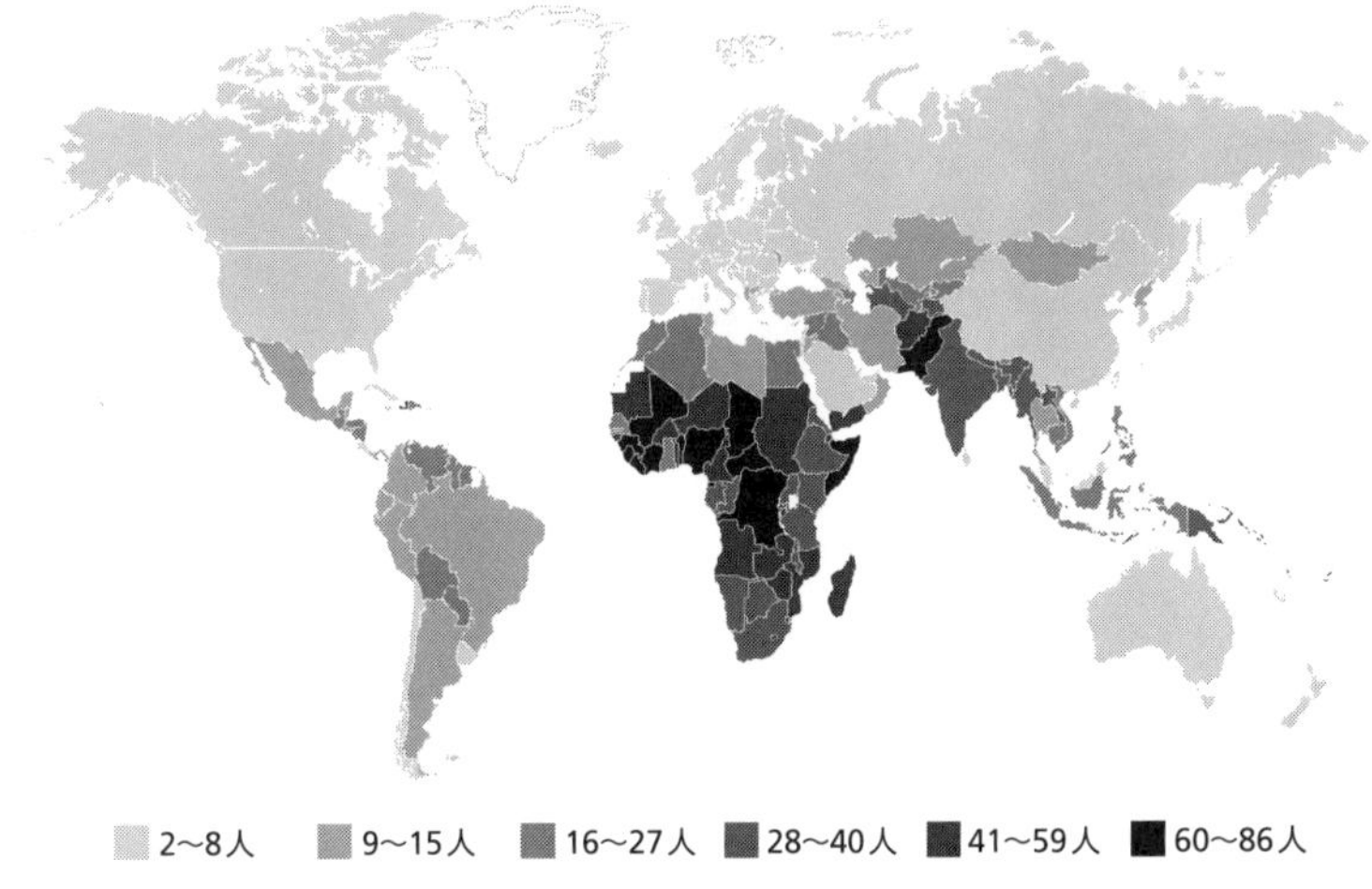

図13b　乳児死亡率(1,000人当たり)、2017年

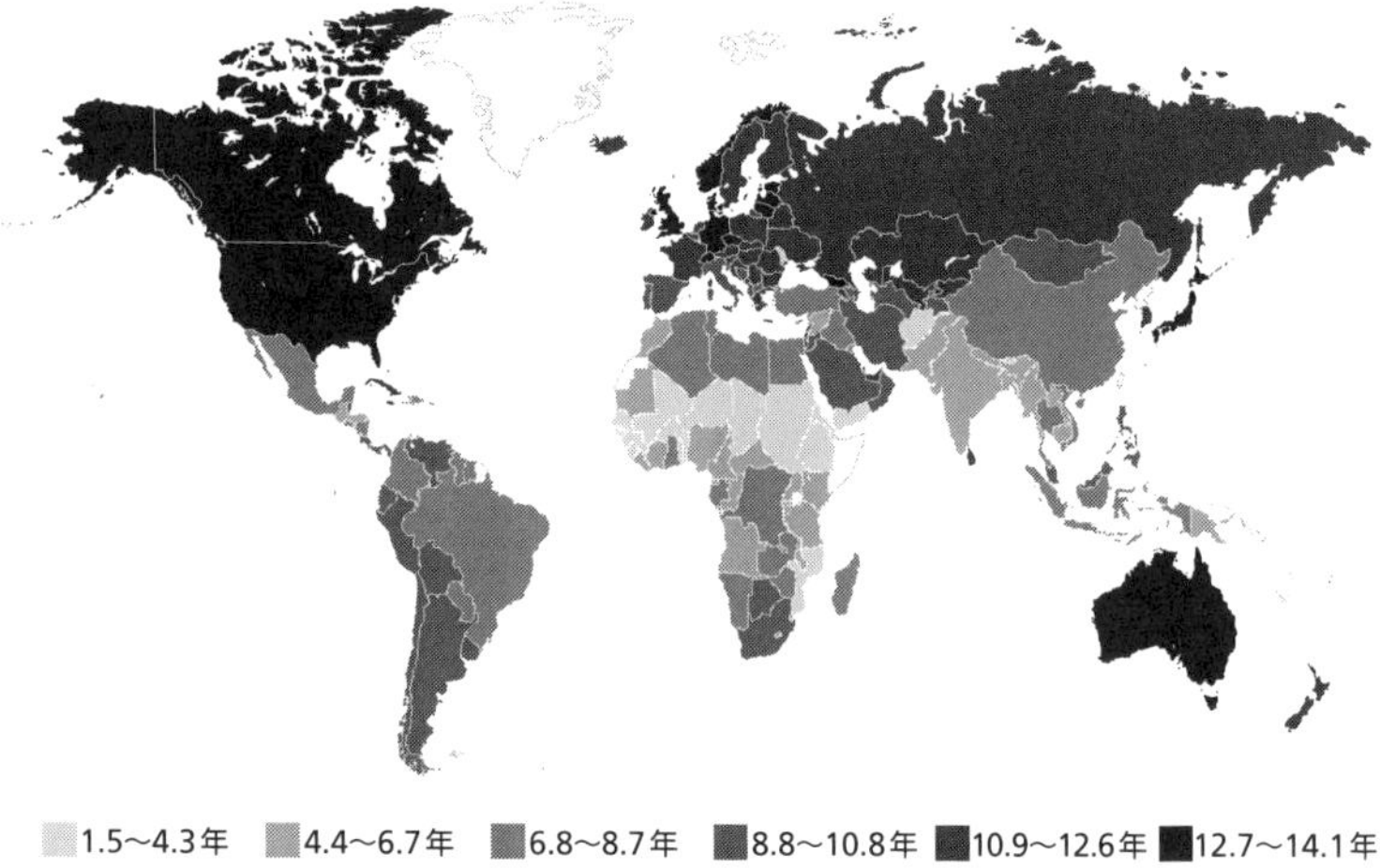

図13c　平均就学年数、2017年

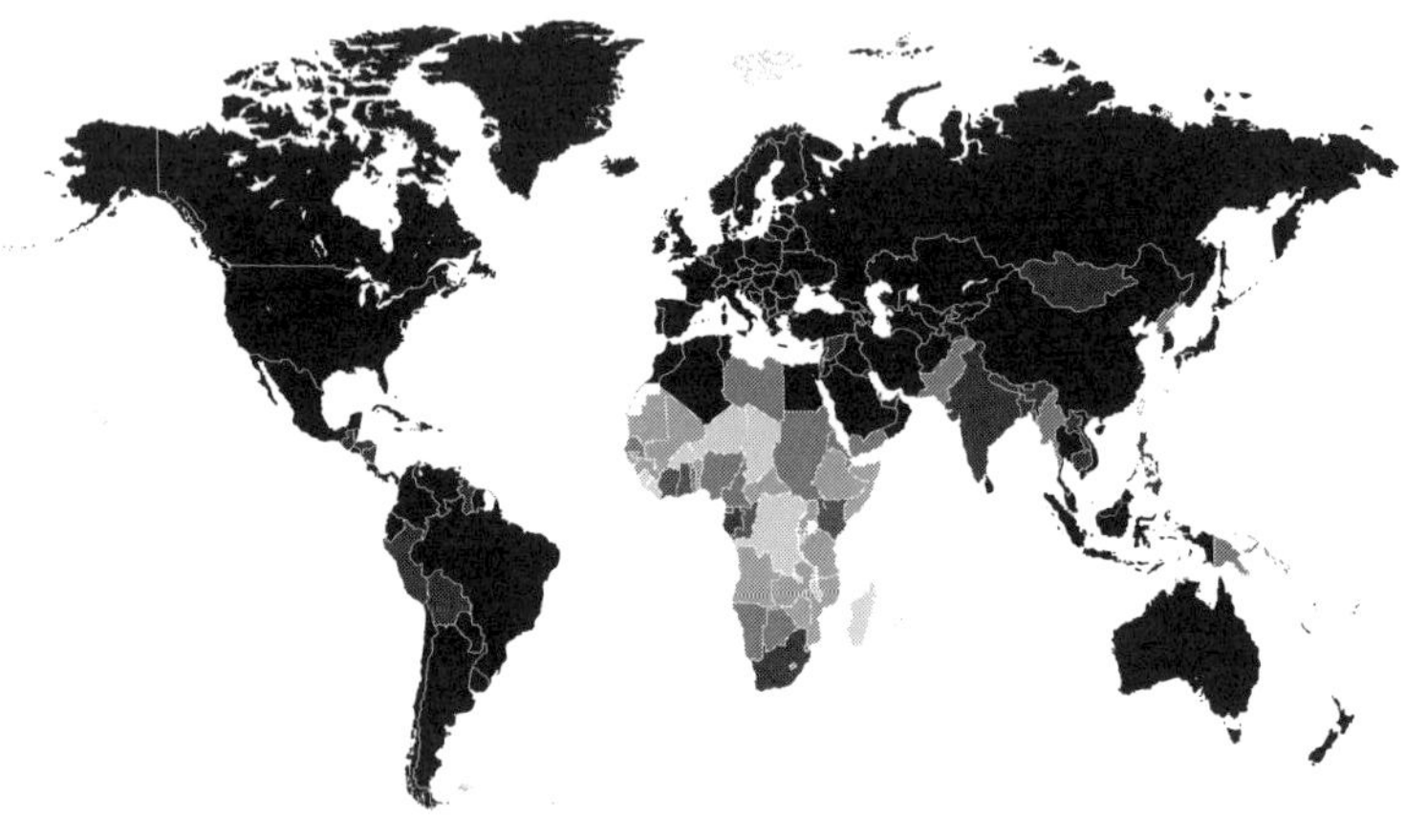

図13d　電気を利用できる人の割合、2017年

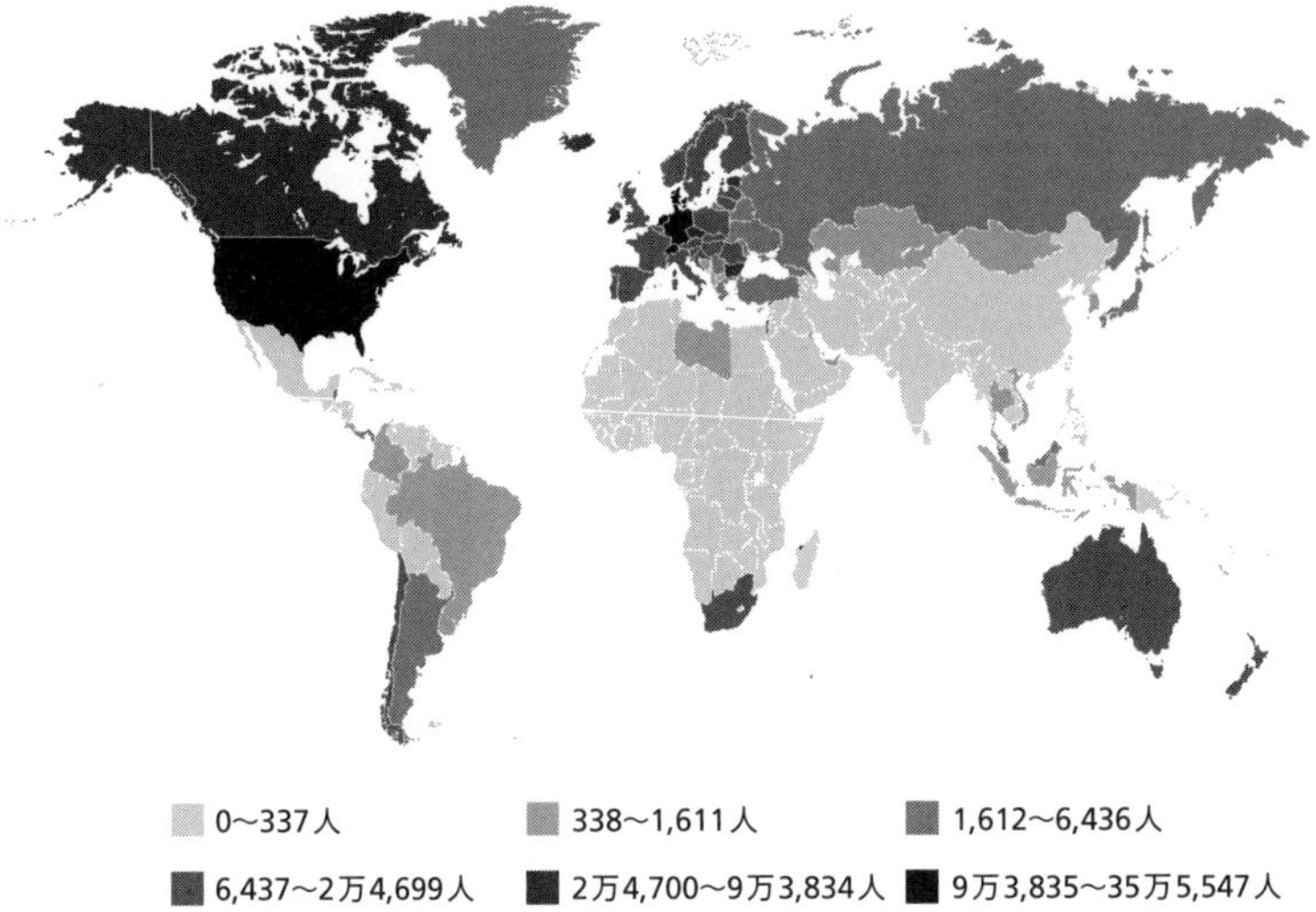

図13e　確実なインターネットサービス（人口100万人当たり）、2017年

因果の連鎖

こうした地球規模の格差に関してまず目につくのは、1人当たりの所得が先進国は発展途上国よりも著しく高く(**図14**)、その結果、教育や医療、栄養、住居にずっと多くのお金がかけられているという事実だ。

しかし、一部の国の人がほかの国の住民よりもはるかに多く稼ぐのはなぜなのだろう？　収入の格差は、部分的には「労働生産性」の違いを反映している。つまり、世界の特定の地域で1時間の労働から生み出される製品やサービスが、別の地域で同じだけの労働から生まれる製品やサービスより価値が高いということだ。たとえば農業の労働生産性には、国ごとに途方もない差がある。２０１８年の農業従事者1人当たりの生産性で比べると、アメリカはエチオピアのほぼ１４７倍、ウガンダの90倍、ケニアの77倍、インドの46倍、ボリビアの48倍、中国の22倍、ブラジルの6倍だ。[4]だが、そもそもなぜアメリカの農家は、サハラ以南のアフリカと東南アジアの農家や、南アメリカのおおかたの国の農家よりも収穫がはるかに多いのか？

その答えは、当然と言えば当然のものだ。このような差は主に、それぞれの国で耕作や収穫に使われる技術とともに、農業従事者がもつ技能と受けてきた教育や訓練を反映している。たとえば、アメリカの農家はトラクターやトラックやコンバインを使うが、サハラ以南のアフリ

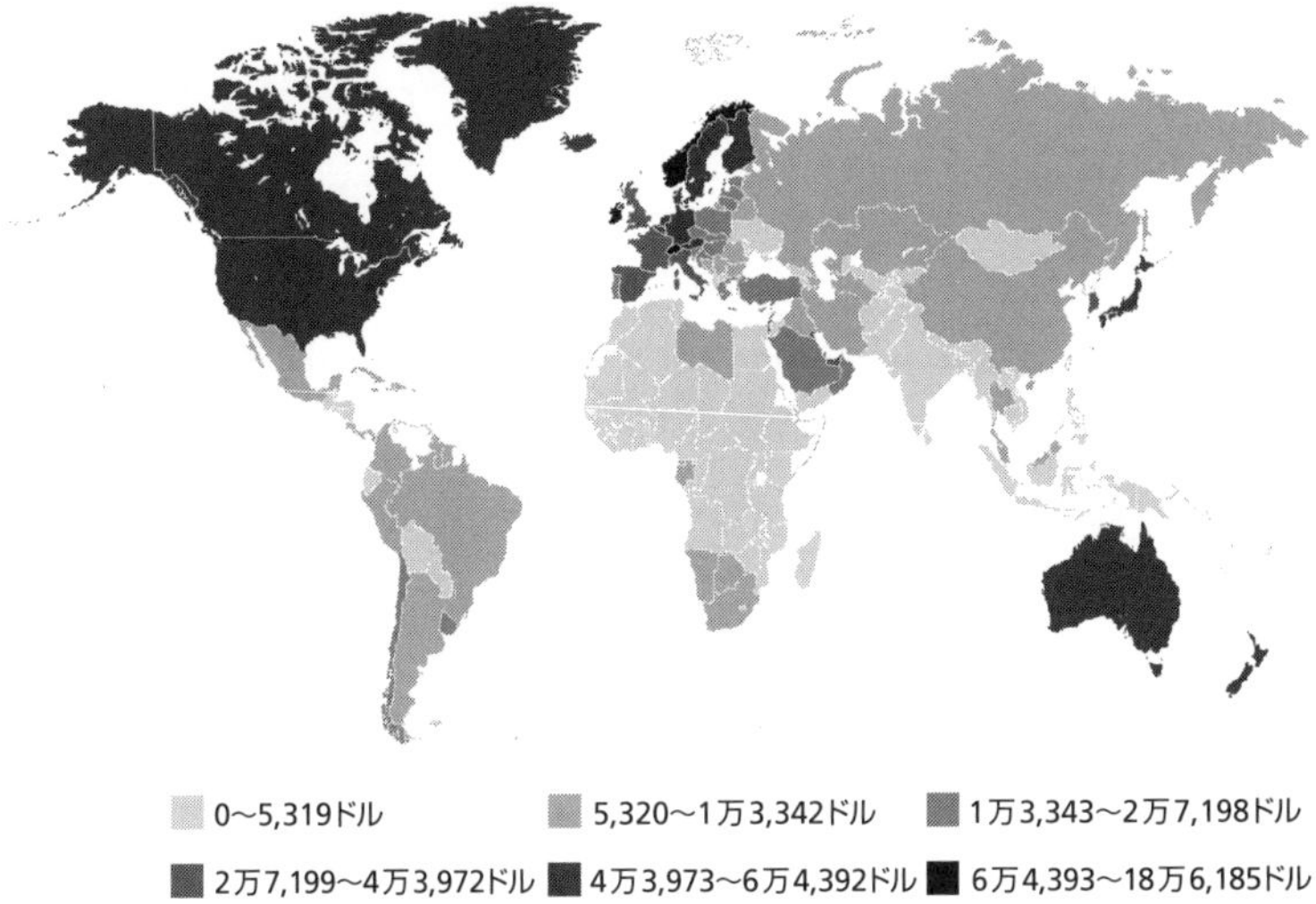

図14　1人当たりの年間所得（アメリカドル）、2017年〔3〕

カでは、農家の多くは木製の犂をしばしば牛に引かせて使う。そのうえアメリカの農業従事者は充実した訓練を受けており、また、遺伝子組み換えした種子や高性能の化学肥料や冷凍輸送を使うこともできる。これらは、発展途上国では利用できなかったり利益をもたらさなかったりする可能性がある。

とは言うものの、こうした直接の原因の連鎖は格差のおおもとを明らかにしてはくれない。私たちを、もっと根本的な疑問に向かわせるだけだ。なぜ一部の国の生産過程は、より優れた技能をもつ労働者やより高度な技術の恩恵を受けているのだろうか？

縮まらない差

ノーベル経済学賞を受賞したロバート・ソローの研究がそうだったように、経済成長について理解しようという過去の試みは、もっこや熊手、トラクターやその他の機具といった物的資本の蓄積が経済成長にとってどれほど重要かに焦点を当てていた。

ある夫婦が1週間に2、3ダースのパンを焼くのに足りるだけの小麦を収穫するとしよう。夫婦はパンの一部を家族に食べさせ、残りを村の市場で売る。十分な蓄えができたら犂を一つ買い、物的資本の蓄積や収量を増やし、いずれ毎週焼くことができるパンの数が増す。夫婦にさらに子どもが生まれないかぎり、資本の蓄積（犂を手に入れたこと）は1人当たりの所得を増やす助けになってくれるだろう。ところが、物的資本の蓄積がもたらすこの影響は、「限界生産力逓減《ていげん》の法則」〔他の条件を一定とした場合、ある生産要素を1単位追加したときの追加生産量が当の生産要素の増大にしたがって次第に減少すること〕の制約を受ける。夫婦が使える土地の広さと時間には限りがあるので、一つ目の犂でパンの生産量が1週間につき5本増えたとしても、二つ目の犂では3本しか増えないかもしれない。五つ目の犂では、生産量がまったく増えない可能性もある。

この分析からは重要な結論が導かれる。長期的な所得の増加を村人にもたらすには、犂の効率を絶えず改良するしかないのだ。さらに言えることがある。農家の規模が同じ場合、新しい犂を手に入れたときに収入の伸びが大きいのは、貧しい農家であって、豊かな農家ではない。なぜなら、貧しい農家ではおそらくその犂は一つ目だろうが、裕福な農家では三つ目や四つ目かもしれないからだ。こうして、貧しいほうの農家はもっと進んだ農家よりも急速に成長するはずで、貧しい農家と裕福な農家の収入の格差は時とともに縮まっていく。

したがって、ソローの成長モデルからは、技術や科学の進歩がなければ経済成長をいつまでも維持するのは不可能であることが見込まれる。[5] さらに、1人当たりの所得や資本の蓄積の当初の水準だけが違う国家間では、所得の差は時とともに縮まることも、ソローのモデルから予測される。

マラソンのレースを想像してほしい。マラソンではたいてい、遠くまで走るほど疲れて足の動きが鈍くなる。仮に同じような実力をもつランナーを二つのグループに分け、第一グループが第二グループより数分早く走り始めたら、第一グループのランナーは最後まで第二グループの前を走り続けるだろうが、二つのグループの差は、ランナーが一歩足を踏み出すごとに狭まっていく。それと同じように国同士でも、1人当たりの所得と資本の蓄積の当初の水準だけが違っているのなら、競争のスタートが遅かった貧しい国は、スタートの早かった豊かな国に徐々に追いついていくはずで、国同士の所得格差は、やがて縮小するだろう。

それなのに、図15を見ればわかるとおり、先進国と途上国の経済の差は縮まっていない。むしろ正反対で、両者の生活水準の差は過去2世紀にわたって大きく広がってきた。

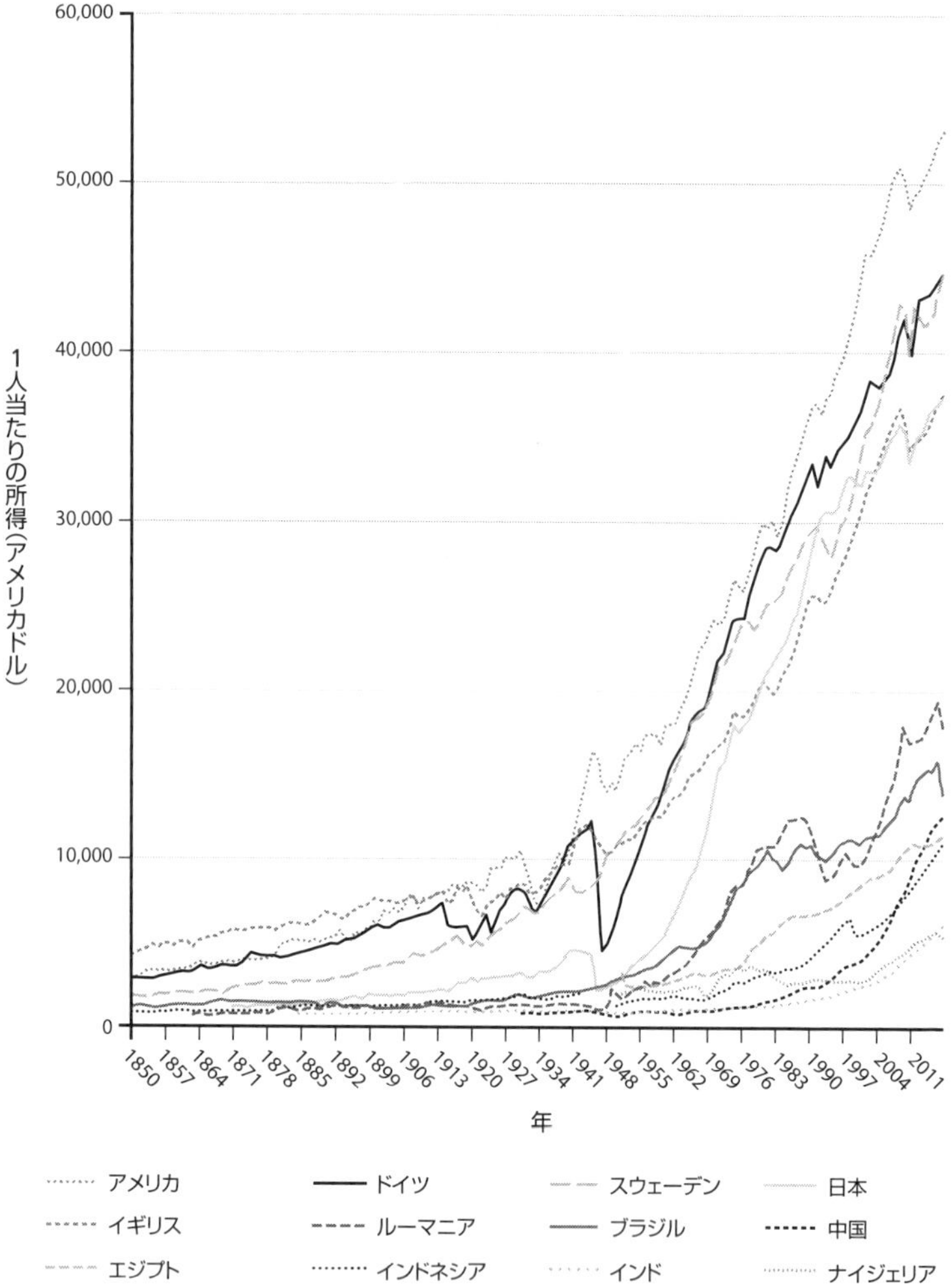

図15　国ごとの1人当たりの所得の推移、1850〜2016年[6]

何が国家間のこの大幅な開きを生んだのか？　そして、貧しい国の一部が豊かな国に追いつくのを阻んできたのは、どのような力なのか？　政治家は20世紀後半に、技術の進歩と物的資本や人的資本の蓄積が経済成長を促すという考えをもとに、発展途上国の生活水準向上をめざす政策を進めてきた。ところが、国家間の格差は根強く残っているので、そのような政策の効果は限られていたことが窺える。[7]　これまでは、目に見える要因、つまり表面に現れている差にばかり注目して、その差を生み出している根本的な原因に気が回らなかったために、貧しい国の前に立ちはだかる、見えにくいけれどもっと執拗な障害の克服策を立てられなかったのだ。そうした根本的原因となる力が投資や教育や新しい技術の導入を阻む壁を築き、地球全体の不均等な発展を招いてきた可能性がある。この格差の謎を解き明かし、全世界を繁栄させたいと望むなら、それらの隠れた原因と障壁を突きとめる必要がある。

貿易、植民地主義、不均等な発展

19世紀のあいだに国際貿易は大幅に増えた。きっかけはヨーロッパ北西部の急速な工業化で、それは植民地政策によって可能になり、勢いづけられ、また、貿易の障壁が減ったり輸送費が下がったりしたことにも後押しされた。１８００年には世界の総生産高のうち、国家間で取引されたのはわずか2％だった。だが、１８７０年にはこの割合は5倍の10％まで上がり、

1900年には17%に、そして第一次世界大戦直前の1913年には21%まで増えた。[8] こうした貿易の大部分は先進工業国同士で行われていたものの、発展途上国は先進国の輸出品の重要な市場として成長しつつあった。この時期に浮上したパターンは、次のように明快そのものだった。ヨーロッパ北西部の国々は工業製品の純輸出国となり、アジアやラテンアメリカやアフリカの国々の輸出品は、農産物と原材料が圧倒的な割合を占めていたのだ。[9]

この時代の技術進歩は、仮に国際貿易の拡大という助けがなくても産業革命を引き起こせたかもしれないが、西ヨーロッパ諸国の工業化の速度や成長率は、こうした貿易によって、そして植民地の搾取――それらの土地の自然資源や先住民、奴隷にされたアフリカ人やその子孫の搾取――によって上がった。同様に、それ以前の数世紀に最高潮に達していた大西洋三角貿易や、当時盛んになりつつあったアジアやアフリカとの貿易も、西ヨーロッパ諸国の経済に大きな影響を与えた。なぜなら、製品の取引はそれ自体非常に利潤が大きかっただけでなく、それらの貿易が、奴隷労働や強制労働を通じて安く生産された木材やゴムや原綿などの原材料を提供してくれたおかげで、工業化が進んだからだ。一方、植民地が小麦や米、砂糖、茶などの農産物を生産してくれるので、ヨーロッパの国々は工業製品の生産にさらに特化でき、また、製品の市場が植民地で拡大したことからも恩恵を受けた。[10]

イギリスの場合、国際貿易から得られる収入が国民所得に占める割合は、1780年代には10%だったが、1837～45年には26%に、1909～13年には51%にまで伸びた。輸出は、いくつかの部門が生き残るうえで非常に重要だった。ことに綿産業ではその傾向が顕著で、1870年代にはイギリス本国での生産高の70%が輸出に回されていた。[11] ヨーロッパの他の国々でも同様のパターンが見られた。第一次世界大戦の直前、国際貿易の収入が国民所得に占める割合はフランスが54%、スウェーデンが40%、ドイツが38%、イタリアが34%に達していた。[12]

工業化の初期に起きた国際貿易のこうした拡大は、工業国と非工業国の双方の発展に重大な、そして非対称の影響をもたらした。工業国では国際貿易の拡大は、比較的技能の高い労働者を必要とする工業製品の生産への特化を促し、推し進めた。こうして技能をもつ労働者の需要が高まったことで、それらの国では人的資本への投資が強化され、人口転換に拍車がかかり、技術の進歩がさらに促され、そうした製品の生産での比較優位性が増すことになった。それとは対照的に、非工業国では国際貿易は、技能をあまり必要としない農産物や原材料の生産への特化を奨励した。こうした部門では教育を受けた労働者への需要があまりないため、人的資本に投資する意欲が抑えられがちで、人口転換も遅れた。それがさらに、低技能の労働者を相対的に増やし、「技能集約型」の製品を生産するうえで比較劣位性をますます強めることになった。

こうして、グローバル化と植民地化は過去2世紀のあいだに、国の豊かさの差をさらに広げた。工業国では貿易の利益は主に教育への投資に向けられ、それが1人当たりの所得の向上につながったが、非工業国では貿易の利益の大半は多産と人口増加に回されてしまった。こうした力は、世界の人口や技術の分布に終始影響を及ぼし、工業国と非工業国の技術や教育の差をなおさら広げ、それによって、当初の比較優位のパターンを縮小させるどころか、いっそう拡大させた。[13] 先進国と発展途上国の出生率と教育水準が国際貿易によって相反する影響を受けたというこの主張の根拠は、現代と過去の両方のデータにもとづく地域分析と国際比較分析によって裏づけられている。[14]

グローバル化と植民地化がもたらしたこの非対称の影響は、先進国と発展途上国で工業化そのものが進んだ速さにも、驚くほどはっきり表れている。イギリスでは、1人当たりの工業化の水準は、1750〜1800年に50%上がり、1800〜60年には4倍になり、1860〜1913年には2倍近くに上昇した。アメリカでは1750〜1860年に4倍に、1860〜1913年に6倍に上がった。ドイツ、フランス、スウェーデン、スイス、ベルギー、カナダも同様のパターンを経験した。それとは対照的に、発展途上国では19世紀のあいだに1人当たりの工業化の水準はむしろ低下し、ようやく飛躍できたのは20世紀後半になってからで、元の水準に戻るのは、低下が始まってから2世紀近くのちのことだった[15]（**図16**）。

イギリスとその植民地だったインドとの貿易関係が、このパターンを例証している。1813〜50年にインドは輸出入量の急拡大を経験し、工業製品（主に繊維製品）の輸出国から農産物と原材料の供給国へと徐々に変容した。[16] この過程の根底にあったのがイギリスとの貿易関係だ。イギリスは19世紀の大半を通じて、インドの輸入品（主に工業製品）の3分の2以

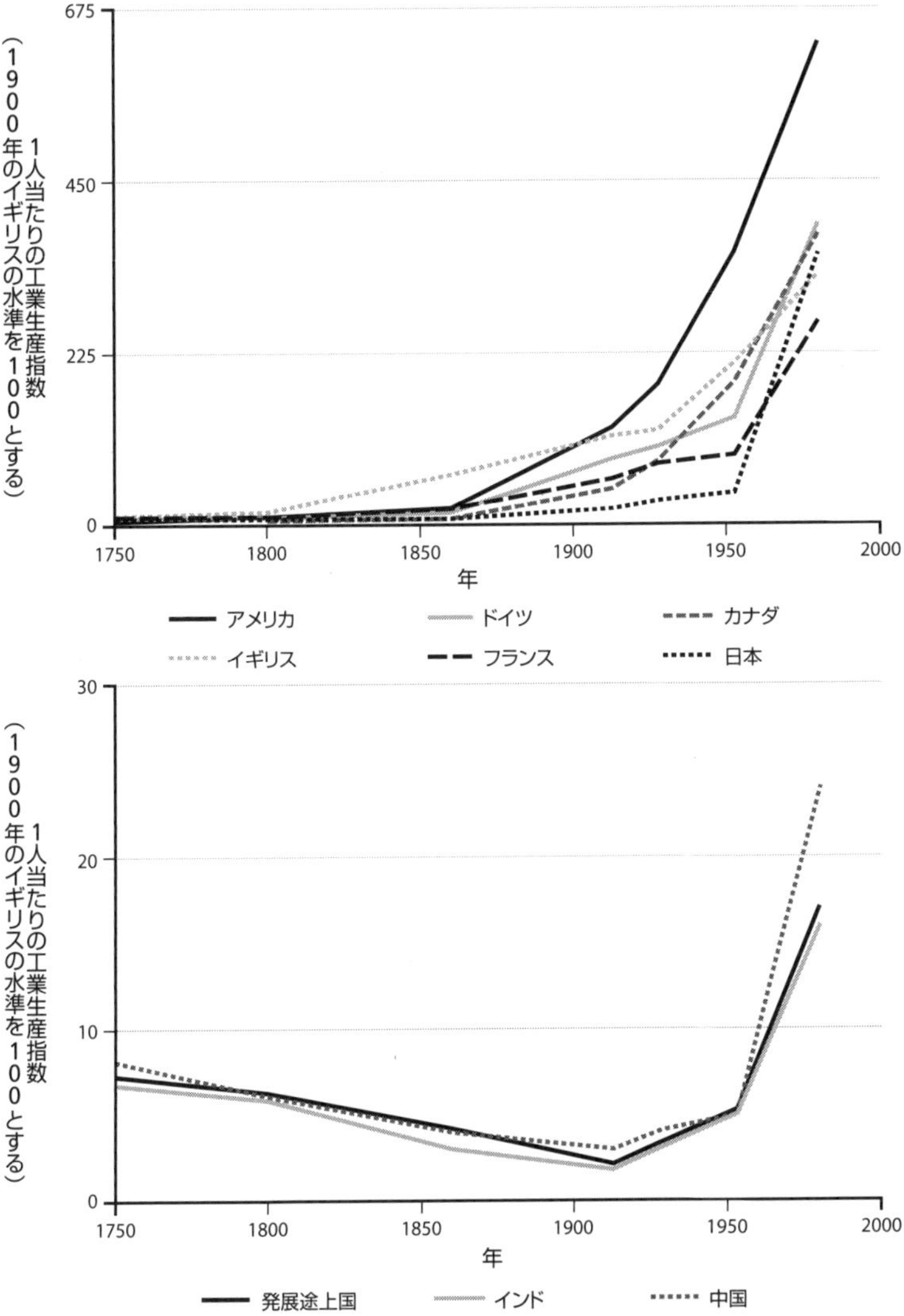

図16　グローバル化の影響：工業国と非工業国の場合

上を供給するとともに、インドの輸出品のうち3分の1以上の市場になっていた。[17]

これがイギリスに与えた影響は、もうおわかりだろう。貿易はイギリスの工業化の過程を促進し、産業革命の第二段階での、技能をもつ労働者の大幅な需要拡大に貢献した。イギリスの男性労働者の平均就学年数は1830年代まで大きく変化しなかったが、20世紀の初めには3倍に増えていた。10歳のときに学校に在籍している人は1870年には40％だったのが、1902年には100％近かった。[18] 1870年代にイギリス全体の出生率は低下に転じ、その後の50年で、1人の女性が産む子どもの数は約5人からほぼ2・5人まで減少した。同じ時期に経済は、1人当たりの所得が年間2％近くの割合で持続的に成長する状態に移行した。

ひるがえって、インドではこの時期、1人当たりの工業化の水準が下がった。教育を必要としない農業部門がしっかりと根づいていたので、20世紀になっても長らく、読み書きができない人だらけだった。20世紀に入って初等教育を拡大しようという試みがあったものの、出席率の低さや退学率の高さに阻まれた。[19] 教育は少しずつ広がったが、1960年にはまだ国民の72％が16歳になる前に学校に行くのをやめていた。大規模な人的資本の形成が行われていなかったため、インドの人口転換は20世紀後半に入ってもなかなか進まなかった。

このように、貿易のもたらす利益は、イギリスでは出生率の低下を促し、1人当たりの所得の大幅な増加につながったのに対して、インドではもっぱら、出生率のいっそうの増加に向けられてしまった。1820年以来、インドはイギリスのほぼ2倍の割合で人口が増えたのに対して、1人当たりの所得では逆にイギリスがインドの2倍の割合で増えた。
とはいえ、植民地時代の支配と搾取と非対称の貿易のパターンは、既存の比較優位のパターンをさらに強めはしたが、そもそもそれをもたらした原因ではない。植民地時代以前に存在していた不均等な発展は、どう説明すればいいのか？　なぜ一部の国は工業化し、植民地化する側になり、別の国々は工業化を阻まれ、植民地化されてしまったのか？[20]
この格差の謎を解き明かすためには、これまでに見極めたものよりさらに根深い要因を掘り起こしていく必要がある。

根深い要因

想像してみよう。ある晴れた朝、あなたはベッドから起き上がり、コーヒーを淹《い》れる。すがすがしい空気を吸おうと外に出たとき、隣の庭の芝生《しばふ》が自分の家の芝生より青いことに気づき、あなたは驚く。

隣の芝生はなぜあんなに青々としているのだろう？　科学的に答えることもできる。隣の芝生は光のスペクトルの中で緑の範囲に収まる波長の光を反射しているのに対して、こちらの芝生が反射しているのはもっと黄色の範囲に近い光なのだ、と。この説明は完璧に正しいかもしれないが、さして役には立たない。問題の根源の理解には、いっこうに近づいていないからだ。

手入れの時期や度合い、やり方の差に焦点を当てた答えのほうが、もっと突っ込んだ、そして常識的な説明になる。つまり、水のやり方や刈り方、肥料や殺虫剤の使い方がこちらとあちらで違うのではないか、と考えるのだ。

こうした理由は重要ではあるかもしれないが、それでも、隣の芝生のほうが青い根本的な原因を解き明かしてはくれない。それらが示しているのは二つの芝生の質の、目に見える違いの近接原因であり、その背後には、なぜ隣人はこちらよりもきちんと水をやっているのかや、なぜ隣人のほうが害虫の駆除がうまいのかの説明となる根本理由が潜んでいる。そのような根深い要因が果たす役割を理解しそこなえば、たとえ隣人のやり方をまねてせっせと手入れをしても、こちらの芝生は、あなたが望んでやまないまばゆい緑にはならないかもしれない。

二つの芝の、目に見える違いの背景には、地理的な要因があるのかもしれない。たとえば、土壌の質や日照時間の違いは、隣人の成功をまねようとするあなたの努力に水を差し得る。あるいは二つの芝生の違いは、あなたと隣人がそれぞれどんな環境で育ったか、どんな教育を受けたかという、裏に隠された文化的な要因を反映しているのかもしれない。つまり、芝生の手入れに労力や注意を惜しまず、最適なときに水をやったり刈ったりするような、しっかり先を見据えた未来志向の考え方があるかないかが問題かもしれないのだ。

あるいは二つの地所が、それぞれ別の地方自治体の管轄下にある可能性もある。あなたの属する自治体は節水のために散水制限をしているかもしれず、隣人の属する自治体では心ゆくまで芝生に水をやることができるのかもしれない。だとしたら、あなたが隣人の園芸術をまねられず、芝生の質の差を埋めることができないのは、制度的な要因によることになる。さらには、やはりそれぞれの自治体に起因し、そうした制度の違いをもたらしているもっと根深い要因も考えられる。それは、自治体の人口構成そのものに関わるものだ。住民の人口構成が均質な共同体は、灌漑用のインフラや害虫の駆除などへの公共投資について、規制を実施したり集団での決定を下したりしやすい。それに対して、住民が不均質な共同体は、多様で革新的な園芸技術の「交雑」の恩恵を受けられるかもしれない。この意味では、二つの芝生の差をもたらしている根本理由は、住民の多様性の程度であるとも考えられる。

二つの芝生の違いと同じように、国の豊かさのあいだにある巨大な格差は、原因となる一連の要因に根ざしている。表面にあるのが「近接要因」で、国家間の技術や教育の差などだ。一方、核心にあるのが、制度、文化、地理、住民の多様性といったもっと深い「究極要因」であり、それがすべてのおおもとに存在している。近接要因と究極要因の影響を選り分けるのは楽ではないかもしれない。だがその区別は、そうした根深い要因が人類史の歯車の回転速度にどう影響し、それによって各地の経済発展のペースをどう支配してきたかを理解するうえで欠かせないのだ。

第8章 制度の痕跡

次ページの衛星画像は宇宙から撮られた写真のなかでも、群を抜いて印象的なものと言って間違いない。

写真の下半分は繁栄している国家、韓国だ。写真が撮られたのは夜で、まばゆい星雲のような光が繁栄の輝きを放っている。韓国の人々は仕事を終え、街灯に照らされた路上で、家へと車を走らせているのだろう。レストランで夕食をとっている人も、光溢れるショッピングモールや文化施設に出かける人もいるだろう。明るい電灯のついた家で、家族と団欒《だんらん》のひとときを過ごしている人もいるかもしれない。一方、写真の上半分の、闇にすっぽり包まれているのは、世界でも最貧の部類に入る国、北朝鮮だ。北朝鮮の国民の大半は、断続的な停電の薄暗がりの中で早々に寝支度をしているのだろう。この国は十分なエネルギーを生産しておらず、首都ピョンヤンでさえ電力系統をずっと稼働させておくのは不可能なのだ。

この南北の差は、地理的な差の結果でも文化の違いの結果でもない。きちんと機能する電力系統を築いたり維持したりする知識を北朝鮮がもっていないからでもない。過去1000年の大半にわたって、朝鮮半島はおおむね単一の社会を形成し、そこに住む人々は一つの言語と文化を共有してきた。ところが、第二次世界大戦後に半島はソ連とアメリカの勢力圏に分断され、それぞれ異なる政治と経済の制度が生まれた。北朝鮮の貧困と技術の遅れは、ベルリンの壁が崩壊する前の東ドイツの場合と同じように、政治や経済の制度が個人の自由や経済的な自由を制限したことに起因している。政府の権力に対する歯止めは不十分だし、法の支配は限られ、財産権は覚束《おぼつか》ず、中央計画は本質的に非効率なので、起業家精神と技術革新が妨げられる一方、汚職をはびこらせ、停滞と貧困が助長されてきた。驚くまでもないが、韓国の1人当たりの所得水準は

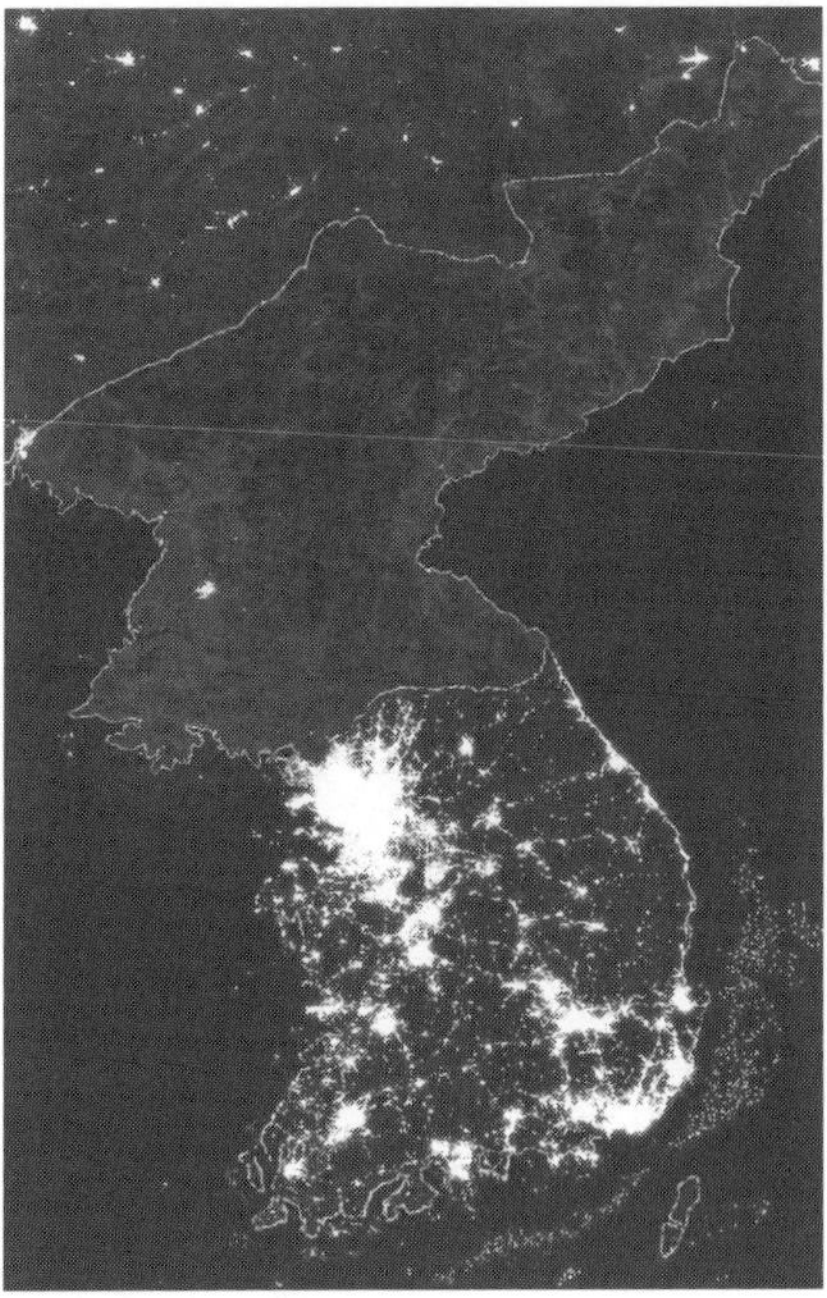

朝鮮半島

夜間光の衛星画像、2012年[1]。

2018年に北の隣国の水準の24倍であり、平均寿命は2020年には韓国が北朝鮮より11年長かった。その他の尺度で生活の質を計っても、それに劣らず劇的な違いが見られる。[2]

今から200年以上前、イギリスの政治経済学者のアダム・スミスとデイヴィッド・リカードは、経済が繁栄するうえで専門化と貿易がいかに重要かを強調した。だが、ノーベル経済学賞を受賞したアメリカの経済史家ダグラス・ノースが主張したように、貿易が行われるための重要な前提条件は、拘束力と強制力のある契約のような、貿易を可能にし、奨励する政治と経済の制度があることだ。簡単に言えば、合意に対する違反――いや、それればかりでなく、ゆすりや盗み、脅迫、縁故主義、差別など――を統治機関が防げなければ、貿易に大きな支障が生じる可能性が高く、通常もたらされるはずの利益が減りかねない。[3]

遠い昔には、社会は貿易を促進したり発展させたりするために、親族の絆や、部族や民族のネットワークや、非公式の制度に頼っていた。たとえば中世には、アフリカ北西部のマグレブの商人は、合意に違反した者に集団的制裁を科すとともに、遠方の共同体とも特別な絆を結び、それを足掛かりにして北アフリカはもとよりさらに遠くの地域とも豊かな貿易を発展させた。[4]しかし、人間社会が大きく複雑になるにつれて、こうした規範を成文化する必要が生まれた。共通の通貨、財産権の保護、一律に課される法律など、貿易に役立つような制度をやがて発展させた社会のほうが、経済成長をうまく促進でき、人口の規模・構成と技術の進歩との好循環を強化できたことだろう。逆に、貿易に適した制度を整えるのが遅かった社会は、後れを取ることになった。

これは人類の歴史を通じて言えることだが、ごく一部のエリートが政治や経済の権力を握ると、彼らは自身の特権を守ったり既存の格差を保ったりする力を得て、進歩の波に抗《あらが》うのが普通だった。たとえば、自由企業体制を抑圧し、教育への大幅な投資を阻み、経済の成長や発展を妨げた。このように、エリートによる権力の独占を許し、格差を恒久化するような制度を、学者は「収奪的制度」と呼ぶ。それに対して、政治権力を分散させ、財産権を守り、民間企業や社会的流動性を後押しするような制度は「包括的制度」と言われる。[5] 経済学者のダロン・アセモグルとジェイムズ・A・ロビンソンは著書『国家はなぜ衰退するのか』の中で、この種の政治制度の違いが国家間の格差の一因になってきたことを示した。収奪的制度はたいてい、人的資本の蓄積や起業家精神や技術の進歩を妨げ、それによって停滞から長期的な経済成長への移行を遅らせてきた。一方、包括的制度は、そうした過程を促進してきた。

だが、歴史が示唆しているように、収奪的な政治制度は必ずしも経済発展のすべての段階で有害とは限らない。それどころか、独裁者が政治体制を外から脅かされた結果、大きな改革を成し遂げることさえ時折あった。それを例証しているのが、1806年にナポレオンに打ち負かされたあとのプロイセンや、19世紀後半の明治維新のころに日本に起きた出来事だ。さらに言えば、朝鮮半島の分断から30年余にわたり、韓国は独裁国家だった——民主主義に転じ始めたのは、1987年になってからだ——にもかかわらず、その間にも目覚ましい発展を遂げた。

一方の北朝鮮は、未発展のままだった。韓国と北朝鮮は、どちらも最初は独裁国家であり、両者の根本的な違いは経済政策にあった。韓国の独裁者は私有財産の保護を行うと同時に、政治や経済の権力を分散させるため、広範囲にわたる農地改革も実行したが、北朝鮮の独裁者は個人資産と土地の大規模な国有化を選択し、意思決定を中央集権化した。こうした初期の違いがもとで、韓国は民主主義に移行するよりずっと前に、経済面で北朝鮮にはるかに先行することができた。同じように、チリやシンガポールや台湾をかつて支配していた――そして今なお中国やヴェトナムを支配している――非民主的な体制は、インフラと人的資本への投資の促進や進んだ技術の導入、市場経済の振興によって、長期の経済成長を促すのに成功した。

非包括的な政治制度は、採算性のある包括的経済制度と場合によっては共存できるものの、それはたいてい通例ではなく例外だった。そして、人類史の重要な節目では、包括的な制度の導入が要となるのが通例だったようだ。ほかでもないイギリスで産業革命が最初に始まった理由は、包括的な制度の存在で部分的に説明できるかもしれないし、かつての植民地のいくつかが、植民地支配から正式に解放されて以来何十年も過ぎてなお他国に後れを取り続けている理由には、収奪的な制度の存在が光を当ててくれるかもしれない。

イギリス台頭の制度的要因

イギリスは産業革命のあいだに未曽有の躍進を遂げ、地球上の広大な地域を手中に収め、歴史上有数の強大な帝国を築くのに成功した。とはいえ、人類史の大半を通して、イギリス諸島の住民はフランスやオランダや北イタリアなど、近隣地域の人々に、豊かさや教育の面で立ち遅れていた。イギリスは時代に置き去りにされた、西ヨーロッパの辺境にすぎなかったのだ。当時のイギリスは農耕と封建制の社会だった。政治と経済の権力は少数のエリートの手に握られ、17世紀の初めには、経済の多くの部門は勅令《ちょくれい》により貴族に独占されていた。[6] イギリスには競争や自由企業体制がほぼ存在しなかったことを考えると、これらの独占的な産業は、新しい技術の発展という点で呆《あき》れるほど不毛だった。

他の多くの支配者と同様にイギリスの君主も技術革新を敵視し、帝国内の技術の進歩を妨げた。有名で皮肉な例を挙げよう。イギリスで繊維産業の誕生が遅れた背景にある逸話だ。1589年、女王エリザベス1世は、聖職者で発明家のウィリアム・リーに新しい編み機の特許を与えるのを拒んだ。リーの発明が、地元の手編み職人のギルドに損害を与え、失業を増やし、ひいては社会不安を引き起こすのを恐れたのだ。イギリスの女王に断られたリーはフランスに渡り、望んでいた特許を国王アンリ4世から快く与えられた。リーの弟がようやくイギリスに戻ってこの最先端の技術を売り込んだのは数十年後であり、それがイギリスの繊維産業の礎《いしずえ》となった。

しかし17世紀の後半に、イギリスの統治機関は徹底的に改められた。時の国王ジェイムズ2世は、ローマ・カトリックに改宗したのに加えて絶対君主制を死守しようとしたため、激しい反発を招いていた。そして、対抗勢力が救世主として白羽の矢を立てたのが、プロテスタントのオランダ共和国の総督であり、ジェイムズ2世の長女メアリー王女の夫でもあるオレンジ公ウィリアム（オラニエ公ウィレム）だった。対抗勢力はオレンジ公にイギリスで王位に就くよう強く勧め、公はそれに応えて義父のジェイムズ2世を退け、ウィリアム3世としてイングランド、アイルランド、スコットランドの王になった。流血を比較的わずかしか伴わずに行われた――このあたりに若干の誤解はあるのだが――ことから、「名誉革命」の名で知られるこのクーデターは、イギリスの政治勢力のバランスを変化させた。国内に支持基盤をもたない外国人の王だったウィリアム3世は、先王とは異なり、議会におおいに依存したからだ。

1689年にウィリアム3世は「権利章典」を承認したので、議会の同意なしに王の力によって法の執行を停止したり、徴税や軍隊の召集をしたりする権限は廃止された。こうしてイギリスは立憲君主国になった。議会は勃興《ぼっこう》しつつあった商人階級をはじめ、比較的幅広い層の利益を代表するようになった。そして、私有財産権を保護し、民間企業を後押しし、機会の平等や経済の成長を促す、包括的な制度が打ち立てられた。

名誉革命後、イギリスは独占を廃する試みを強化した。以前、国王チャールズ2世からアフリカの奴隷貿易の独占権を与えられていた王立アフリカ会社をはじめ、多くの会社がそれまでの権限を失った。議会はさらに、成長著しい工業部門の競争を促す新しい法案を通過させ、貴族階級の経済的利益を徐々に奪った。特に、工業炉にかける税金を下げる一方で、おおかたは貴族が所有する土地の税金は上げた。

当時イギリスだけに見られたこうした改革は、ヨーロッパでは他のどこにも存在しない動機を生み出した。たとえば、スペインでは大西洋をまたぐ貿易の利益を王が強硬に独占し、しばしばそれを戦争の資金に充てたり贅沢品を買うのに使ったりしたが、イギリスでは原材料と製品とアフリカ人奴隷をやり取りする大西洋三角貿易から得られた利益は幅広い商人の階級に共有され、そのため、資本の蓄積や経済の発展に向けて大部分がつぎ込まれた。こうした投資が、産業革命における前代未聞の技術革新の土台を築いた。

イギリスの金融制度もまたこの時期に劇的な変容を遂げ、それが経済の発展をさらに促した。国王ウィリアム3世は、株式市場や国債や中央銀行をはじめとする故国オランダの進んだ金融制度をイギリスに導入した。こうした改革のおかげで、貴族でない起業家は信用貸しを利用しやすくなったし、政府も財政規律を重視して支出と税収を均衡させるよう促された。議会は公債発行に対するより強力な監視権限を手に入れ、債券保有者、つまり王にお金を貸している人々は、財政政策や金融政策に関する意思決定過程に自分の意見を反映させる権利を獲得した。

こうしてイギリスは、国際債券市場での信用度が高まり、ヨーロッパの他の王国と比べて安い費用で借り入れができるようになった。

だが、イギリスで産業革命が早々と起きたのは、さらに昔の制度改革のおかげもあるかもしれない。[7]第2章で述べたように、14世紀に流行した黒死病はイギリス諸島の住民の40%近くの命を奪った。その結果、農業の労働力が足りなくなり、農奴の交渉力が強まった。地主貴族は、農村から都市へと労働力が流れるのを阻止するために農業従事者の取り分を増やさざるを得なくなった。あとから振り返れば、イングランドの封建制度は黒死病の流行によってとどめを刺され、以後、同国の政治制度はより包括的になり、収奪的な側面は減少した。政治や経済の力は分散され、社会的流動性が高まり、いっそう多くの人が技術革新を行ったり富の創造に参加したりできるようになった。それにひきかえ、当時の東ヨーロッパにはもっと過酷な封建制度が残っており、加えて都市化の度合いも低く、農業生産物に対する西からの需要が高まっていたため、黒死病の流行のあと、地主貴族とその収奪的制度はむしろ強力になった。言い換えれば、黒死病の流行前は東西ヨーロッパの制度の相違は取るに足りないものだったのに、流行後、それは大きな違いに発展し、西ヨーロッパは東ヨーロッパとはかけ離れた成長の軌道を進むことになったのだ。[8]

イギリスではギルドの力が比較的弱かったことも、産業革命に先立つ制度上の変化を助けた。ヨーロッパ全土で活動していた各種ギルドは、構成員、つまり特定の職業に従事する熟練職人の利益を守る制度だった。ギルドはしばしば独占的な力を駆使して、起業家精神や技術の進歩を抑え込んだ。たとえば、15世紀後半のパリで活動していた写本筆写人のギルドは、市で初めての印刷機の導入を20年近くも妨げ続けた。[9] 1561年にはニュルンベルクの銅旋盤《せんばん》工ギルドが市議会に圧力をかけ、ハンス・シュパイヒという名の地元の銅細工師が自作の優れた平削《ひらけずり》盤《ばん》を世に広めるのを阻もうとした挙げ句、シュパイヒの新技術を導入した者は全員投獄すると脅しまでした。[10] 1579年にはダンツィヒ市議会が、新しいリボン織機の発明者をひそかに溺死させるよう命令を出した。新しい織機の登場が、伝統的なリボン織工の仕事を脅かす恐れがあったからだ。[11] 19世紀初頭には、革新的な織機の発明家であるジョゼフ＝マリー・ジャカールに対して、フランスの織工ギルドの怒れる構成員たちが抗議した。ジャカールが発明したのは一連のパンチカードを使って動かす織機で、のちに、最初期のコンピューターのプログラミングがこれに着想を得ることになった。それとは対照的に、イギリスではギルドが比較的弱小だった。それは部分的には、1666年のロンドン大火のあとにロンドン市の再建が速やかに、そしておおかたが無秩序に行われたり、他の地域で市場が急速に拡大したりした結果かもしれない。ギルドが供給できる以上に職人の需要が高まったからだ。ギルドの力が弱かったことが幸いし、議会は発明家を守って才能を発揮しやすくさせ、イギリスの産業資本家は新しい技術をより迅速かつ効率的に取り入れることができた。

これらの制度改革のおかげで18世紀後半のイギリスは、断固として技術の進歩を避け、権力を維持しようとする地主エリートが主導権を握り続ける代わりに、商人や起業家らのさまざまな利益によって動かされていた。この点でイギリスは世界初の近代国家になり、西ヨーロッパのほかの国々もすぐあとに続いた。こうして、根深い力が人類全体をマルサス時代の終わりと成長の時代の間際へと進めるなか、人類が相転移する機が熟していたまさにそのときに、制度上の発展が本書でまもなく探究する他の要因と合わさり、イギリスを急速な技術発展のための比類なく豊かな土壌に変えたのだった。

産業革命がイギリスで真っ先に始まったことや、朝鮮半島の南北の経済が異なる道をたどったことはどちらも、発展や繁栄に制度が与え得る影響の重大さを示している。だが、こうしたとりわけ劇的な事例はありきたりではなく例外ということがあるだろうか？ 歴史の中で、制度がもっとゆっくり進化していた時期にも、制度の改革は経済の繁栄に影響を与えたのだろうか？ あるいはその逆に、経済の繁栄が制度の変化につながったのか？ それとも、それら二つのあいだに存在するように見えるつながりは、何か別の要因によるものだったのだろうか？

制度が発展にもたらす影響

過去2世紀を通じて、裕福な国のほうが民主的であることが多かった。[12] 人によっては次のように主張したりもした。民主主義は社会の特定の利益集団に打ち勝つ力を大衆に与え、それによって機会の平等を進めたり、業種の枠を超えて才能を適所に振り分けたりし、それが今度は生産性の向上をもたらし、経済の繁栄を促進する、と。別の言い方をすれば、民主主義は政治の面で包括的だから、経済の面でも包括的だというのだ。

だが、民主国家はより迅速な経済成長を経験したとはいえ、それは必ずしも、民主主義が成長をもたらすということではない[13]。むしろ、経済成長があったからこそ、政治の現状に挑み、民主的改革を推進する力をもつ中産階級が出現したのかもしれない。つまり、包括的な制度は成長の原因ではなく、結果だったかもしれないのだ。現にいくつかの研究が、経済成長が民主化をもたらすという「近代化仮説」を支持している[14]。あるいはこの正の相関関係は、民主主義と繁栄の両方を促進する別の要因の影響を映し出しているのかもしれない。たとえば、ある民主国家で、その土地に固有の原因によってたまたま経済成長が起こったものの、地理的にも文化的にも近いほかの国々でその民主国家の技術と民主的な制度の採用が促され、それが民主主義と経済成長の正の相関を生んでいた可能性もある。

この難題を解決する有望な方法がある。地域の経済発展とは無関係な力によって引き起こされ、ある地域では突然の制度の変更をもたらし、他の地域ではもたらさなかった歴史的な出来事の影響を検証するというのがそれだ。制度の変更が起きた地域とそうでない地域とで、長年のあいだに経済の繁栄の度合いにどのような違いが生じたかを比較すれば、制度がもたらす影響と交絡《こうらく》因子〔調査の対象以外でありながら結果に影響を与える背景因子で、因果関係の判断を惑わせるもの〕とを切り離すことが可能になるだろう。征服と植民地主義にまつわる出来事が、この種の準自然実験の例を提供してくれる。

収奪的な制度が経済の発展にもたらす根強い悪影響についての格好の一例が、スペインのコンキスタドール（征服者）がラテンアメリカに作った「ミタ制」という強制労働制度だ。ミタ制により、特定の地域にある先住民の村々では、男性労働者の7分の1がスペインの管轄する銀山で働かされた。この制度は1812年に廃止されたが、それまでミタ制が行われてきたペルーの地域は今もなお、ミタ制が行われなかった近隣の地域に比べて、貧困の度合いや子どもの栄養不良の率が高い。こうした調査結果は、次の二つの長期的影響を反映しているように見える。一つには、ミタ制が敷かれた地域では銀山での強制労働を避けようと、村でいちばん生産性の高い男たちがよそへ移住してしまったこと。もう一つは、ミタ制が敷かれた地域の外に大きな農耕共同体が出現し、それがそれぞれの村の公共インフラの発展を支え、住民の長期的な幸福や健康に貢献したことだ。[15]

フランス革命後ほどなく起きたナポレオンによるプロイセンの一部領域の占領からも、類似の例が引き出せる。フランスは占領した地域で、法の下の平等を土台にした法制度や、ギルドによる独占の廃止、プロイセン貴族の特権の縮小など、経済成長を促す包括的な制度を打ち立てた。侵略は占領地域の混乱や搾取と結びついているのが普通だが、プロイセンではフランスが撤退して何十年も過ぎたあとでさえ、旧フランス占領地域は占領されなかった近隣地域に比べて経済が発展し、それが高い水準の都市化として表れていた。[16]

こうした歴史上の事例はそれぞれ、制度が発展の過程に長期的な影響を実際に及ぼす可能性があることを示しているようだ。だが、植民地主義や征服の歴史をもっと広く眺め渡しても、それが裏づけられるだろうか？

植民地主義の遺産

植民地時代には、支配している側の宗主国が途方もなく豊かになる一方、植民地の先住民や奴隷にされたアフリカ人は何世代にもわたって困窮した。前の章で見たように、このような両者の境遇の明確な違いは、産業革命のただなかに植民地貿易によってさらに拡大した。世界中の広大な植民地で、宗主国はしばしば、先住民に壊滅的なまでの恐ろしい影響を与えた。だが、もっと長期的に見れば宗主国――主にイギリス、フランス、ポルトガル、スペイン――が敷き、残していった広範に及ぶ政治と経済の制度は、植民地の独立後の生活水準にさらに持続的な影響を及ぼしたとも考えられる。

北アメリカやオーストラリアやニュージーランドのうち、かつては比較的人口が少なく、技術もあまり進んでいなかった広大な地域は、植民地化されたあと、急速な経済成長を遂げた。むろん、その成長を経験したのは先住民ではなく、ヨーロッパから移住して急増していた人々ではあったが。逆に、アステカ、インカ、マヤなどの文化が栄え、先コロンブス期にもっとも進んだ文明を生み出したメソアメリカや南アメリカの人口密度の高かった地域は、近代以降は発展が緩やかで、北アメリカのヨーロッパ人植民地に追い越されてしまった。[17]

これは大半の人にとって予想外の、境遇の逆転劇だった。フランスの哲学者ヴォルテールは、1756年から63年にかけてイギリスとフランスが北アメリカの領土を争ったことを「雪だらけの小さな一画」の奪い合いとけなしたが、そのように考えたのは彼だけではなかった。この七年戦争はイギリスの勝利で終わり、続いて行われた領土交渉の際、イギリスは北アメリカのフランス領ではなくカリブ海域諸島のフランス植民地を要求すべきだ、と多くの人が主張した。前者は当時、植民地戦争によって荒廃したばかりだったが、後者は奴隷労働によるプランテーション経済で巨大な利益を生み出していたからだ。[18] ところが後年、「雪だらけの小さな一画」は地球上でも指折りの裕福な地域となった。この明らかな境遇の逆転劇をもたらした原因については、過去数十年にわたって学界で激しい議論が繰り広げられてきた。植民地主義の遺産は、長期の発展にどのような影響を与えたのだろう？　繁栄した国家に成長した元植民地もあれば、貧困にはまり込む元植民地もあったのはなぜなのか？

元植民地のおかたに宗主国の法制度が引き継がれた事実に焦点を当てる仮説がある。かつてのイギリスの植民地や保護領だったオーストラリア、カナダ、香港、インド、ニュージーランド、シンガポールなどでは、イギリス式のコモン・ロー（判例法）の制度が取り入れられ、スペインとポルトガルの植民地だったアンゴラやアルゼンチン、ボリビア、ブラジル、チリ、コロンビア、メキシコなどでは、シビル・ロー（ローマ法の流れを汲む大陸系の制定法）の制度がさまざまな形で受け入れられた。コモン・ローの制度のほうが投資家や財産権を強く保護し、実証研究は、コモン・ローの法制度の採用と経済的繁栄とのあいだに正の相関関係があることを示している。イギリスの元植民地は1人当たりの所得を目安にすると、イギリス以外の国の元植民地を上回る長期的繁栄を享受してきた[19]。それでも、イギリスがたまたま、経済的な潜在能力の高い地域を植民地にしたという可能性や、イギリスからの入植者自身が経済を動かすための特定の技能や姿勢や取り組み方をもたらしたという可能性も、捨て去ることはできない。

異なる気候条件もまた、植民地化がその土地の制度にもたらす長期的な影響に関わった可能性がある。中央アメリカとカリブ海域諸島の気候や土壌は、コーヒー豆や綿花、サトウキビ、タバコを育てるのに最適だった。これらはみな、効率的な栽培には巨大なプランテーションが必要な作物だ。したがって、植民地時代にこれらの地域に現れた農業部門は集約的な土地所有を特徴としており、そのような土地所有が不平等な富の分配や強制労働、さらには、あらゆる制度のなかでもっとも収奪的な奴隷制にもつながり、不平等を定着させ、成長を阻害した。実際、それ以後の時期にさえ、中央アメリカや南アメリカ、カリブ海域諸島、アメリカ合衆国南部での土地所有の極端な集約化は、経済発展を妨げた。第4章ですでに見たように、土地所有の集中度が高い場合にはよくあることだが、収入を農村の労働力に大きく、あるいは全面的に頼っていた地主は、教育を受けた人材の需要が高い都市部に労働者が流出するのを防ぐため、公教育への投資を抑制するという強い動機をもっていた。こうした力は人的資本の蓄積や工業化や経済成長を直接遅らせた。[20]

それに対して、北アメリカの植民地の気候条件は（アメリカ南部を別として）穀物栽培と畜産の混合農業に向いていたので、小規模農家のネットワークの発展や、より平等な富の分配や、民主主義と法の下の平等と財産権の保護などの包括的な政治制度の導入を促進し、それが長期的な繁栄につながった。[21] 皮肉にも、当時のそうした制度はそれ自体、非常に差別的なものだった。市民的自由の否定や、アフリカ系アメリカ人とアメリカ先住民に対する搾取が、この「包括的」な制度の不可欠な要素だったからだ。

この仮説に関連した別の仮説によれば、かつては北の隣人より技術面で進んでいたメソアメリカと南アメリカがアメリカ大陸全体の中でも貧しい部分になってしまったのは、先コロンブス期に見られた人口密度の違いの間接的で恐ろしい結果なのだという。先コロンブス期というマルサス時代には、技術の発展と人口密度は直結しており、人口密度の高い地域は文明が進んだ地域であるのが普通だった。したがって、繁栄していた地域では、植民地政府は、大量の地元民の富を収奪する制度を作る動機が強まった。植民地がのちに独立を勝ち取ったとき、ヨーロッパの宗主国のあとを継いだ地元の有力者は、収奪的で成長を妨げる制度を継続し、経済的・政治的な格差を持続させることで自身が利益を得た。その結果、それらの地域はいっこうに発展できなかった。[22] それとは対照的に、人口密度が低くあまり発展していなかった地域では、植民地政府は一般に、先住民を殲滅《せんめつ》したり追い出したり服従させたりしたあとで、その地域に入植し、自分たちで地域を発展させる傾向があった。そのため彼らは包括的で成長を促進するような制度を自分自身や子孫の利益のために樹立した。こうした制度はアフリカ系アメリカ人やアメリカ先住民に対してはきわめて差別的だったものの、これらの地域の全体的な経済発展に貢献し、境遇の逆転劇を推し進めた。

ところが、植民地時代には制度の転換以外にも各種の転換が植民地で起こったし、地域ごとの成長の潜在能力はけっして一様ではなかった。農業と気候に関わる特性に大きな違いがあったからだ。こうしたさまざまな力のもつれを解きほぐし、制度がもたらした持続的な影響だけを取り出すにはどうしたらいいのだろうか？

ヨーロッパの人々は、マラリアや黄熱《おうねつ》などの病気による死亡率が比較的高い植民地にはあまり大人数で移住しない傾向があった。それらの地域に移り住むヨーロッパ人の大半は、北アメリカに移り住んだ人々とは違い、入植者ではなく一時的な任務でやってきた支配階級のエリート、つまり役人や軍人であり、彼らがそこで打ち立てた制度は、地元民を搾取したり奴隷化したりするためのものだった。それに対して、ヨーロッパの移民が大勢住みついたのが、前述のような致死的な病気にかかる率が比較的低い北アメリカなどの地域だった。彼らは、ヨーロッパ人のいっそうの入植や長期的な経済成長を促進するような、より包括的な制度の成立を後押しした。植民地時代が終わり、独立を果たしたアメリカやカナダ、オーストラリア、ニュージーランドはこうした半包括的な制度をそのまま維持したが、アフリカやラテンアメリカやカリブ海域諸島では、それまでの収奪的な制度を地元の有力者の多くが引き継ぎ、永続化させてしまった。

したがって、さまざまな入植者集団の死亡率は、その後に生じた現代の制度の性質を占う予測因子として働く可能性がある。そして、入植者の死亡率（さらには、その根底にある、病気が蔓延しやすい環境）が現代の経済の繁栄に直接の影響は何も及ぼさないとするなら、この死亡率は、制度が経済の繁栄を引き起こしたかどうかを評価するための変数として使うことができる。この手法を使った複数の研究からは、過去の統治制度が、たしかに現代の国の豊かさに大きな影響を与えたことがわかる。[23]

もっとも、この見方には批判もあった。入植者にとって致死的な病気は先住民にとってもやはり致死的だったかもしれず、政治制度を通じた間接的な影響とは別に、病気の蔓延そのものが先住民の生産性を下げ、ひいては繁栄を妨げた可能性がある、というのだ。[24] たしかに、過去に入植者の死亡率が高かった地域では、今もほかより死亡率が高い。だとすれば、これらの地域で何世紀にもわたって経済の発展が遅れてきたのは、もしかしたら、病気が猛威をふるう地域に作られた植民地制度の性質だけのせいではなく、病気が蔓延しやすい危険な環境そのもののせいでもあるのかもしれない。

植民地の制度の影響をヨーロッパ人入植者の技能の影響から切り離すことも、同じぐらい難しい。ヨーロッパの人々は、植民地に移住して先住民の大半に取って代わったとき、ヨーロッパの故郷との商業的な結びつきに加えて知識や技能も携えてきた。実際19世紀には、ヨーロッパから移り住んだ人々が大勢まとまって暮らしていた植民地は、主として先住民で構成されていた植民地に比べて経済成長を遂げる割合が非常に高かったことが、証拠から窺える。[25] 制度がもたらす大きな影響に見えるものは、ヨーロッパ移民自身が人的資本をもち込んで経済の発展に直接及ぼした影響を、部分的に反映しているのかもしれない。過去の人的資本の水準は政治制度の性格や質以上に、現在の1人当たりの所得を正確に予測する、と主張する人さえいる。[26]

この視点に立つと、北アメリカの経済がメソアメリカや南アメリカの経済と比べて速く発展したのは、一見すると境遇の逆転劇であっても、じつはそうではない。それは明らかに、植民地時代以前からその地に住んでいた人々の境遇の変化を反映していない。北アメリカの先住民は、撲滅されるか、あるいは追い出されるかしたのだから。むしろ北アメリカの経済発展が示しているのは、境遇の持続だ。今日、北アメリカの裕福な地域の大半が、世界の裕福な地域から移住してきた人々の子孫の故郷になっている。[27]

これまた触れておく価値があるのだが、植民地の制度が経済発展の行方を決める力は、地域によっては、もともと存在していたほかの制度の力にかなわなかったかもしれない。アフリカ大陸について考えてほしい。アフリカの多くの民族集団は、「アフリカ分割」として知られる時代（1884〜1914年）にヨーロッパの列強によって押しつけられた人工的な国境線により、恣意的に分割された。これらの国境線は、同じ民族性や、部族の組織、言語を共有していた地域を異なる国に分け、それぞれの中央統治制度に従属させた。興味深いことに、現在のアフリカでの経済発展が主に、植民地時代から存続してきた国の中央の制度よりもむしろ、それ以前に存在していた地元の社会の構造や民族の制度に影響されていることを、証拠が示している。[28]

要約すると、こういうことだ。植民地時代には、地理的な特性や病気の蔓延しやすさや人口密度を反映して、収奪的な制度が形成されて存続する植民地もあれば、もっと包括的な制度が広まる植民地もあった。最近の一連の証拠によれば、重要な交絡因子、とりわけ病気の蔓延しやすさや植民者の人的資本が、確固とした定量的結論を妨げている可能性があるものの、こうした制度がかつての植民地の経済発展に多大な継続的影響を与えたことが窺われる。だが、植民地化されなかった社会はどうだったのか？　そうした社会の制度の起源は何なのだろう？そしてなぜ、技術の進歩や経済の繁栄につながるような制度は、たとえばアジアの大きく高度な文明ではなく、ヨーロッパで最初に生まれたのか？　そして同じヨーロッパの中でも、なぜフランスやドイツではなく、イギリスで先に現れたのだろうか？

制度の起源

歴史の重大な曲がり角で、たとえば戦争や疫病の発生によって、あるいは気まぐれな指導者やカリスマ的な指導者や残忍な指導者によって、はたまた運命のいたずらによって引き起こされた制度改革は時折、各国の発展の道筋を大きく分ける直接の原因となってきた。[29]もし中世のヨーロッパが黒死病に襲われていなかったら、あるいはジェイムズ2世がオレンジ公ウィリアムを戦場で撃退していたら、イングランドの封建制や絶対君主制はもっと長く続き、産業革命は結局、別のどこかで、あるいは別の時期に起きていたかもしれない。実際、朝鮮半島の例に見られるとおり、北緯38度線に沿って国家を二分するような、かなり気まぐれな政治の決定が同じ国の人々を両断し、地理と文化の基本的環境が安定しているのにもかかわらず、まったく異なる経済的運命をたどらせる場合もある。言い換えれば、重要な節目で起こった制度上の変化がついには経済成長の道筋を二股に分ける岐路となり、国家間の格差を生むかもしれないということだ。そして、本来、長く変わらない地理や文化の要因とは違い、制度は非常に急速に変化し得る。まさにそうだからこそ、とりわけ劇的な影響をもたらす可能性がある。

そうは言っても、制度が「ランダム」に変化することはめったにない。制度とは普通、何世紀も生き残るものであり、たとえ技術や商業の発展が緊急の改革を求めたときでさえ、非常にゆっくりと適応するものだ。実際、制度の最大の影響力は、その継続性と、継続するからこそ制度が発展に及ぼす持続的作用とにあるのかもしれない。ラテンアメリカの収奪的な制度や、北アメリカの成長促進型の制度がそれぞれもたらした影響が、それを裏づけている。

制度はたいがい、長期的な圧力や潮流に応じて徐々に進化してきた。たとえば、社会の複雑性が増したり、環境の変化で交易の新しい機会や公共インフラの需要が生まれたり、気候条件のせいでみなが協力して灌漑施設を造らざるを得なくなったり、人口の規模や多様性が増した結果、社会が団結する重要性が高まったり、というような圧力や潮流だ[30]。世界各地の植民地化されなかった国々に存在する制度の起源に光を当てるには、こうした他の要因、つまり文化や地理や社会に関わる要因を検証する必要がある。

さらに、西ヨーロッパの民主国家間に見られる大きなばらつきの検証に取りかかると、経済の繁栄度の違いを政治制度の力では説明しきれなくなりかねない。なにしろ、2020年の1人当たりの所得は、ギリシアの1万7676ユーロからスウェーデンの5万1126ユーロやスイスの8万6602ユーロ、ルクセンブルクの11万5874ユーロまでさまざまなのだ[31]。同様に、たとえば19世紀後半に政治的に統一されて以来、原則として同じ中央統治制度に従ってきたイタリアには、南部と北部に大きな格差が存在しているのを見ればわかるとおり、一国の内部にさえ数世紀にわたって大幅な格差が持続している理由を説明するには、ほかにも要因を見つけることが間違いなく必要になる。

成長を促進するような政治と経済の制度が、技術の進歩と人口の規模や構成とのあいだの好循環を強め、近代的成長の時代への移行を速めてきたことは、すでに見た。逆に、成長を遅らせるような制度がこの循環に歯止めをかけ、発展を阻み、経済の長期的停滞をもたらすことも、すでに見た。だが、これから明らかにしていくように、文化や地理や社会の幅広い要因が制度に影響したり制度と相互に作用したりし、それによって技術革新や人的資本の形成を妨げられた地域もあれば、技術の進歩や教育への投資が進み、人口転換が促された地域もあった。

こうした要因の役割を正しく理解するためには、歴史をさらに遡る必要がある。まずは、成長の過程に影響した文化の特性の起源を探究することにしよう。

第9章 文化的な要因

「金持ちが天国に行くのは、ラクダが針の穴を通るより難しい」とイエス・キリストは言った。これは、キリスト教の最初期の創始者たちにとって共通のテーマだった。それから何世紀ものあいだ、キリスト教の神学者は、霊的成長や救済の障害になるものとして個人の富の追求には反対の立場をとってきた。使徒パウロは「金銭を愛することは、すべての悪の根である」とまで言ったという。のちの神学者も同様の考えをもち、トマス・アクィナスは13世紀に、「貪《どん》欲《よく》」は罪だ、と宣言した。さらにキリスト教は、最後の審判の日に社会のありようは覆され、へりくだった者が「地を受け継ぐ」と説いている。[1]

1517年、全キリスト教世界が激しく揺さぶられた。ドイツの修道士で神学者のマルティン・ルター（1483～1546年）が「九五箇条の意見書」をヴィッテンベルクの教会の扉に釘で打ちつけ、カトリック教会による免罪符の販売を公然と非難したのだ。ルターの意図はカトリック教会と袂《たもと》を分かつことではなく、教会を改革することにあったのだが、続いて起きたルターと教皇擁護派との激しい論争で、修復しがたい溝が生まれた。1520年、教皇レオ10世はルターを破門すると公式に脅し、ルターはこれに対して、教皇勅書を教会法の記された文書とともに公衆の面前で燃やすという挙に出た。ルターは、カトリック教会と自分をつなぐ最後の橋をも炎の中で焼き捨て、キリスト教世界にルター派という明確な勢力を形成し、西ヨーロッパでの宗教改革の火をつけた。

プロテスタンティズムは、倹約や起業家精神や富などさまざまな問題に関する新しい宗教の規範と信念の波を起こした。第5章で述べたように、教会には人と神を仲介する役目などない、とルターは主張し、聖書を独自に読むことを人々に勧めた。自ら聖書を読むというこの画期的な営みは、読み書きの能力を身につけたいという動機を信奉者に抱かせた。プロテスタンティズムの一派であるカルヴァン派を創設したフランスの神学者ジャン・カルヴァン（1509〜64年）は、信心深いキリスト教徒はみな勤勉に働き、質素な生活を送り、浪費や放蕩《ほうとう》を自制して神に仕える義務がある、と説いた。経済的成功は、その人物が神の恩寵《おんちょう》を得ているしるしであり、救済を定められているしるしという可能性すらある、というのがカルヴァンの考え方だった。キリスト教のその他の新しい宗派もまた、富の蓄積を好意的に捉えた。たとえば18世紀イングランドの牧師でメソジスト派を創設したジョン・ウェスレー（1703〜91年）は、蓄財して慈善のためにそれを気前よく寄付するよう信者に熱心に勧めた。[2] ドイツ、スイス、フランス、イングランド、スコットランド、オランダで勢いを増し、ほどなく北アメリカにも広がったキリスト教のこうした宗派は、宗教改革前からあるシトー会などとともに、経済成長には付き物である倹約や勤勉といった文化的特性の出現を促した。[3]

プロテスタンティズムは実際、文化的特性と経済成長とのつながりに関する近代的思考の最初の種をまいた。とりわけ有名なのが、1905年にドイツの社会学者マックス・ヴェーバーが著した『プロテスタンティズムの倫理と資本主義の精神』だ。プロテスタンティズムは、現世で富を築く能力は天国に行ける可能性の高さを示していると人々に確信させるのに貢献した、とヴェーバーは主張した。富は目的そのものとして正当化される一方、怠惰は恥の源泉というふうに解釈が改められたという。ヴェーバーはこうして、プロテスタンティズムの倫理は西ヨーロッパの「資本主義の精神」の源泉である、と論じた。

ヴェーバーの主張は、資本主義の出現の過程で、マルクスが強調した物質的な力よりも思想の力を重視しているとして批判を集めた。だが、「プロテスタンティズムの倫理」が経済成長を促す文化的特性の出現を後押ししたのは間違いない。19世紀のあいだ、プロイセンでもプロテスタントの人口が比較的多かった地域では、同時代の他の地域よりも、実際に識字率や経済の繁栄度が高かったし、教育への投資に積極的なプロテスタントの傾向は、この宗派が経済の繁栄に与える長期的な影響を強めた。[4] さらに、かつて神聖ローマ帝国に属していた地域からの証拠によれば、プロテスタンティズムには今日、起業家になる人の割合が著しく高いことと関連性があるという。[5]

プロテスタンティズムの倫理が成長の過程にどれだけ重要かにかかわらず、非常にはっきりしているのは、経済の発展の過程で文化が重要な、時に決定的な役割を果たしていることだ。

文化の力

社会に行き渡り、世代から世代へと受け継がれる共通の価値観や規範、信念、嗜好などの文化的特性は、社会の発展の過程にしばしば大きな影響を与えてきた。なかでも、家族の強い絆や個人間の信頼、個人主義、未来志向、人的資本への投資の維持に人々を向かわせたり、逆にそれらから遠ざけたりする文化の側面が、長期にわたる大きな影響を経済に及ぼしてきた。[6]

文化の特性と個人の特性との境界は、不明瞭に見えることが多いかもしれない。子どもの教育に多大な投資をするにしても、自分の属する社会的・民族的・宗教的集団の価値観に従ってそうする人もいれば、人生経験や育ち、家庭環境を反映する個人の特性に駆り立てられてそうする人もいるかもしれない。それでも、個人の価値観や信念や嗜好が本人の社会的背景や文化的背景と無縁であることはまれだ。そして、こうした規範の相違が、本人がどのような民族集団や宗教集団や社会集団に属しているかということと明らかに関連しているときは、規範の相違いはかなりの程度まで、個人の違いというよりも文化の違いの表れと見てよさそうだ。言い換えれば、集団間の格差を理解するために肝心なのは、文化的要素なのだ。

では、文化的な特性はどのように生まれ、存続してきたのか？　そして、人類の歴史を通じて、社会の発展にどのように影響してきたのか？

ユダヤ教には、ごく自然に生まれた文化的な特性が、当初は予見できなかった利点のおかげで持続し、結局、長期にわたって影響をもたらした例がある。今から2000年近く前、ユダヤ教内部で宗派同士が権力を争うなか、すべての人に読み書きを教えることを数人の賢人が提唱した。とりわけ有名なのが、紀元前1世紀のラビ（ユダヤ教の指導者）のシモン・ベン＝シェタハ（ファリサイ派）と、それから約1世紀後の大祭司ヨシュア・ベン＝ガムラで、彼らは、ユダヤ教徒には息子に教育を受けさせる義務がある、と主張した。第5章で述べたように、この方針の実施は大変な難題だった。当時、識字率は極端に低く、読み書きの能力を必要とする職業はほとんどなく、大半の家庭は息子の労働力なしでは立ちゆかず、息子に教育を受けさせる金銭的余裕もなかった。[7]

このように文化が物事を主導する例は人間社会によく見られるが、実のある文化的変容を長年にわたってもたらすほど文化の推進力が持続することはめったにない。[8]だがユダヤ教徒の教育の場合は、一連の出来事が相まって、この文化的変化を脈々と存続させた。西暦66年にユダヤ地方で始まったローマ帝国に対するユダヤ戦争を終わらせたあと、ローマ人はエルサレムを破壊し、神殿を打ち壊した。エリート祭司階級のサドカイ派や、ユダヤ人の独立を求めて戦うゼロテ派（熱心党）をはじめ、ユダヤ教の主流派のいくつかは絶えた。一方、比較的穏健なファリサイ派は生き残った。ファリサイ派は、エルサレム神殿での礼拝よりも律法を学ぶことを重視する宗派で、この派がユダヤ教世界の主流になった。学問を重んじるファリサイ派は、人々が教育を受けることを推奨し、のちには、息子を学校に送らない家庭に対して文化的な制裁を加えさえしたので、図らずも、貧しい家庭にユダヤ教を捨てさせることになった。

西暦3世紀初頭、ローマ占領下のユダヤ人社会の長だったラビのイェフーダー・ハン＝ナーシーもまた、打ち負かされたユダヤ教徒の残存者を強化しようと、聖書を読んでその戒律を実践することの重要性を説いた。それに続く数世紀のあいだ、ユダヤ人は故郷を追われ、離散して移った地域では彼らの土地所有を禁じる法が出現したので、本質的に移動可能な資産である人的資本の獲得は、投資としておおいに魅力や価値を増した。その後、イスラム教世界や中世のヨーロッパは都市化が進み、教育を受けた労働者の需要が高まって、この文化規範がもたらす利益はさらに増し、農業を土台とする仕事をしていたユダヤ人が商業的で教育集約型の都会ならではの仕事に就くという、長期的な流れに拍車がかかった。

生物学的な変異に似て、文化的な変異の最初の出現も「ランダム」かもしれないが、それが生き残るか消えてしまうかは、偶然によっては決まらない。[9] 読み書きを身につけて書物から学ぶという規範は、ユダヤの賢人による命令やルターの説教がなかったら、ユダヤ人やプロテスタントの社会にそもそも出現しなかったかもしれない。だがその規範は、もし採用した者が便益――この場合で言えば、商業的な便益や経済的な便益――を得られなかったら、これほど社会に根づかなかったことはほぼ確実だ。そうした便益がもたらされることを、最初に聖書の研究を唱えた人々は想像も祈願もしてはいなかっただろうが。

場所や時代を問わず社会は必ず、人々が暮らす環境に適応するために、異なる規範を発達させてきた。さまざまな時代にさまざまな文明の思想家や指導者が、規範や価値観や信念を改革しようと無数の構想を打ち出してきたが、それらが持続し、文化上の重要な変化を生み出したのは、地理的な特性や気候の特性、病気の蔓延しやすさ、技術や商業や社会の状況のどれかのおかげで、新しい文化的特性の恩恵が増したときがほとんどだった。

人類は、たとえば食事や財産権、社会の結束、家族の構造、男女の役割を規定する伝統や規範を発達させてきた。社会の中にいる人はしばしば、そうした伝統は時を経ても変わらない紛れもない真理にもとづいていると考え、必ずしもその本来の目的を知らなくても、あるいはそれらが存在する適応上の理由を理解していなくても、たいていそれらを遵守し、持続させる。[10] 既存の文化規範の根拠を問いただすことなく、ひたすらそれに従おうとするこの心理的傾向は、生存上の利点をもたらしてきた。人間の生物学的特性や集団意識についても、人間の生きる場所に影響を与える生態学的要因についても、科学知識をほとんどもたない社会が、複雑で当てにならない環境でも栄えることができた。世代を超えて試行錯誤を繰り返しながら蓄積され、古来の伝統や永遠の信念や普遍的な掟《おきて》という形で引き継がれてきた知恵のおかげで、人々はまるでそうした知識を本当にもっているかのように振る舞うことができたからだ。たとえば衛生面での不備や、野生の植物のなかで有毒なものとそうでないものを見分ける能力の限界に対応して定められた、食べ物についての規則を受け継ぐことで、新しい世代は自ら危険を冒しながら学んだり適応したりする過程を免れられた。

世界の文化がこれほど多様なのは、それぞれの社会が独自の生態的地位や歴史的状況に適応した結果だ。[11] したがってこの過程は、地域間で規範の優劣を生むことはなかった。それにもかかわらず、文化人類学という分野の始祖であるフランツ・ボアズが主張しているように、ほとんどの文化に共通する唯一の特徴は、自分たちの規範こそが遍《あまね》く妥当であるという間違った、時に有害ですらある確信だ。このように思い込む傾向は、多くの社会で人種差別という文化的特性が現れる一因となったかもしれない。自分たち以外の人々や文化を劣ったものとして、あるいは人間以下のものとして描く手法は、しばしば征服者や宗主国によって、搾取や奴隷制度や集団殺害《ジェノサイド》を道徳的に正当化するために使われるとともに、植民地化する側とされる側とのあいだに巨大な格差を生む要因になった。[12]

驚くまでもないが、根強く残る規範の多くは、それを遵守する人々の長期的な繁栄につながるものだ。たとえば、地理的な特性のせいで棚田や灌漑施設などの公共の農業インフラを築く必要があった地域では、人々がより幅広く協力しあう傾向が強まった。植え付けという投資をすればかなりの期間にわたって収穫の恩恵を享受できる農業共同体では、未来志向性の強い行動が取り入れられるようになった。気候が不安定なので危険を共有する必要がある地域では、見ず知らずの人を信頼しやすい性向が生まれた。こうした特性は、さまざまな時代にさまざまな場所で現れたが、社会全体に利益をもたらしたので、どれも長続きし、広まった。

だがその後、世界のある地域で劇的な転換が起こり、成長を促進するこうした特性が一気に活性化され、「成長の文化」が生まれることになった。

成長の文化

人類の歴史の大半を通じて、祖先から受け継いだ規範や信念や嗜好に疑問をもった人は、それらに代わるもっと効率的なものを作り上げようとすれば、苦労する羽目になったことだろう。文化にまつわる知恵や伝統はそれが生存を助けるからこそ大切にされてきた。そして、そうした知恵や伝統が人々の幸福や健康にどのように貢献しているのかをほとんどの人は深く理解していなかったので、それらの妥当性を疑問視することは進化の観点からは危険だっただろう。そのため、歴史上の人間社会のほとんどは、技術や哲学や科学の大きな進歩を伴うような、文化の急激な変化には抵抗してきた。文化は変化を受け入れる代わりに、しばしば古い祖先の思慮分別を重んじ、郷愁と理想主義の混じりあった気持ちで遠い過去を敬った。たとえば正統派ユダヤ教には、「世代の衰退」という教義がある。これは、過去の世代のほうが賢く、神に近く、何千年も前のユダヤ教の賢者による聖書の解釈は深遠で念入りに検討されており、それに張りあうのは難しい、という信念だ。

だが、技術の変化がさらに速まり、とうとう保守主義の利点が失われ始めると、昔ながらの知恵に対する敬意は徐々に衰えていった。イングランド系アイルランド人の作家ジョナサン・スウィフトが1704年に著した風刺作品『書物合戦』には、この時代の精神をひときわ鮮やかに描いた一節がある。そこでは、新旧の書物が図書館の中で命を帯び、争う。これは、ルネサンス期に人文主義の勃興とともに始まり、17世紀を通じて影響力を増し、この作品が書かれた当時、ヨーロッパ大陸を揺るがしていた論争のメタファーだ。一方の側には「現代人《モダナー》」がいて、もう時代や価値観は変わったのであり、ギリシアやローマの古典時代の思想を乗り越えて進歩を遂げるのは可能だ、と主張した。もう一方には「古代人《エンシェント》」がいて、古典時代の思想家の叡智《えいち》は永遠で普遍的であり、現代の哲学者や作家は、何よりもそれらの保存や復旧や模倣に専心するべきだ、と主張した。

この反目は歴史の中に稀有《けう》な瞬間を刻んだ。前向きの思考をする哲学者たちが初めてライバルよりも優位に立ったのだ。1784年、イマヌエル・カントは「啓蒙とは何か」という小文に、次のように記した。

啓蒙とは、人間が自らに課した未成年の状態から抜け出ることである。未成年の状態とは、他者の導きなしには自らの悟性を用いる能力がないことである。この未成年状態の原因が悟性の欠如にではなく、他者の導きがなくとも自らの悟性を用いる決意と勇気の欠如にあるなら、未成年状態の責任は本人に帰せられる。あえて賢くあれ（*Sapere aude*）！　したがって啓蒙の標語は、「汝《なんじ》自身の悟性を用いる勇気をもて」となる。[13]

啓蒙主義は人間に向けて、自らを信頼し、時代後れの文化の伝統を拒絶する強固な意志をもて、と呼びかけた。それは世界に対する、もっと懐疑的で経験的で柔軟な取り組みを促すものであり、過去の伝統への信頼にもとづいてではなく、より良い世界は科学や技術や制度の進歩を通じて築くことができるという信念にもとづいて、新しい文化を創造することをめざしていた。変わりゆく環境に速やかに適応するのにふさわしいこの見解を、経済史家のジョエル・モキイアは最近、「成長の文化」と表現した。[14]

技術や社会の変化が劇的に速まるにつれ、このような精神を採用できる立場にある個人や社会が栄えるようになった。これは、進歩の速度がもっと遅く、古代文明の叡智への崇敬や伝統の遵守より啓蒙主義の精神が有利でないことが多かったそれまでの時代からの、劇的なパラダイムシフトだった。

もっとも、文化の本質と目的とはあくまで保存と持続であり、過去を拒絶したり変化を称《たた》えたりすることではない。だから、そこには自ずと緊張が生まれ、大半の社会にとって急速な変容は困難か、あるいは実行不可能だったのだ。

文化はゆっくりしか進化しない

「倹約遺伝子仮説」によれば、私たちの遠い祖先は進化的適応のおかげで、身体に脂肪を蓄積しておくことにより食べ物の乏しい時期を生き抜けるようになったという。ところが、食糧が豊富な今日にはその適応が仇《あだ》をなし、世界中に病的肥満が蔓延して病気や死亡につながる大きな要因になってしまったのだそうだ。[15] 現代には不利であるにもかかわらず、まだこの特性が存続しているのは、生物学的な特性はたいてい人間の生活環境よりもゆっくりと進化するという事実の表れだ。

文化的特性はもちろん、生物学的な特性とは異なる。遺伝子とは違って文化的特性は、世代から世代へと垂直に伝達されるだけでなく、同年代の人のあいだで水平にも広まる。こうした社会的な伝達は、学習や模倣、教育、タブーを通じて起きる。つまり、文化的特性は私たちのゲノムよりもはるかに高速で進化し得るのだ。とはいえ、文化的特性の進化もこれまで、生活水準の変化ほど速くはなかったし、制度の変化とは違い、環境の大きな変化に直面したときにさえ、急速な変容をすることはまれだ。

イタリア半島の南部と北部がたどった異なる発展の道筋からは、文化の慣性が経済の発展にもたらす影響が見てとれる。1871年以来、イタリアは政治的にも法律的にも経済的にも単一の制度によって治められる単一の共和国だ。朝鮮半島とは違い、イタリアには南北を分ける国境線はない。それにもかかわらず、北と南には著しい違いがある。南部の大半では1人当たりの所得が、豊かな北部のわずか3分の2程度なのだ。

1958年、アメリカの政治科学者エドワード・バンフィールドはある説を発表して反響を呼んだ。それは、イタリア南部が北部ほど繁栄していないのは、家族の絆が強いからではないか、というものだ[16]。バンフィールドによれば、家族の絆が強いとそれだけ親族集団以外の人への信頼が弱まって、共通の公的な目標に向かって協力しなくなり、そのせいで地域経済の繁栄水準が下がったのだという。バンフィールドの説のとおり、親族の絆の強さはたしかにイタリアでは地域ごとに大きく異なることを、最近の研究が示している――そうした差はもっと一般的には国ごとに見られるものだが。また、核となる家族の絆が強いと、社会への信頼や政治参加や、職場での女性の地位、地理的な流動性の水準に悪影響が出る傾向がたしかにあるようだ[17]。そして、ノーベル経済学賞を受賞したアメリカの経済学者ケネス・アローが述べているように、商取引は信頼を頼みにしていることが多く、それが欠けていると交易に害を及ぼす。だからイタリア南部では、血縁以外の人間をあまり信頼できないせいで、北部と比べて経済発展が阻まれてきたのかもしれない[18]。

だが、こうした他者への信頼度や家族の絆の相違は、そもそもどうして生まれたのか？　バンフィールドの研究から30年近くあと、アメリカで公共政策を研究していたロバート・パットナムはバンフィールドの説と肩を並べるほど反響を呼ぶことになる本を発表し、こうした違いの謎に対する説明を示した。今から1000年前、イタリア南部はノルマン人の君主たちの統治下にあり、封建的な経済体制が敷かれていた。一方、北部の都市は神聖ローマ帝国のくびきを打ち捨てて以来、ある程度の自由を享受しており、より民主的な制度を発達させた[19]。したがって、北イタリアの市民は昔から政治に積極的に参加し、社会活動にも貢献し、まわりの人をかなり信頼してきたが、南イタリアの人々は強固な階層構造をとる政治制度の中で限られた発言権しかもてないことに徐々に慣れてしまった。パットナムによれば、こうしてイタリアの北部では民主主義につながる文化が育まれたのに対し、南部の多くの地域は古い封建的な秩序の名残をとどめる制度を維持し、マフィアに牛耳られるようになったという。

パットナムは、民主主義を育む重要な材料は「社会関係資本（ソーシャル・キャピタル）」だ、と主張した。社会関係資本とは、信頼を育て、市民を政治に参加させる文化的特性のことだ。実際、中世の比較的早い時期に自立を達成したイタリアの諸都市に現在住む人のほうが、民主的活動や市民活動に熱心で、他者への信頼が厚く、経済的にも豊かだ[20]。社会関係資本はまた、現代の金融商品の受け入れを容易にし、それによって経済の繁栄にも貢献してきた。たとえば投票率や献血率の高さに表れているとおり、北イタリアは社会関係資本の水準の高さが特徴であり、住民は財産を銀行に預けたり、信用貸しを受け入れたり、株に投資をしたり、融資を得たりする傾向も強い。興味深いことに、社会関係資本の影響は長期に及ぶ。イタリア国内のある地方から別の地方に移り住んだ人々はその後も、祖先が住んでいた地域の文化的遺産に影響を受け続けるのだ。

イタリアの南北差は、社会関係資本に関連する文化的特性の影響力の強さを示している。そこからは、そうした特性が何世紀にもわたって持続し、それによって遠い昔の制度の変化が現在の社会や政治の展開にも影響を与えることがわかる。文化が長期にわたって歴史にもたらす影響の痕跡は、他の地域でも認められる。たとえば、15世紀半ばから20世紀初頭まで中央ヨーロッパと東ヨーロッパの広大な範囲を支配したハプスブルク帝国は、効率的な制度で知られていた。東ヨーロッパ諸国のなかでも昔ハプスブルク帝国領だった地域は今もなお、かつてオスマン帝国や神聖ローマ帝国に支配されていた近隣地域に比べて（たとえ同じ国内でも）統治機関への信頼が厚く、汚職は少ない[21]。

いつまでも消えることのないアフリカの奴隷貿易の遺産は、社会関係資本の――あるいはその欠落の――持続性のとりわけ衝撃的な例だ。アフリカの一部では15世紀以前から奴隷は存在していたが、大西洋をまたいだ奴隷貿易が始まるとともに、西アフリカでは拉致《らち》や民族間の紛争が急増した。それは、地元の首長たちがヨーロッパの奴隷貿易業者からの巨大な需要に応えためだった。こうした痛ましい慣行のせいで、アフリカの人々はヨーロッパ人やよそ者に対してだけではなく、近隣の人や親族に対しても不信の念を抱くようになった。実際、アフリカの調査ネットワークであるアフロバロメーターがサハラ以南の国々の調査を行ったところ、奴隷貿易の廃止からすでに1世紀以上が経っているにもかかわらず、奴隷貿易が行われていた地域とそれを免れた地域とでは、人間同士の信頼の度合いに大きな差が今もなお存在し続けているらしいことがわかった。[22]

だが、文化的特性の持続がいちばんはっきり見てとれるのは、移民やその子孫のあいだかもしれない。想像にかたくないだろうが、環境条件や統治制度の突然の変化に適応するには、長い時間がかかることがある。ヨーロッパや北アメリカへの移民の場合、たとえば女性の労働参加や子どもの自立についての態度は、すでに定住していた人々のものにたちまち同化するが、宗教的信条や道徳上の価値観となると話は別で、移民の四世たちでさえ、故郷の文化の伝統を部分的にもち続ける傾向がある。[23]こうした適応の速さの差は、次の事実を反映しているのかもしれない。文化的価値観のなかには、経済の繁栄に大きな影響を及ぼさないため、新しい文化に迅速に適応させる動機が湧きにくいものがあり、そうした状況では、個人は親の価値観や伝統を保つ可能性が高いというわけだ。

要するに、文化的特性はさまざまな要因から生まれるが、なかでも大きな要因は生活環境への適応反応なのだ。その環境での適応は、新しい制度や技術の誕生という形のものであれ、新しい作物の導入や貿易や移民という形のものであれ、新しい文化的特性の出現と持続に大きな影響を与えてきた。文化的特性の変化が経済の成功につながったとき、そうした変化はより迅速に起きたようだ。だが、文化全体は技術よりもゆっくり進化する。過去数世紀はことにその傾向が強かった。だから、一部の社会では文化的特性が、発展を妨げる障壁になってきた可能性が高く、今もなおその状態が続いているのかもしれない。

文化の変容と成長の好循環

文化は成長の過程や経済の繁栄にさまざまな形で貢献してきた。文化は子育てで大きな役割を果たし、人的資本の形成に影響し、ついには人口転換が始まる発端ともなった。人が他者をどれだけ信頼するかや、政治や金融の制度をどれだけ信用するかも文化によって決まり、社会関係資本や相互の協力の充実も文化次第だった。未来志向の行動をとる傾向も文化が培い、貯蓄や人的資本の形成や技術の導入も左右し、斬新な発想やパラダイムシフトを人々がどう受けとめるかにも文化が影響してきた。

実際、政治や経済の制度が文化的価値観に影響を与え、見知らぬ人を信頼したり、教育に投資したり、他者と協力したりする私たちの傾向を強めたり弱めたりしてきたのと同じように、文化もまた、そうした制度に影響を及ぼしてきた。[24] たとえば、ヨーロッパから北アメリカに渡ったさまざまな移民集団は、故国で大切にしていた文化的価値に沿う制度を打ち立てた。[25]個人や宗教の自由に重きを置くクエーカー教徒が形成を支持した制度は、政府の役割を限定し、個人の自由を優先させ、教会と国を分離し、税率を比較的低く定めた。精神の独立のために読み書き能力を育成したり、社会の結束を強めたりすることを重視したピューリタンは、公教育や住民参加を促したり、厳しい法や規制を課したりする制度を確立し、高い税金でそのすべてを賄った。また、スコットランドやアイルランドからの移民は、個人的な事柄に関して政府が介入することをあまり望まなかったため、個人の自由を守るような制度を築き、「フロンティア・ジャスティス」と呼ばれる臨時法廷で争いごとを解決し、武器を所持する権利を支持し、税率を低く保った。こうした文化的価値観は今日に至るまで、アメリカ社会を構成するさまざまな部門や、それに属する人々が好む制度の種類に見てとることができる。

人類の歴史を通して、ほとんどの社会の人々は、技術や科学や哲学の変化に不信の目を向け、自分たちの統治制度や既存の権力構造を守ろうとしてきた。これは、けっして偶然ではない。すでに見たように、それはむしろ、不確かな環境で人々が生き延び、栄えるために、世代を超えて安定した価値観や信念や嗜好が重大な役割を果たしてきた結果だ。それでもなお、数世紀前に西ヨーロッパの社会には文化上の変化が現に起き、その変化は、人類の歴史を動かす巨大な歯車の回転を速め、経済成長が持続する現代の到来を助けた。人々は、科学や技術や制度の発展がより良い世界を築くカギだと確信するようになった。言い換えれば、この種の発展こそ

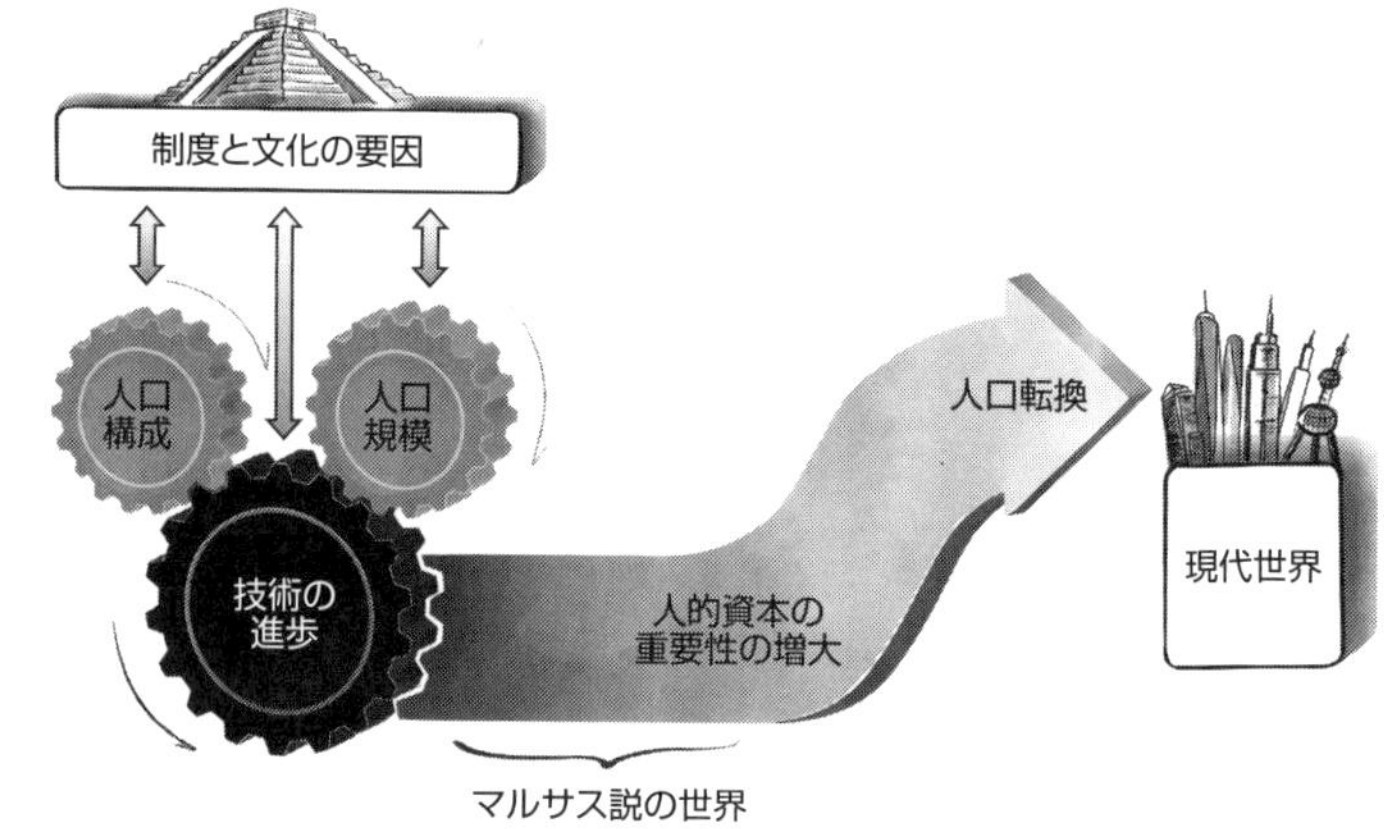

制度、文化、変化の歯車

が進歩だ、と人々が信じるようになったのだ。

重要なのは、西ヨーロッパの社会が人的資本への投資や男女平等を重んじる文化的特性を取り入れたことだ。それが、人口転換の原動力となり、持続的な成長体制への扉を開くことになる。さらに、それらの社会は個人主義と世俗主義という成長促進型の価値観も、やがて受け入れるようになった。個人主義や世俗主義は、社会にも宗教にさえも縛られず、個人は自分で自分の運命を決める権利をもつべきであるとする考えだ。このような文化の変容は、さらなる技術の進歩につながる政治や経済の制度を樹立するのにも役立った。そして、技術や社会の変化が速まるにつれ、これらの新しい文化規範や制度的構造は、なおさら有利なものになった。こうして好循環が始まった。成長を促進するような文化規範が、技術の進歩と、停滞から成長への移行を加速させ、歴史の巨大な歯車が、成長の過程に弾みをつけるような文化的特性の発展を促したのだ。

だが、大きな謎がまだ解決されずに残っている。なぜ、技術の進歩にとりわけつながりやすい文化や制度が生まれる社会もあれば、そうでない社会もあったのか？　中国の宋王朝とイスラム帝国のアッバース朝ではともに技術の発展が目覚ましかったものの、結局は発展のペースが鈍ったのに対して、西洋では成長を促進するような制度や文化的特性の出現に助けられ、技術の発展は今に至るまで継続してきた。

人類史の曲がり角のいくつかでは、文化や制度の変化は、たまたま起きただけのように見えるかもしれない。北朝鮮が資本主義の大国になり、韓国が共産主義の貧困に沈むことになるというのは歴史の事実に反するものの、想像し得る。だがたいていの場合は、もっと根深い要因が文化規範や制度的構造の出現を支えていた。それは地理と、人間の多様性だ。

第10章 地理が落とす影

産業革命が起きる前は、世界の大半では家畜が農業の土台だった。動物は必須の食糧源であるのに加えて、織物のための繊維を提供したり、輸送手段になったりもした。ユーラシア大陸の農業革命には、ウシの存在が欠かせなかった。南アメリカのアンデス山脈のラマやアルパカは、荷物の運び手であると同時に、獣毛や肉の供給源でもあった。アラビアやサハラやゴビなどの砂漠では、ラクダが、あちらこちらへ遊牧民を運ぶだけでなく、旅のあいだに毛や乳も提供したし、チベットの山岳地帯ではヤクが畑を耕したり荷物を運んだりするとともに、毛や皮や乳の供給源としても使われた。家畜のおかげで社会は農業の生産高を上げ、その結果、人口を増やし、技術の進歩を速めることができた。

だが地球上には、家畜が事実上存在しないままになっていた地域がある。アフリカの東海岸から西へと延びる広大な一帯がそれで、北のサハラ砂漠と南のカラハリ砂漠に挟まれている。なぜ歴史的に見てこの一帯の人口密度が比較的低かったのか、そしてこの一帯の住民が他の地域と比べて技術の進歩と政治制度の両面で立ち遅れてきたのかを説明する主な理由の一つは、この地域に家畜が存在しないことのようだ。では、何が原因でこの地域には家畜がいないのか？　答えは、しがないハエが握っている。[1]

気温も湿度も高い中央アフリカは、ツェツェバエの温床だ。ツェツェバエは人間や動物の血を吸う。そして、ツェツェバエを主な媒介生物としているのが致死的な寄生性原虫で、その原虫は人獣に寄生して、人間には睡眠病（アフリカトリパノソーマ症）を、ヤギ、ヒツジ、ブタ、ウマその他の家畜にも同様の病気を引き起こす。寄生された動物は死んだり、たとえ生き延びても乳の出が悪くなったり活力を奪われたりし、人間社会がそれらの動物に頼ることは難しくなる。アフリカのこの地域の、植民地時代以前の400近い民族集団から1967年に収集された人類学的証拠をもとにした最近の研究によれば、畜産を導入したり、畑を犂で耕すといった家畜を使った農業技術を採用したりするうえで、ツェツェバエの存在ははなはだしい悪影響を及ぼしてきたらしい。[2]　実際、このハエが家畜の飼育にあまりに大きな害を与えたため、ツェツェバエの生息地域は近隣と比べて、農業への移行以来、発展が遅れ続けてきた。[3]　そして、ツェツェバエは特定の地理条件下でしか生息しないため、もとをたどれば、ツェツェバエに適した地理条件によって、中央アフリカでの家畜の不在と、ひいてはこの地域がその後にたどる経済発展の道筋が決まることになった。

アフリカの経済発展を妨げてきた昆虫は、ツェツェバエだけではない。限られた気候条件のもとで生息してマラリアを人間に媒介するカの一種であるハマダラカも、アフリカ大陸に深刻な打撃を与えてきた。サハラ以南のアフリカや東南アジアや南アメリカのマラリア流行地域では乳児死亡率が高く、命を取り留めた子どももしばしば、一生にわたって認知障害に苦しむことになる。[4] そのうえ、子どもが亡くなる可能性が高いことから親はいやおうなく多くの子をもうけるので、子どもという人的資本へ投資する能力が衰え、女性の教育や労働参加にも支障が出る。[5] ここ数十年、医学が飛躍的な進歩を遂げたおかげで、他の疫病が経済成長に与える悪影響は減ってきたが、マラリアには有効なワクチンがないため、この先もまだ、流行地域では人的資本の蓄積や経済成長の過程が進まないだろう。

地理にまつわるその他の面もまた、病気を運ぶ昆虫たちとは別個に、経済の発展に影響を与えてきた。鉄道や飛行機の発明以前は、海や航行可能な河川に近いと、交易や技術の普及に非常に有利なうえ、海の恵みもたやすく手に入れられるため、それが発展の過程や国家の形成に大きな影響を与えた。[6] 四方を陸に囲まれた国は世界に44あり、オーストリアやスイスのように経済が繁栄している国もいくつかあるものの、大半は貧しいままだ。同様に、とびぬけて起伏の多い地形や不安定な気候もたいてい、その土地の発展に直接有害な影響を与えてきた。

地理によって、採掘可能な化石燃料や鉱物などの自然資源の量も決まる。自然資源はこれまで、短期的には思いがけず莫大な利益を生む傾向にあったが、長い目で見ると「資源の呪《のろ》い」をもたらすことが多いと考えられている。なぜなら資源が豊富だと、人的資本集約型の部門から人材や物資や資金が奪われ、非生産的でレントシーキング型（規制や制度変更によって得られる超過利潤（レント）の追求を第一義とし、そのための政治工作に過度に依存する企業スタイル）の活動が促進されることになるからだ。イギリスは石炭資源に恵まれていたおかげで蒸気エンジンの技術で一歩先んじ、産業革命をいち早く起こすことができたのだと主張した人々もいるが、中国のように膨大な量の石炭がありながら工業化がずっと遅れた国もある。興味深いことに、土地が農業に適していることはマルサス時代には恩恵であり、人口密度を上げたり技術を向上させたりするのに役立ったが、近代に入ると、農業での比較優位性は、その他のもっと利益が上がる部門の発展を妨げがちで、繁栄の障害になってしまった[7]。

だが、農業生産性や労働生産性、技術の導入、貿易、自然資源の有無に及ぼすこうした直接の影響を別にすれば、地理がもたらす重大な影響の多くは間接的だった。競争の促進や制度の樹立、いくつかの主要な文化的特性の誕生に及ぼした影響がそれに当たる。

地理上の連結性とヨーロッパの勃興

地理条件によって競争が促進されるという現象で、ヨーロッパの勃興と、中国をはじめとする他の文明をヨーロッパが追い越した、いわゆる「ヨーロッパの奇跡」を説明できるかもしれない。

中国のもっとも肥沃な地域は紀元前221年に統合された。中国の人々は過去2000年にわたって、共通の書字体系で文字を書き、主に単一の言語を使ってきた。そして、その期間のほとんどを、中央集権体制下で過ごしてきた。一方、ヨーロッパは長きにわたって多くの国に分かれ、国家と言語がモザイクのように入り乱れていた。[8] こうした政治的な分裂がヨーロッパ諸国を激しい競争に駆り立て、それが制度や技術や科学の発展を助けたり促したりしたようだと言われている。[9] スコットランド啓蒙思想の哲学者デイヴィッド・ヒュームは1742年に次のように述べた。

礼儀と学識の向上にとって何より望ましいのは、隣接する多くの独立国家が商業と政策によって結ばれている状態だ。そうした隣接国家間では自ずと競争が発生するもので、それが改善の明白な源泉になる。だが、私が主に強調したいのは、それぞれの領土が限られているために、権力と権威の両方に歯止めがかかる点だ。[10]

中国やオスマン帝国などの中央集権型の文明では、政府はエリート層の利益を損なうような技術や文化の発展を阻む力をもっていた。それに対してヨーロッパでは、そのような抵抗に出合った発明家や起業家には、隣の国に移るという手があった。隣国の君主は、ついには自身の運命を左右しかねない技術や商業や組織の変革を、容易には見送らないかもしれないからだ。

　クリストファー・コロンブスが新大陸への旅の費用をどう工面したかは、こうした競争の性質をよく表している。コロンブスは最初、ポルトガル王ジョアン2世に嘆願したが、王は資金援助を拒んだ。コロンブスの言う西回りの旅より、南下してアフリカを周回して東に進む自国の航路を強化するほうが、投資として堅実だと考えたのだ。コロンブスは次に、ジェノヴァとヴェネチアでも資金調達を試みたが、不首尾に終わった。さらに弟をイングランドに送り、遠征の財政支援をイングランド王ヘンリー7世に頼めそうか調べさせる一方、自身はカスティーリャの女王イサベル1世とその夫であるアラゴン王フェルナンド2世に支援を願った。スペイン〔イサベル1世とフェルナンド2世の結婚と即位により1479年、連合王国としてスペイン王国が成立〕が当時すでに、東へ直接向かう航路を確立する競争で立ち遅れていたことも手伝い、コロンブスは最後にはこのロイヤル・カップルから、西回りでインドをめざす旅の資金援助を取りつけた。両王はお金を出すだけでなく、将来の利益の一部を与えることを約束し、旅の商業的成功に対するコロンブスの意欲を高めた。

　ヨーロッパの国々が競争心から乗り出した探検と略奪の航海と、中国の歴代王朝が行ったもっとつつましい海の冒険とを比べると、政治的な競争の影響がいっそう明白になる。15世紀の初期に中国の明《みん》の艦隊は、やがてコロンブスが使うことになるものよりもはるかに大きな船で南アジアやアフリカへと航海した。だが、同世紀の中ごろに朝廷全体を巻き込む権力闘争が起き、艦隊派遣を擁護する派閥が敗れると、造船所や船は解体され、利益を生む可能性があった海路による長距離の旅は禁じられた。

オスマン帝国への印刷技術導入の遅れもまた、競争の欠落が技術の進歩を妨げる絶好の例となる。一部の文献によれば、オスマン帝国のスルタンは１４８５年、アラビア語の活版印刷機の導入を禁じる布告を出した。それは、宗教上の知恵の普及を独占できなくなるという、宗教界の強大な既成勢力が抱いた恐れを和らげるためであり、また、写本筆写人が競争によって不利益をこうむるのを避けるという、もう少し軽い意味合いもあった。[11] 帝国はそれから数世紀のあいだ、時代後れの印刷技術を使い続け、１７２７年になってようやく、アラビア語の最初の印刷所を開くことを認めた。その印刷所でさえ厳しい監視下に置かれ、その後１００年間に帝国内の印刷会社によって数百の本がわずかな部数出版されただけだった。[12] この障壁は、オスマン帝国の識字率が18世紀初頭にも全人口のわずか2～3%という水準に低迷した理由の一つなのかもしれない。[13]

ヨーロッパにおける競争は、技術革新を行ったり制度を状況に適応させたりする文化の誕生を助けた。プロテスタントの宗教改革はその最たる例だ。起業家は国境を越えて自身の企画を売り込み、技術者や物理学者、建築家、熟練の職人は経済的な機会を求めてヨーロッパ大陸中を渡り歩いた。[14] イスラム教世界ではアッバース朝（７５０～１２５８年）が、中国では宋王朝（９６０～１２７９年）が技術革新の時代を経験し、数学や天文学や工学で知的進歩が起きたが、こうした潮流は結局長続きしなかった。一方、ヨーロッパではルネサンス以降およそ５００年にわたって、こうした文化面の変化が現在に至るまで持続し、そのおかげで、ヨーロッパ大陸と、文化上のいとこに当たる北アメリカは技術の進歩の最前線に位置し続け、ごく最近まで他の追随を許さなかった。グローバル化された現代には、技術革新を促す競争はむろん、もうヨーロッパの中だけにとどまらず、ヨーロッパ対北アメリカ対東南アジアというように大陸間のものになっている。

だが、この政治的な分裂はどこから来たのだろう？　なぜヨーロッパでは権力が分散し、比較的小さな勢力同士の争いが盛んだったのにひきかえ、アジアでは広大な領域が一枚岩の巨大帝国に支配されていたのか？　ドイツ系アメリカ人の歴史家カール・ウィットフォーゲルが唱えた「水の理論」によれば、こうした違いは、ヨーロッパの農業が主として降雨を頼みとしてきたのに対して、中国の大河川の流域では、ダムや水路などの複雑なネットワークを発達させることで雨への依存から解放された事実に由来しているのかもしれないという。そのようなネットワークの運営には、政治の高度な中央集権化が必要だったからだ。[15]

それとは別に、これらの地域の形状に直接の原因があるとする理論もある。ユリウス・カエサルやシャルルマーニュ（カール大帝）やナポレオンのような強大な指導者はヨーロッパ大陸の大部分を掌握したが、大陸支配の維持という話になると、彼らの成功も、同時代の中国皇帝たちの実績を前にすれば霞《かす》んでしまう。その一因は、地理条件の違いにある。揚子江と黄河という大河が流れる中国の皇帝は、肥沃な中心部各地を交通路で容易に結ぶことができたが、ヨーロッパのライン川やドナウ川は大河と言っても中国のものと比べればずっと小さく、覇権を握ろうとする者が大陸内のある地域から別の地域に素早く移動できる範囲は限られていた。さらにはピレネー山脈やアルプス山脈やカルパチア山脈が、ヨーロッパ征服の野心を抱く人々にとって文字どおりの巨大な壁になった。同様にバルト海やイギリス海峡（英仏海峡）も、イギリス、フランス、スペイン、スイス、イタリア、スカンディナヴィア諸国など、ヨーロッパの多くの国家にとって、侵略を防ぐ自然の防波堤として機能した。一方、中国の山脈は、中央集権化された皇帝の支配を防ぐ役目をほとんど果たさなかった。[16]

ヨーロッパの複雑な海岸線もまた、この地域の権力分散の説明となる。ヨーロッパの海岸は、ギリシアやイタリア、スペイン、スカンディナヴィアなどに見られるように、多くの入り江や半島があるのが特徴だ。そうした地域に住む人々は自分たちの領土を外敵の侵入から守ることができ、戦争のときでさえ、商業用の航路を閉ざさずにいられた。[17] さらに、ヨーロッパの入り組んだ海岸線は海上貿易に必要な進んだ技術の発展を促し、のちに商業と富が急激に拡大する土台を築いた。[18] それとは対照的に、東アジアの海岸線には、朝鮮半島を別にすれば半島はごく少ない。そして実際、朝鮮半島では独立した文化が発達した。

今から振り返ると、中国の地理上の連結性がもたらした影響が明らかになる。この連結性が政治の中央集権化につながり、それが中世には有利に働き、中国は経済でも技術でも先行できた。しかし、産業革命の直前には逆にそれが仇となった。産業革命という技術の面でのパラダイムシフトを促進し、活用するためには、競争や文化の流動性のほうが役立つようになっていたのだ。[19]

地理上の連結性はこのように相反する作用をするので、どれほどの連結性から恩恵を受けられるかは、社会が経済発展のどの段階にあるか次第で変わり得ることが考えられる。技術の進歩の潜在的なペースが比較的遅いときには、中国に存在していたような高度な地理的統一性があると、それが競争や技術革新に与える害を差し引いても、中央集権政府が広大な帝国を効率的に統治し、法の支配の確立と公共財への投資を通じて経済を成長させることが可能になる。だが、技術の進歩が加速してくると、地理上の連結性が低いほうが、社会の結束に与える害を差し引いても、競争や技術革新を助け、繁栄を促すことになる。言い換えれば、人類史の巨大な歯車が加速し、技術の進歩が速まってきたときには、地理上の連結性が低いほうが成長には適しており、二つの文明のあいだに境遇の逆転劇が起こったわけだ。

とは言うものの、今や中国は現代的な成長の時代に移行したのだから、技術上の大きなパラダイムシフトが新たに起こらない場合、中国の経済の規模を考えあわせると、その地理上の連結性と政治の中央集権化と社会の結束が同国を、地球の繁栄の最前線に復帰させるかもしれない。

収奪的な制度の起源

第8章で見たように、地理条件は、さまざまな植民地でどんな制度が形成され、現在まで持続するかに重大な影響を与えてきた。

中央アメリカとカリブ海域諸島は熱帯性気候と火山性土壌のおかげで、また、ラテンアメリカとアメリカ南部は農業と気候に関わる条件のおかげで、巨大なプランテーションで大規模な労働力を投入して栽培するともっとも効率が上がる作物にとって理想的だった。[20]こうした地理的な特性は、植民地時代に土地所有の大規模な集約化が進んだり、奴隷制度や強制労働といった過酷な収奪的制度や搾取の制度が敷かれたりすることにつながった。それらの影響は一時的ではすまなかった。植民地が独立を勝ち取ったあとも、現地の有力者たちは経済的・政治的格差を持続させて利益を得るため、成長を遅らせるようなこうした収奪型の制度を維持する傾向があったからだ。[21]

そのうえ、宗主国が収奪的な制度を作り、膨大な数の先住民の搾取を管理したのは、先コロンブス期に技術面でもっとも進んだ文明を生み出した中央アメリカや南アメリカの肥沃な地域だった。[22]こうした収奪的な制度が出現し、それが植民地時代が終わってからも存続したことも、地理がもたらす間接的な影響と見なすことができるだろう。なぜなら、土壌や気候のおかげで栄養豊かな作物が安定して育った場所は人口密度が高く、収奪的な制度に向いていたからだ。そのような土壌と気候の条件は、発展の速度を緩めることにつながり、繁栄していたこれらの地域のいくつかをアメリカ大陸でもとりわけ貧しい地域に変えてしまった。

同様に、地理は植民地時代の非対称貿易の存続も助長し、そうした貿易を生み出したり勢いづかせたりした収奪的な制度をさらに強固にした。発展は遅れているが原材料や肥沃な土壌に恵まれていたアフリカやアメリカ大陸の国々は、この非対称貿易の標的にされ、それが奴隷貿易というもっとも収奪的な制度を促すことになった。第7章で述べたとおり、この非対称貿易から得られた利益は、宗主国が現代のような継続的成長の時代に移行するのを後押しする反面、発展途上国が同じ移行を果たすのを遅らせた。[23] とりわけ、奴隷制度がアフリカの経済発展に与えた影響は、植民地支配が終わったあとも長く続いた。[24] なかでも奴隷化と強制移住の影響をいちばん大きく受けた国々は、今日に至るまで経済発展が立ち遅れている。[25] 逆に、アフリカの中でもたいてい貿易や経済的繁栄を妨げる起伏の多い地域は、まさにそうした地形のおかげで、奴隷狩りをする人の手を免れたため、経済発展に長期的な恩恵がもたらされた。[26]

だが、地理条件が競争や制度に与える間接的な影響よりもさらに根深いのが、文化的特性の進化に与えてきた影響だ。

文化的特性の起源

◆未来志向の考え方

未来志向の考え方、あるいは長期志向性は、経済の繁栄にとってとりわけ重要な文化的特性の一つだ。それは人々の貯蓄性向を左右し、教育を受けたり新しい技術を開発したり取り入れたりすることにも影響する。そして、オランダの社会心理学者ヘールト・ホフステードの研究によれば、その度合いには国ごとに著しい違いがあるという。[27] 学者たちは、この特性が人的資本や物的資本の形成、技術の進歩、経済成長をどれだけ助けるかを踏まえたうえで、それが国の豊かさを決める根本的な要因と考えている。

この文化的特性の起源は、それが進化した地理的環境に遡ることができるかもしれない。仮に、マルサス時代に土地の利用法として、ある社会の住民が二つの異なる戦略を考えたとしよう。一つは「消費戦略」で、すべての土地を狩猟と漁獲と採集のために使い、住民による日々の消費の必要を満たす。この戦略をとれば、年間を通じてつつましくはあるが、比較的安定した食糧の供給を確保できる。もう一つが、それとは対照的な「投資戦略」で、現在の消費をいくらか我慢し、土地の一部に作物を植える。この戦略をとるには、長期志向性がある程度必要だ。なぜなら、未来の消費のために短期の消費を犠牲にしなければならないからだ。

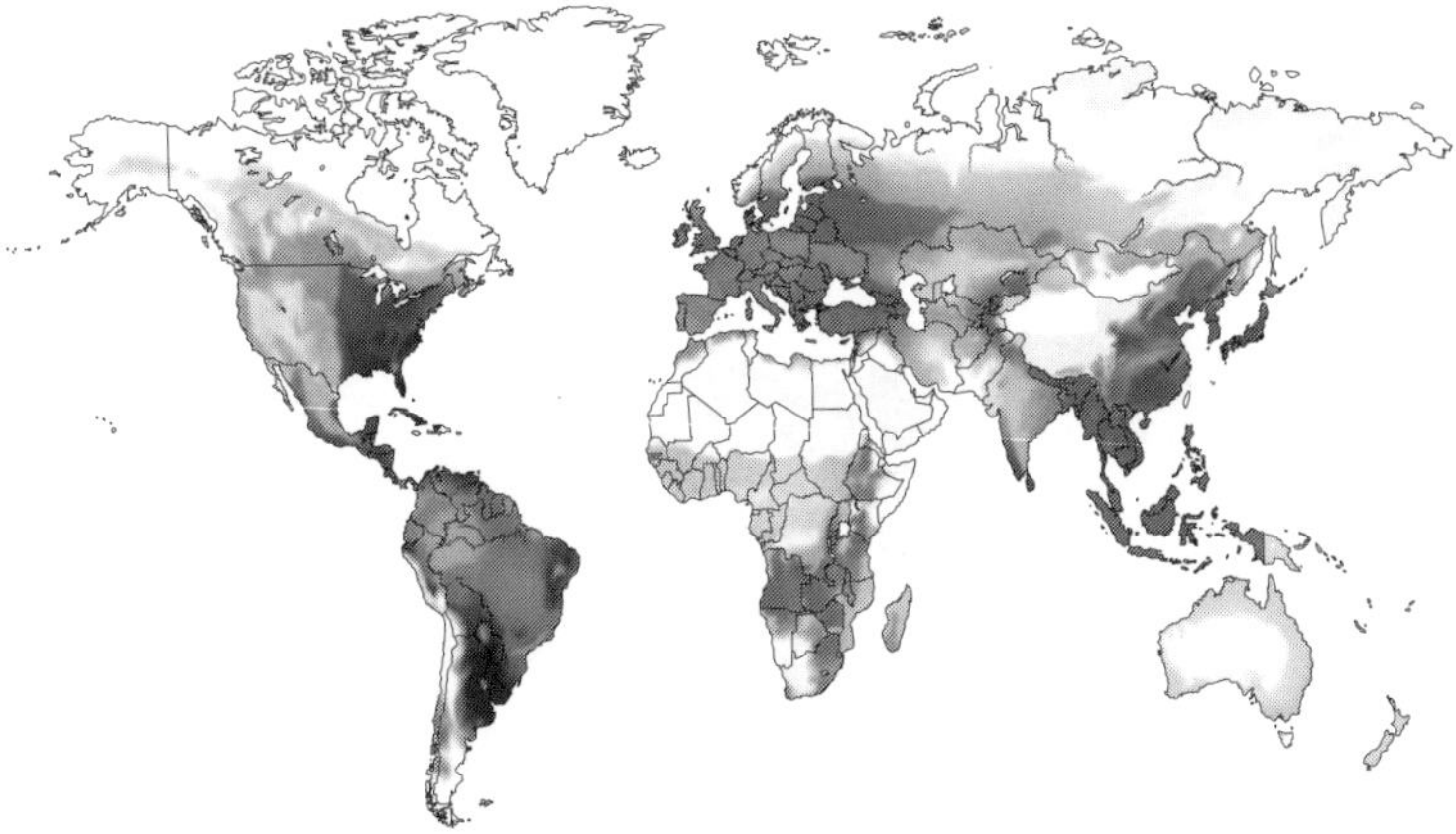

図17　1500年以前の各地の在来作物の潜在カロリー収量

西暦1500年以前のそれぞれの地域の在来作物について、植え付けから収穫までの期間の潜在カロリー収量（1日当たり）が世界でどのように分布していたかを示した図。潜在カロリー収量が多いほど、濃い色で表してある[28]。

歴史の流れの中でこの投資戦略は、作物がよくとれる土地ほど大きな利益を生み出しただろうから、それらの地域では利用可能な土地の大部分を栽培に充てることが見込まれる。こうした豊饒《ほうじょう》な一帯にある社会は実際、高水準の収入を得て、マルサス時代には他の地域よりも首尾よく子孫を残すことができた。おかげでこの戦略の正しさが立証され、人々の長期志向性に対する好意的な態度はさらに強まり、その志向性は世代から世代へと伝えられ、社会全体に広まっていっただろう。このように、作物の収量次第で、世界のさまざまな地域で見られる未来志向の行動の度合いに違いが出た可能性がある。

たしかに作物の収量は、大陸内でも大

陸間でも不均等に分布している（図17）。特に1500年より前の世界では、ヨーロッパの主要な作物（大麦）とアジアの主要作物（稲）は、サハラ以南のアフリカの主要作物（ササゲ）と比べて、単位面積当たりで潜在的にほとんど2倍のカロリー（1日当たり）を生み出し、しかも植えてから収穫するまで栽培にかかる期間はわずか3分の2だった。

それぞれの大陸で、潜在収量の多い作物を栽培する地域の出身者から成立した国は、地理や文化や歴史といったそれ以外の要因を考慮に入れてもなお、長期志向性がたしかに強い傾向にあることを、経験的証拠が示している。[29] そのうえ、「欧州社会調査」（2002〜14年）と「世界価値観調査」（1981〜2014年）が行った世論調査にもとづく分析からは、潜在収量の多い作物を栽培する地域の出身者は、最初から未来志向の傾向が強いことがわかっている。[30]

例によって、これらの研究結果も逆方向の因果関係によって引き起こされている可能性が否めない。この相関関係は、長期志向性が強い社会は、長期的な投資を必要とする作物を栽培することを選ぶ社会であるという事実を反映しているのかもしれないのだ。とはいえこの相関関係は、ある地方で実際に栽培されていた作物とではなく、潜在カロリー収量とのものであり、潜在カロリー収量は、農業と気候に関わる特性だけから推測される。こうした特性が人間の選択に（おおむね）影響されないという事実は、逆方向の因果関係が働いていないことを暗に意味する。同時に、作物の潜在収量が（驚くまでもないが）実際の作物収量と強い相関関係にあるという事実は、作物収量がたしかに、こうした文化的特性の進化の引き金になった要因であることを示唆している。
それとは別に、より長期志向性の強い社会の人々が結果的に、栽培に時間がかかるけれど収量の多い作物に適した土地に移住するという可能性もある。だが、コロンブス交換（1492年のコロンブスのアメリカ大陸到達によって始まった新世界と旧世界間のモノ、ヒト、文化、疾病などの交換）でアメリカ大陸から伝わったトウモロコシやジャガイモといった収量の多い作物の導入が、すでに旧世界に根を張っていた人々の長期志向性に大きな影響を与えたことを示す証拠がある。[31] これは作物収量が、目的地を選んだ移住ではなく文化的適応という過程を通じて、人々の未来志向の行動の少なくとも一部を形成したことを示している。
ここが重要なのだが、現在ヨーロッパやアメリカに暮らす移民の第二世代の調査からは、彼らの長期志向性の度合いが、自身が生まれ育った国ではなく、親の出身国の作物の潜在収量と相関していることが明らかになった。言い換えれば、これらの例で作物収量（もしくはその根底にある農業と気候に関わる特性）が長期志向性に与えた影響は、地理の直接の影響ではなく、文化に組み入れられ、世代から世代に伝えられたものということだ。[32]
地理条件を文化的特性に転換するのは、作物の収量だけではない。どんな種類の栽培が必要かも、そこには関連している可能性がある。中国の複数の地方での証拠から窺えるように、稲作には大規模な灌漑施設が必要で、大規模な施設は人々に共有されるため、土地が稲の栽培に適していると、より集産主義的で相互依存の文化の形成が促されたが、それほど協力を必要としない小麦の栽培に適した土地は、より個人主義的な文化の出現を助けてきた。[33] 同様に国同士の比較からも、より労働集約型の作物を育てるのに適した土地は、より集産主義的な文化の出現に関連していることがわかる。[34]

◆男女の役割

停滞から成長への移行の一大推進力となったのが、有給労働に就く女性の増加だ。増加のいちばんの原因は工業化であり、工業化の結果、男女の賃金格差が縮んだことで家族の人数が減り、人口転換が速まった。だが、別の重要な要因として働いたのが、男女の役割についてそれぞれの社会に広まっていた態度だ。その態度次第で、女性の労働参加と発展が進んだ場所もあれば、妨げられた場所もあった。そして、現在に至るまでこうした影響は続いている。

経済の発展に重要な影響をもたらしたこの文化的特性の起源は、またしても地理条件にたどることができる。1970年にデンマークの経済学者エスター・ボーズラップは次のような仮説を唱えた。職場での女性の役割に対する今日のさまざまな態度は、産業革命以前の農耕の手法の産物だというのだ。ボーズラップの主張によれば、土壌の性質や主な作物は土地によって違うので、鍬や熊手を使って地面を人力で耕したり均《なら》したりする地域もあれば、ウシやウマにつないだ犂を使って耕作を行う地域もあった。犂を使ったりそれを引く動物を操ったりするには強靭《きょうじん》な上半身が必要であり、男性はそうした耕作に関しては女性よりも生理学上、大きな強みをもっていたので、それらの地方では人類の歴史を通して、女性の仕事は家事に限定されてきた。ボーズラップの主張によれば、性別による分業につながったのは主に、土壌が犂の利用に適している社会だったという。

世界各地の農業社会から得られた証拠は、ボーズラップの主張を支持している。かつて犂で耕作をしていた地域はその後も一貫して、家庭内での男女の労働分担がはっきりしていた。男性はもっぱら農業に従事し、女性の仕事は家事にほぼ限定されていた。一方、鍬や熊手を使っていた地域ではずっと、農地の準備や種まきから収穫に至るまで、男女が共同で農作業を行う傾向がある。水の運搬やウシの乳搾りや薪《まき》集めなどの作業にしても、そうだった。それでも、おおかたの家事はやはり主として女性の仕事とされてきたが。

このように、犂は耕作に関してだけでなく生活のあらゆる面で分業をもたらしたように見える。2004年から2011年にかけて「世界価値観調査」が行った世論調査にもとづく分析からは、今日のさまざまな性差別が犂の導入と関連していることが窺える。南ヨーロッパや中東や中央アジアのように、歴史的に見て犂による耕作をほかより早くから盛んに行った地域で、今もなお労働市場全般でも会社の重役会議室でも政治の場でも女性の数が少ない理由が、これで部分的に説明できるかもしれない。[35]

犂による農耕が女性に対する態度に与えた影響は、現在ヨーロッパやアメリカで暮らしている移民の子ども世代にも明らかに認められる。農耕に犂を使っていた国からの移民の二世は、そうでない地域から来た人々に比べて女性に対する平等意識が低く、そうした二世の女性は、同じだけの経済的誘因や機会を目の前にしているのにもかかわらず、労働市場に加わる率が低い傾向がある。これらの移民の二世が祖先の地理的環境から影響を受けているという事実は、次のことを示唆している。男女の役割に対する態度は世代から世代へと引き継がれるし、この歴史遺産は、教育などの制度が異なる国に一家が移住したあとでさえ、なお持続するものなのだ（ただし、先にも述べたように、女性の労働参加に関する考え方は、ほかの文化的特性に比べれば、支配的な文化の考え方に速く同化する傾向がある[36]）。

◆損失に対する態度

ノーベル経済学賞受賞者のダニエル・カーネマンは認知心理学者のエイモス・トヴェルスキーとともに、人間には損失を、それと同等の利益やそれと釣りあう利益よりも重視する傾向があることを発見した[37]。2人が「損失回避」と名づけたこの現象は、人口集団内の起業活動の水準を決める重要な要因であり、その水準自体は、現代世界で経済成長を推進する重大な要因になっている。

この文化的特性もまた、地理的な環境、それもとりわけ気候環境の影響に起源をたどることができるかもしれない。歴史の大半を通して、人間の生産性——言い換えれば「稼ぎ」——は、消費を支えるのがぎりぎりの水準だった。マルサス時代の農耕民や狩猟者や牧畜民は、気候条件が悪化して日照りなどが起こると、しばしば飢饉に見舞われ、全滅することさえあった。逆に、気候に恵まれれば動植物がよく育ち、人々は境遇が改善して多くの子孫を残せたが、それはあくまで一時的なことにすぎなかった。したがって、進化の観点に立てば、たとえ潜在的利益全般を犠牲にしてでも、好ましくない気候の変動が引き起こす壊滅的な損失を防ぐほうが賢明だったのだろう。

　利益と損失が同等の場合に、私たちが損失を重視する傾向は、その昔、絶滅の脅威に適応するために生まれた文化的特性なのだろうか？　出身地の気候条件が異なる人口集団のあいだに損失回避の傾向の違いが認められる事実からは、たしかにそうだと思われる。

　二つの架空の大陸を考えてほしい。一つは変化と多様性に富む《ヴォラティル》「ヴォラティリア」、もう一つは均一《ユニフォーム》な「ユニフォルミア」だ。どちらの大陸も凶作につながる気候変動を経験するが、ヴォラティリアのほうが変動がずっと激しい。また、気候パターンの地域差という点でも二つの大陸は異なっている。ユニフォルミアではとりわけ寒い年には、大陸のどの地域も同じように凍えてしまう。それにひきかえヴォラティリアでは、大半の地域が過酷な低温に見舞われても、一部の地域は良好な気候条件を享受する。だからヴォラティリアでは、一部の地域の住民は極端に気候の厳しい年でさえ被害を免れるのに対して、ユニフォルミアでは過酷な気候条件は全住民に影響し、大勢が餓死しかねない。

　どちらの大陸にもさまざまな社会がある。最初はどちらの大陸でも一部の文化は強烈な損失回避行動をとるが、損失に対してもっと中立的な態度の文化もある。損失回避型の文化は、平均的な収穫は少なくても気候の変動に強い作物を育てる戦略をとる。そこでは人々は気候条件の変動に関係なく、家族のために基本的な生活水準を確保でき、人口規模は長年にわたって安定している。一方、損失に中立的な文化は、気候条件の悪化には多少弱くても平均的に高い収量の見込める作物を育てる戦略をとる。気候条件が良ければ、損失に中立的な文化は必要分よりも多くの収穫を得て、子どもの数を増やすことができる。だが、気候が悪化すれば作物の収穫は生存に必要な量を下回り、各家族は全滅の危険にさらされる。

二つの大陸はどちらもいつかは、未曽有の厳しい気候を経験することになる。当然ながら、ユニフォルミアでは人口全体が過酷な気候事象の影響を受ける。そして、自身の性向によって危険性の高い決断をした損失中立型の地域は全滅する可能性がある。ユニフォルミアは大陸全体が同じ気候条件にさらされるので、損失中立型の文化はみな同じ運命に見舞われ、生き残るものは一つもない。一方、ヴォラティリアは大陸内で気候のパターンが多様なので、損失中立型の社会の一部は極端に厳しい気候条件を免れる可能性があり、少なくともそのうちの一部は、長年にわたって豊作に恵まれ、人口が増える。これらの数少ない幸運な損失中立型の地域は、損失回避型の隣接地域よりも速いペースで人口を増やしていく。そして、ヴォラティリア大陸の人口構成は徐々に変化し、損失中立型の人が人口全体の中で大きな割合を占めるようになる。したがって、実際の世界でもヴォラティリアに似た地域の人口集団は損失回避型の割合が小さく、ユニフォルミアに似た地域では逆に損失回避型の割合が大きくなることが見込まれる。[38]

実験的証拠に加えて、「欧州社会調査」（2002～14年）と「世界価値観調査」（1981～2014年）と「総合社会調査」（1972～2018年）によって行われた世論調査から、国内や国同士で損失回避傾向がどれだけ違うかについての推定が得られる。過去1500年間の気候データと組みあわせ、考え得る地理や文化や歴史の交絡因子を踏まえると、変化と地域差の大きい気候条件が現に損失回避傾向の比較的弱い文化の出現を助ける一方、気候の変動が比較的均一な地域は、損失回避傾向が強い文化の出現を助けていたことが証拠から窺える。[39]

もちろん今度もまた、気候の変化・地域差と損失回避との関連は、損失回避型の個人や社会が変化と地域差の小さい環境に住みつきがちだという事実を反映している可能性がある。だがすでに見たとおり、コロンブス交換のあいだに、成長の時期が違い、そのおかげで変化と地域差の大きい気候への耐性も異なる新しい作物が導入されたので、この可能性を検証することができる。こうした新しい作物に関連する気候の変化と多様性が、旧世界にすでに定住していた人々のあいだで損失への中立性の度合いに大きな影響を及ぼしたことが、証拠からわかる。これは、気候の作用が実際にあることを意味する。

そしてやはり、ヨーロッパやアメリカで生まれた移民の子孫の調査にもとづく実証分析から、彼らの損失回避の度合いが、自分の出身国ではなく親の出身国の気候条件と相関していることがわかる。ここから、気候の変化と多様性が損失回避に与える影響は直接的ではなく、むしろ、何世紀にもわたる適応によって形成された特性を通じて文化に取り込まれ、世代から世代へと伝えられたことが明白になる。[40]

◆文化と言語の特性の共進化

北極の近くに暮らすイヌイットと、ノルウェーやスウェーデンやフィンランドの北極地方に暮らす「サーミ」と呼ばれる先住民族には、異なる種類の雪を表すおびただしい言葉があるという。ひるがえって、雪があまり降らないもっと南で暮らす民族集団には、驚くまでもないが、雪を表すのにそこまで豊かな語彙《ごい》は発達しなかった。[41] 同様に、日差しを多く浴びる社会ほど、その言語は「緑」と「青」をひとまとめにする傾向が強いようで、それは二つの色を識別する能力が低いせいだ。一方、湖の近くに住む人々は、「青」を「緑」から明確に区別する言葉をもっていることが多い。[42]

言語は無数の力によって形成される。そうした力のなかに、それぞれの言葉が進化する地域の環境や地理、文化、制度の特性が含まれることは十分考えられる。文化や制度と同じで、言語の特性もまた世代を超えて伝えられる。言語はまた、人間の経験の変わりゆく性質を伝えるために絶えず変更されたり修正されたりしている。そして当然ながら、各言語集団の歴史の中で出現した、もっとも効率が良くて便利な言語的特性が広まり、勝ち残ってきた。[43]「言語のニッチ仮説」によれば、言語は社会と環境の圧力に応じて進化してきたという。[44] 単純に言えば、さまざまな種類の雪を表す言葉が増えることは、イヌイット同士の、あるいはサーミ同士の意思疎通を助けたに違いないし、おそらくそれこそが、そうした言葉が現れ、進化し、生き残ってきた理由なのだ。

言語は、複雑さを増す世界で意思の疎通を楽にしただけでなく、話し手の物の見方、つまり、物事をどう考えたり理解したりするかや、他者や世界全体とどう関わるかにも影響を与えてきた。このように言語は、既存の文化的態度をさらに強める潜在性をもっている。[45] これから取り上げる文化的特性と言語的特性の三つの重要なペアはそれぞれ、言語の生まれた場所の地理に根ざし、それらの地域の発展の過程に大きな影響力をもっており、その共進化はこのパターンを例証している。[46]

文化と言語の一つ目のペアは、男女の役割への態度に関連する。南ヨーロッパのように土地が犂による農耕に適しており、それが性別による明確な分業につながった地域では、ロマンス語のように文法に性の区分がある言語が発達する傾向があった。反対に、犂による農耕にあまり適していなかった地域では、性的に中立の言語が生まれる傾向があった。そして、文法上の性は性差別や男女の分業を定着させて維持し、女性の人的資本の形成や労働参加と全体的な経済発展の邪魔をしたと思われる。[47]

二つ目のペアは社会階層に対する態度にまつわるものだ。たとえば、山岳地帯の片側が砂漠に隣接し、反対側が海に接している場所のように、生態系の多様性が高い地域では、異なる生態系で暮らす人口集団はたいていてい、それぞれ特化した技能や製品を発達させ、共同体同士の交易を促してきた。これは、インフラの整備や財産権の保護と行使を通じてその交易の促進をめざす制度の出現につながった。[48] そうした制度や統治組織の存在は、より階層的な社会の発達と、敬意に差をつける「親称《しんしょう》」と「敬称」などの言語上の区別の登場を助けた。この区別は、それらの社会階層を強調したり際立たせたりする言語構造だ。たとえばドイツ語では昔から、年上の人や知らない人に話しかけるときには「Sie（あなた）」という敬称を使うが、子どもや友達や身内には「du（君）」というくだけた親称を使う。同様の区別をする言語はほかにも多くあり、たとえばスペイン語では「tú（君）」と「usted（あなた）」という違いがある。こうした言語構造は、異なる社会的地位にある人同士の関わりを円滑にしたかもしれないが、言語は強い力をもっているので、おそらくそのような社会階層を定着させて永続させ、個人主義や起業家精神に悪影響を与える一方で、社会の結束を強めてきた。[49]

三つ目のペアは、未来に対する態度を反映している。すでに見たように、カロリー豊かな作物が育ちやすい気候と地理の条件下では、未来志向性の強い考え方が育まれる傾向があった。そうした場所では、迂言《うげん》的な未来時制が生まれがちだった。迂言的な未来時制とは、英語なら「shall」や「will」や「going to」などの助動詞を使って、意図や願望や将来の計画を示す形式だ。一部の言語学者は、迂言的な未来時制には長期展望の思考や決断をする傾向の強さが反映されている、と主張する。[50] 実際、この時制を使う社会は、長期志向性が強いのが特徴で、そうした社会の人々は貯蓄が多く、教育水準が高く、タバコはあまり吸わず、病的肥満に苦しむ率も低く、1人当たりの所得は高い水準にある。[51]

なぜ発展に差が生じたのか

地理がさまざまな形で発展に影響を及ぼしてきたことをこれまで見てきた。地理条件は、病気の蔓延しやすさや自然資源の豊富さの程度を通じて、また、競争や技術革新に弾みをつけるだけでなく互いに強化しあう制度や文化の特性や、さらには言語の特性さえ培うことで、発展に影響した。土壌の特性が大規模なプランテーション農業に向いていれば、そこには収奪的な制度が生まれがちだった——そして、搾取や奴隷制度を道徳上むりやり正当化し、そうした制度を補強する、人種差別という文化的特性も現れた。作物の栽培で大きな収量が得られる地理的特性は、より未来志向の考え方をする文化的特性の出現につながり、さらにおそらくは、財産権の保護や契約遵守の強制などによってそうした特性を強化する制度を生むことにもなった。犂の使用に適した土地は、男女平等に対する文化的態度に長期にわたって大きな影響を与え、制度上の性差別も助長したかもしれない。

したがって、地理的特性は文化や制度や生産性の進化を起動させる**究極**の力の一部であり、人類の旅を推進する巨大な歯車に影響する根深い要因の一つだ。地理的特性によって、成長が早く起こる地域もあれば、遅れる地域もあった。地理的特性は文化や制度の特性とともに、産業革命の技術の躍進がいつどこで起きるかを左右し、ついには人口転換さえも引き起こした。地理的特性は今日の国家の豊かさに見られる格差の起源の一部を明らかにし、それによって、格差の解消に取り組むうえでのカギを与えてくれる。

だが、一つ謎が残る。地理の影響がそれほど根深いものであるなら、そして、ひょっとするとヨーロッパが産業革命の舞台となることを運命づけられていたのだとしたら、なぜヨーロッパ、特にヨーロッパの北部と西部は、人類の歴史の大半を通して、経済的に立ち遅れていたのか？　別の言い方をすれば、なぜ人類最初の巨大文明はヨーロッパではなく、メソポタミアで生まれたのか？　こうした重大な疑問を解決するためには、本書の旅を過去に向けてさらに進め、はるか昔の農業革命に地理がどんな影響を与えたかを探究する必要がある。

第11章 農業革命の遺産

1989年、数年来の干ばつで水面がひどく低下していたイスラエル北部のガリラヤ湖から、2万3000年前の小さな村の遺跡が出現した。考古学者たちは、原状を比較的よくとどめた、木の枝でできた6つの小屋の跡、火打ち石、骨製や木製の道具、装飾用の玉のほかに、人骨も発見した。一見それは、典型的な狩猟採集民の集落のようで、世界のあちこちで発見されているものと似ていた。だが、現場をさらに掘り進めると、驚くほど技術が進んでいたことを示す証拠が現れた。食用植物を刈り取る鎌や穀物をすりつぶすための石臼など、以前はもっとずっとあとの時代の遺跡からしか出土していなかった類いの品だ。何より驚きだったのは、これまでで最古の小規模な植物栽培の形跡が見つかったことだ。この「オハロⅡ」と呼ばれる遺跡で発見された証拠からは、この村の住民が長いあいだ小麦と大麦の種をまき、収穫していたことが窺われた。その時期は、農業革命と農耕への移行が起きたと考えられていた時期より1万1000年ほど前だった[1]。

村は数世代後に焼けてしまい、打ち捨てられたらしい。だがこの地域全体は、数千年にわたって人類の技術進歩の最前線にあり続けた。実際、大規模な農耕についての最初期の証拠が、ヨルダン渓谷のテル・エリコやダマスカス近郊のテル・アスワドといった近隣の遺跡で見つかっている。

産業革命直後のイギリスが技術面で他国より一歩先んじていたのと同じように、農業が早く発展した文明は農業革命に続く何千年ものあいだ、世界の他の地域よりも進んだ状況にあった。そうした文明は、比較的高度な農業技術があったおかげで密度の高い大きな人口を支えることができ、それがさらに技術の発展を促し、世界最古の文明を生むことになった。

なぜ、農業革命はほかではなくこの地域で最初に起きたのか？　そしてなぜその影響はそれほど長く持続したのだろう？

農業革命の起源

ジャレド・ダイアモンドは、世界各地の不均等な発展と、農業革命が起きた時期の地域差とを結びつける有力な説を打ち出した。彼は特に、地球上でもっとも強大な文明が歴史を通じてなぜサハラ以南のアフリカやアメリカ大陸やオセアニアではなく広大なユーラシア大陸で生まれたのかという疑問について、興味深い答えを提供している[2]。

ダイアモンドによれば、農業革命がほかよりも先にユーラシア大陸で起きた原因は、この大陸の生物多様性と、大陸そのものの方向性にあるという。具体的には、次のようになる。今から1万2000年近く前、肥沃な三日月地帯で農業革命がどこよりも早く起きたのは、栽培化や家畜化が可能な動植物が多種にわたって豊富に存在していたからだ。大きな種子をもつ野生の穀類の大部分は、肥沃な三日月地帯で最初に栽培された。事実、小麦や大麦、アマ、ヒヨコマメ、レンズマメ、エンドウをはじめ、人類による農業の土台となる穀物や果樹はこの地で初めて栽培されたし、ヒツジやヤギやブタなどの動物が家畜化されたのもこの豊饒な地が最初だった。一方、広大なユーラシア大陸のほかの地域でも、生物多様性のおかげもあって、肥沃な三日月地帯とは別個に農業が始められ、今から1万年ほど前に東アジアと南アジアで農業が出現した。

野生の動植物を飼育栽培する試みは、世界のほかの地域でも盛んに行われたが、それらの動植物の適応に対する生物学的な抵抗のせいでうまくいかなかったり、遅れたりした。肥沃な三日月地帯の野生の穀物が魅力的で、比較的栽培化しやすかったのは、自家受粉で広まり、しかもすでにたんぱく質が豊富で、さらには長期の保存にも適していたからだ。それとは対照的に、メソアメリカに自生していた「テオシント」という名で知られるトウモロコシの遠い祖先（ただし、トウモロコシとはかけ離れていた）を作物として栽培するには、根本的な改変が必要で、長期にわたって選抜育種を繰り返さなければならなかった。そのためメソアメリカの住民がトウモロコシを栽培化できたのは、肥沃な三日月地帯の人々が小麦や大麦を栽培化してから何千年もあとになってしまった。人々は、ほかの穀物や樹木を栽培化する過程でも同じように苦労した。たとえばナラの木は、今なお改良が難しい。ナラの実であるドングリはアメリカ先住民にとって重要な食糧源だったが、彼らはナラを改良する代わりに、苦みのあるタンニンをドングリから取り除く手法を発達させた。

家畜化できる動物の種類は植物以上に限られており、大陸ごとに大きな差があった。農業革命が起きたころには、アフリカとユーラシア大陸の動物はすでに何百万年ものあいだヒト科のさまざまな種と併存しており、次第に高度になる彼らの狩猟法に絶えず適応してきた。ところが、オセアニアやアメリカ大陸にヒト科の種が到着したのは、進化のずっとあとの段階で、もともとその地に生息していた大型の動物は、人間の比較的進んだ狩猟技術に適応する十分な時間がなかった。こうしてオセアニアやアメリカ大陸にもともといた大型哺乳類の大半は、狩猟採集民の第一陣が到着してからほどなく絶滅に追い込まれ、人間社会が野生動物の家畜化を始めるころまで生き延びることができなかった。

ユーラシア大陸が早い段階で農業の時代に移行できたのは、別の地理的要因のおかげでもある、とダイアモンドは主張する。それは第1章でも触れたように、ユーラシアという広大な大陸が東西方向に長く延びていることだ。ユーラシア大陸はほぼ同じ横軸の上に広がっている。したがって多くの地域が同じような緯度上にあり、気候条件が似通っている。それは農業革命のあいだに、動植物や農耕の方式を広範囲に広めるうえで好都合だった。新しい農耕技術や栽培化されたばかりの穀物は、大きな地理的障害物に出くわさずに、遠くまで迅速に伝わることができた。それに対して、アフリカ大陸やアメリカ大陸は主に南北の軸に沿って広がっている。メソアメリカやアフリカの一部の地域はわりあい早く農業への移行を経験したにもかかわらず、栽培化可能な作物や農耕の方式が大陸内で地域から地域に伝わるには時間がかかった。サハラ砂漠や中央アメリカの熱帯雨林のような地理的障害物が途中にあるうえ、気候や土壌が地域によって大きく違っていたのがその原因だ。

家畜化や栽培化が可能な動植物が豊富だったことに加えて、農耕技術もほかの大陸より短時間で普及したおかげもあって、ユーラシアの文明は技術面で大幅に先行できた。そしてこの進歩を遂げると、その強みはさらに増した。灌漑や栽培方法などの技術革新で農作物の収量が増え、それが地域の人口密度の高まりを促した。人口密度が上がると、仕事の専門化が可能になり、たとえば、ある家族やある共同体が特定の作物の栽培に専念することができた。なぜなら、収穫物を、別の作物を育てている近隣の家族や共同体と交換できるからだ。こうした分業は、より効率的な生産方法の発展を助け、非食糧生産層の出現につながった。その階層の人々は、知識の創造やいっそうの技術向上に弾みをつけた。一つの進歩が次の進歩につながり、肥沃な三日月地帯の各地の文明は世界に先駆けて、都市や目を見張るような建築物を造り、銅を、そしてのちには鋼鉄を加工し、書字体系を発達させた。さらに、成長を促進するような制度を工夫し、財産権という概念や法による支配を打ち出し、これまた資源の効果的な利用や技術のいっそうの進歩を後押しした。[3]

だが、行く手にはしばしば、ひどい逆風が待ち受けていた。人口密度が上がり、動物の家畜化が進むにつれ、人間はウイルスや細菌に以前よりも多くさらされるようになった。歴史上でも恐ろしさでは指折りの病気である天然痘、マラリア、麻疹《ましん》(はしか)、コレラ、肺炎、インフルエンザはどれも、主として動物に由来する病気の変異であり、農耕や牧畜を営む社会に広まった。短期的には、これらの感染症は蔓延し、死亡率を上昇させた。だが長期的に見れば、農業革命を早く経験した人口集団は徐々に、こうした感染症に対する免疫力を高めていった。[4]この適応は最終的には、病気が蔓延しやすい町や都市の厳しい環境に人々が移るのを助け、農業への移行がずっと遅かったほかの人口集団と接触したり争ったりしたときには大きな強みとなり、相手に壊滅的な打撃を与えた。

人間の戦争の歴史では、勝者は非常に致死性の高い病原体を保有している人々であることが多かった。スペインは16世紀に、アメリカ大陸の二つの強大な帝国を攻撃した。一つは、現代のメキシコに当たる場所にあったアステカ王国で、もう一つはペルー付近にあったインカ帝国だ。スペイン人は天然痘やインフルエンザ、チフス、麻疹など、アメリカ大陸にはまだ到達していなかった病気を伴って上陸し、無数のアステカ人を感染死させた。そのなかには、アステカ王朝の最後から二番目の王になったクィトラワクも含まれていたかもしれない。免疫系によって守られ、進んだ技術をもちあわせていたエルナン・コルテス率いるコンキスタドールたちは、メソアメリカでもっとも強力だった帝国を降伏させることができた。

侵略者がもち込んだ病原体は、侵略者自身よりも素早く現地に広まることがよくあった。それらの病原体は、スペイン人がアンデスに足を踏み入れてさえいないうちから、インカの人々に猛威をふるっていた。おおかたの文献によるならば、インカの皇帝ワイナ・カパックは帝国を襲った天然痘もしくは麻疹によって1524年に倒れ、それを受けて息子たちのあいだで起きた跡目争いに乗じて、フランシスコ・ピサロ率いる、武器で優る小規模なスペイン軍はインカ帝国を征服することができたという。北アメリカや太平洋の島々、アフリカ南部、オーストラリアでも、先住民の大部分は、最初にやってきたヨーロッパ人が錨《いかり》を下ろし、くしゃみをしてからほどなく、インカの例と同じように一掃された。ヨーロッパから人間とともに海を渡ってきた病原体が広まったからだ。

どの大陸でも初期の農業文明は増大した人口と技術力を盾に、狩猟採集民を遠くに追いやったり、滅ぼしたり、吸収したりして、彼らに取って代わった。[5] 農業文明に接した狩猟採集民が農業を採用し、生存戦略を自発的に変更する場合もあった。[6] じつは、ヨーロッパ人がやってきたとき、中央アメリカや南アメリカの先住民の一部は農業に移行してからすでに何千年も経っていたのだが、それでも移行はあまりに遅すぎた。先行していたヨーロッパとの技術力の差は圧倒的なまでに広がっていて、先住民はヨーロッパ人の武器に立ち向かえるものを何ももっておらず、自分たちの文明が破壊されるのを防ぐ手立てもなかった。

ヨーロッパ人によるアメリカ大陸の征服は、比較的早い時期に農業を取り入れた文明の広がりを示すもっともわかりやすい例かもしれない。だがもちろん、はるかに古い例もある。今からおよそ8000〜9000年前に、新石器時代の農耕民がヨーロッパ大陸に広がったのがその一つだ。肥沃な三日月地帯で農業革命が始まってから、有史以前の農耕民は強大な共同体をナイル川やチグリス川やユーフラテス川の流域に築き、もともと住んでいた遊牧民の部族に取って代わった。そして自身の優位性が増すとともに、農耕民たちはアナトリア（今日のトルコ）からヨーロッパへと移住し始め、狩猟採集民の部族を追い出したり、農業社会に転換させたりした。以後ヨーロッパへの人口集団の出入りが続いたにもかかわらず、現代のヨーロッパ人の祖先はかなりの割合が、アナトリアから移住してきたこれらの農耕民に由来しているのは興味深い[7]。

東アジアでは、農業革命は1万年前に中国北部で始まった。そして農耕民が大勢で南方に移動し、彼らもまた、途上で出会った狩猟採集の部族の大多数に加えて、農業革命を迎えるのが遅くて発展が遅れていた農業社会にも取って代わったことを、言語学の証拠が示している。6000年近く前には、中国南東部の農耕民が台湾に移り住んだ。大半の文献によれば、これらの移民とその子孫（「オーストロネシア人」と呼ばれるようになる）は、航海術を生かして島伝いにフィリピンやインドネシアに渡り、それからさらに大きな海を越えて東はハワイやイースター島、南はニュージーランド、西はマダガスカルまで行き着いた。先住民でオーストロネシア人の侵入を生き延びたのはたいてい、すでに大規模な農業が導入されていた地域や、土地の性質上、耕作ができない地域の人々だった。一部の島では、オーストロネシア人たちが地域の生態環境にすさまじい損害を与えたせいで、もう農業ができなくなり、漁業や狩猟採集の生活に戻らざるを得なくなった。[8]

サハラ以南のアフリカでは、バンツー族の農耕民が早くも5000年前に、先祖代々暮らしてきた、現在のナイジェリアとカメルーンの境界に当たる領域から外へと広がった。バンツー族は、数の優位と鉄器を頼みに、ピグミー族やコイサン語族などの狩猟採集型の先住民を追い出したり吸収したりした。土地を失った人々は主に、バンツー族が依存していた種類の作物の栽培にあまり適さない地域でなんとか生き延びた。[9]

1万年近いあいだ、ほぼすべての場所で、ほぼすべての時期に、これと同様のパターンが繰り返された。農業革命を早く経験した農耕民や牧畜民の社会が拡大し、すでにどこかに定着していた狩猟採集民の部族や農業の導入が遅かった文化に取って代わった。だが、高い技術をもつ文明が誕生するには定住型の農業への移行が必要条件ではあるものの、それだけでは不十分だったことを歴史は教えてくれる。たとえばニューギニア島民はナイルデルタのエジプト人とほぼ同じ時期に農業を発達させたが、古代エジプトが世界に先駆けて系統立った政治的階層をもつ帝国の一つになったのに対して、ニューギニアでは農業生産性の向上のせいで高地の人々が分裂したため、部族闘争が絶えなくなり、部族を超える単位での権力の統合が起きなかった。[10]

この厄介なパターンはどう説明すればいいのか？　繰り返しになるが、ここでも一つの説明を提供してくれるかもしれないのが地理条件であり、とりわけ、それぞれの土地に原生する、食用となる植物の種類だ。

文明を生んだ穀物

農業への移行が起きた直後、大半の社会は、それまで普及していた基本的な部族の枠組みを保持していた。構成員がせいぜい数百人の社会では、ほぼ全員が知り合いで、親類同士のことも多かった。こうした社会は規模が小さく、結束が固かったので、人々は協力したり争いごとを軽減したりしやすかった。それぞれの共同体は普通ただ一人の、影響力の強い部族指導者が率いており、そうした指導者は一連の基本的な掟を人々に課し、団結が必要な公の活動を監督した。指導者は一般に世襲ではなく能力主義で決められ、そのため、貴族階級の類いが部族内で生まれることはまれだった。部族は徴税と呼べるような仕組みをもたなかったので、灌漑用の運河や要塞や神殿など大きな公共のインフラが建設されることは普通なく、また、農業や牧畜の活動に何かしらの形で貢献できない構成員を養う余裕もなかった。

だが、人口密度が上がるにつれ、新しい枠組みが生まれることが多かった。農業社会の政治が発達すると、次の段階では、首長制国家《チーフダム》が現れた。首長制国家とは、いくつかの村や共同体が、最高指導者である一人の首長によって統治される階層制社会を指す[11]。首長制国家が初めて誕生したのは肥沃な三日月地帯だ。この地域にある社会がみな規模を増すにつれ、人々が自分の親族集団以外の人間と日常的に協力することが不可欠になった。より複雑化したこれらの社会は、大規模な協力をしやすくするために、政治指導者の地位を永続させ、世襲制にすることもよくあり、加えて社会の階層化や意思決定の中央集権化を特徴とした。こうして富や権威や地位の大きな格差が生まれ、階級が分化して支配階級が出現した。支配階級は世襲制の貴族で構成され、彼らの関心は社会階層や不平等な富の分配の維持にあった。このような身分の区別は、しばしば宗教的な性質を帯びた文化規範や信念体系や慣習によって強化されたり維持されたりした。重要なのは、こうした階層制社会には、エリート層を支えたり公共インフラを提供したりするために、十分の一税など何らかの形で徴税をする傾向があったことだ。

首長制国家の誕生以来、専制的な政権と慈悲深い政権との違いは主に、税収の使い方にあった。専制君主はたいてい自身の利益のために公の財布に手を出し、己の地位を守ったり不平等を永続させたりする一方、少数のエリートを富ませる。それに対して、慈悲深い支配者は税収を活用して灌漑施設やインフラを建設し、盗賊や侵略者から社会を守るための要塞や防御物を築くなど、公益の提供に努めた。だが、慈悲深かろうと専制的であろうと、彼らが存在するうえで必須なのは、収税をする能力だった。この能力を欠いた統治者は、数千人を超える規模の政治組織体を打ち立てるのに苦労をしたことだろう。

社会が発展する過程で、農業主体の段階では、税は主に作物によって支払われた。したがって収税の実行可能性と効率は、その地域で主にとれる作物の種類や、輸送と貯蔵の容易さや、収量を評価する能力に左右された。[12] 発展した古代文明では、農業は主に、キャッサバやサツマイモやヤムといった塊根《かいこん》や地下茎ではなく、穀物を土台にしていた。これは偶然ではない。穀物のほうが計量も輸送も貯蔵もはるかに楽で、したがって収税も簡単だったからだ。[13] はたして、土壌が穀物の収穫に適した地域では複雑な階層制社会が生まれやすいことを、歴史的な証拠が示している。一方、塊根や地下茎を主に収穫する地域では、牧畜民や遊牧民の社会に存在していたのと似通った、もっと単純な社会組織が多く見られた。[14] そうした地域の支配者は収税に苦労し、農業革命をわりあい早く経験した地域でさえ、都市国家や国や帝国などの、より階層的な社会には発展しなかった。[15]

構造化された政治組織体は、軍費の調達や公的サービスの提供、法や規律の適用、人的資本への投資、商業契約の遵守の強制などが可能で、それらすべてが技術の進歩と経済の成長を促進した。このように、土壌が穀物と塊根や地下茎のどちらの栽培に向いているかは、国家の形成や知識の創造や技術の進歩に重大な影響をもたらした。そしてそれらがさらに、人類の歴史

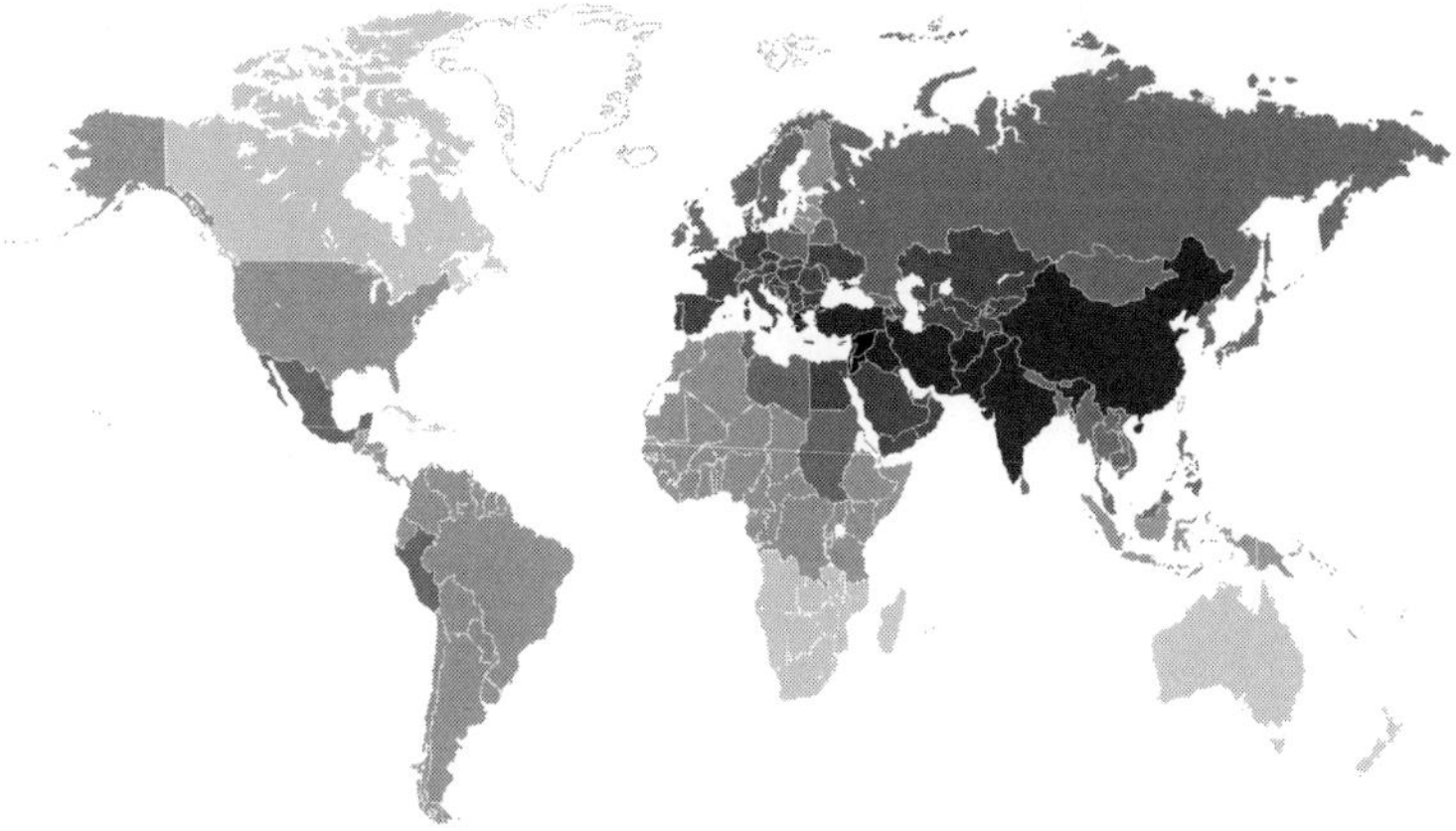

図18　世界各地の、農業革命の始まりからの経過年数[16]

を動かす巨大な歯車が回る速さに影響を与えた。

とは言うものの、生物多様性や作物の種類が農業への移行と技術面での先行を助けたことが、今日の世界に見られる格差の究極の原因の一つに本当に数えられるのなら、なぜ、そのような地理条件のおかげで農業革命や国家の成立を早く経験した多くの地域が、現代では相対的に貧しいのだろうか？（図18）

農業革命の発祥地であり、人類の文明が最初に芽生えた場所でもある肥沃な三日月地帯は今日、経済的繁栄の最前線に位置していない。1人当たりの所得では、中国やインドのほうが、農業革命を何千年も遅れて経験した日本や韓国より低いのが現状だ。トルコやヨーロッパ南東部はイギリスや北欧諸国より何千年も早く農業革命を経験したのに、今はそれらの国より貧しくなっている。

先行の恩恵は、どうして失われたのか？

先行者利益の消滅

世界でも農業革命を早く経験し、穀類による収税ができるという強みのあった地域は実際、何千年にもわたって人口密度が高く、技術も進んでいた。[17] だが経験的証拠によれば、農業革命がいつ起きたかは産業革命以前の時代の生産性には重大な影響を与えたものの、1500年以降その影響は弱まり、現代では1人当たりの所得にわずかな影響しか及ぼしていないことになる。[18] 言い換えれば、農業が早く始まった恩恵は年月が過ぎるとともに薄れていき、ついには今日の国家間に見られる豊かさの格差をそれだけでは説明できなくなったのだ。なぜ、そうした有益な効果は過去500年のあいだに消失したのか？　この時期に何が変わったのだろう？

農業革命を最初に経験した地域は、農業生産性の向上と技術面での先行という二つの大きな恩恵を享受し、おかげでこれらの先進地域は世界の経済発展の最前線に立つことができた。だが16世紀が明け、革新的な活動が農村から都市に移るころには、農業部門の経済的重要性が徐々に低下しだしたのに対して、人的資本集約型で技術を基盤にした都市部が栄えるようになった。こうして、農業革命を早く経験した地域では、相反する効果が生まれ始めた。技術面で先行したおかげで、農村でも都会でも進歩が促され続けた。だがその一方で、農業での比較優位は、その社会がもっぱら農業部門に特化することにつながり、都市化やそれに伴う迅速な技術の進歩を鈍らせ、人的資本の形成や人口転換の始まりを遅らせることになった。

　新しい技術の発展に対する都市部の重要性が高まるにつれて、農産物の生産における比較優位の負の影響が深まり、農業革命が早く始まったことでもたらされた技術面の優位は徐々に薄れた。そのうえ、都市化の進んだ国や海洋国家が開発した技術や金融手段によって世界貿易が円滑になり、植民地時代が始まったのに対して、農業部門に特化した負の影響はさらに強まり、農業革命が遅れた地域との差はいっそう縮まることになった。[19]

　こうして技術面での最初のリードは、農業への特化がもたらした相対的な劣位によって結局帳消しになり、農業革命を経験した時期は現代の経済発展には限られた影響しか及ぼさなかった。農業革命が起きた時期の違いは、世界の各地域がそれぞれたどった発展の過程の歴史的相違を理解するうえで非常に重要だが、今日の格差の謎を解くためには、その他の力を理解することも欠かせない。

地理の掟

学者のなかには、ヨーロッパが技術面で優位に立った原因は人類史上のさまざまな重大な節目となる出来事にあると考える人々もいる[20]。そうした出来事とは、黒死病の流行やローマ帝国の崩壊や啓蒙時代の幕開けなどのあとに起きた制度や文化の変容だ。彼らによれば、こうした変容こそが今日の豊かさの格差の根源であり、それよりも深い地理的要因を探そうとする試みは後知恵に駆り立てられたものにすぎないという。

ここ数十年のあいだに朝鮮半島の北部と南部が歩んだ道の差を見れば明らかなとおり、制度や文化の唐突な変化が社会の発展に何らかの役目を果たしたことは疑いなく、そうした変化は、さらに深い起源にもとをたどることはできない。実際、偶然の思いがけない展開のせいで、印刷技術の発明が何世紀も遅れていたとしてもおかしくない。あるいは、中国の帝国艦隊がアメリカ探検をしていたかもしれないし、イギリスではなくオランダで産業革命が起きていたこともあり得る。19世紀の日本で明治維新が頓挫《とんざ》した可能性もある。

だが、制度や文化にまつわる突然の変化は数十年あるいは数百年にわたって成長の過程に影響してきたとはいえ、人類の旅全体の行程で核心に位置したり、国家間の豊かさの格差をもたらす究極の要因だったりした可能性は非常に低い。私たちの想像の中ではそうした突然の変化は劇的で巨大に見えるかもしれないが、どちらかと言うとたいていささやかなもので、何千年、何万年、何十万年の単位で眺めれば、大半が一時的なものだったり局所的なものだったりする。じつは、発展につながるような文化あるいは制度の突然の変化がただ起きることより、そうした変化が浸透したり時の試練に耐えたりする能力をもっていることのほうが重要だ。そしてこの文脈では、それらと地理条件が及ぼす力との相互作用が非常に重要だった。ヨーロッパの勃興を早めた文化と制度の要因が出現し、持続したのが、政治的な争いや文化の流動性を促進した地理的な分裂のせいであれ、未来志向の考え方や長期的投資を促進した高収量の作物のおかげであれ、それ以外の力によるのであれ、現代の格差の主な源泉はけっして歴史の偶然ではない。それでも、制度や文化の進化は農業革命とともにこれまでずっと、この過程全体の速度と国や地域によるパターンの違いを決める重要な要因であり続けてきた。

農業革命が幕を開けた当時は誰も、ギリシアとペルシアの戦争勃発を予想したりしなかっただろうことは紛れもないが、当時、地中海東岸では栽培化や家畜化が可能な動植物がどれほど多様だったかを考えれば、この地域の人口密度が上がり、やがて高度な文明がいくつも出現し、そのあいだで争いが起きることを予見するのは不可能ではなかっただろう。肥沃な三日月地帯に初期の文明が出現したのは、けっして偶然などではない。どんな偶発的な出来事が起きようと、サハラ砂漠の真ん中に古代の主要文明を誕生させ、持続させることはできなかったはずだ。

だが、異なる地域ごとの人類の旅の形が、地理条件や、その条件が制度や文化の特性と起こした相互作用だけに完全に帰せられる、と言っているわけでもない。経済の発展にはまた別の、根本的な力が影響している。それは、人間の多様性だ。それぞれの地域の発展に地理条件が果たした役目を追究し、私たちは1万2000年の時を遡り、農業革命の始めまでやってきた。人間の多様性が担った役目を探究するには、さらに何万年も歴史をたどり、すべての始まりである人類の出アフリカまで戻ることになる。

第12章 出アフリカ

20世紀前半、ヨーロッパに砲声が轟《とどろ》いていたころ、史上最大規模の国内人口移動がアメリカでは起きていた。「グレート・マイグレーション」と呼ばれるこの大移動のあいだに、600万のアフリカ系アメリカ人が南部の貧しい農村部を去り、急速に発展しつつあった都市に引っ越した。移り住んだ先は南部のこともあったが、おおかたは北部や中西部や西部だった。彼らは南部での抑圧を逃れ、工業分野、とりわけ、二つの世界大戦中に軍に武器弾薬を供給していた軍需工場で拡大する雇用の機会を追い求めていたのだ。奴隷化や差別のもたらす恐怖や零落を300年以上も耐え忍んできたアフリカ系アメリカ人は、この移住の波によって、ヨーロッパ系アメリカ人の子孫と都会の隣人として関わりあう機会が劇的に増えた。

これら二つの集団の統合は、偏見や人種差別や不平等につきまとわれ、妨げられた、と言う人もいるだろう。その偏見や人種差別や不平等の多くは、今に至るまで続いている。それでもこうして異なる人口集団や伝統が出会い、融合したことで、20世紀でも屈指の文化の折衷が起こり、そこで誕生したのがロックンロールだ。アメリカの著述家で音楽評論家のロバート・パーマーは次のように書いている。「ロックンロールは、南部と南西部の人種の壁を越えた社会的・音楽的相互作用の必然的所産だった[1]」

ロックンロールの正確な起源は今も議論の的であり、ほかの大衆音楽の様式とロックンロールを分ける具体的な特徴についてもなお論争が絶えないが、ロックンロール誕生の背後にある、唯一ではないにせよ重要な推進力が異文化同士の出合いだったことには、ほとんど疑問を差し挟む余地がない。アフリカ系とヨーロッパ系のアメリカ人は、さまざまな楽器を組みあわせたり、リズムや音階やアンサンブルの多様な伝統を融合させたりして、世界がそれまでほとんど経験したことがなかった文化の爆発を引き起こした。当時はまだ根強い人種差別があったにもかかわらず、白人の若者たちは、エルヴィス・プレスリーをはじめとする白人歌手の曲に加えて、ファッツ・ドミノやチャック・ベリーらアフリカ系アメリカ人ミュージシャンの音楽にも引き寄せられた。

ロックンロールの誕生は、ブラジルのサンバやキューバのソン・クバーノの誕生と同じように、多様性が最終的には文化や技術や経済の進歩を促し得ることを鮮やかに示す例だ。科学ライターのマット・リドレーが著書『繁栄』で述べたように、技術の進歩が起こるのは「アイデアがセックスをしたとき」だ。[2] 生物学上の繁殖と同じようにアイデアの「交雑」もまた、個体のプールが広範なほど恩恵が大きい。それは多様性によって、実りの多い「他家受粉」の可能性が高まるからだ。ヨーロッパ系のミュージシャンもアフリカ系のミュージシャンも、同種の楽器を同種のリズムで奏でる人だけに囲まれていたとしてさえ、それぞれの音楽の伝統をきっと進化させていただろうが、まったく新しいジャンルを創り出す可能性は間違いなく下がっていたはずだ。これら二つの異質な音楽の伝統が激しく作用しあったからこそ、斬新そのもののジャンルが生まれることになったのだ。

ロックンロールは、社会の多様性がもつ創造的な効果を最高に騒々しく、最高に煽情的に示した一例かもしれないが、そうした効果の例はほかにも無数にある。多様性に富む社会では、年齢や教育を受けた分野、性格類型に加えて、民族や文化、国籍、地理などの背景も異なる人々の協力や「交雑」から生まれるものは、新種の料理やファッション、文学、芸術、哲学から、科学や医学や技術の躍進に至るまで多岐にわたる。

だが、多様性はしばしば激しい反目のもとにもなり、暴力的な争いを引き起こしてきた。アフリカ系とヨーロッパ系のアメリカ人が協力し、音楽の新しい融合を生み出す場合もあったが、1943年6月にデトロイトの公園で起きた白人とアフリカ系アメリカ人の若者の口論は、市全体を巻き込む暴動に発展した。3日にわたって何千もの若者がバリケードを越えて衝突し、ついにはルーズヴェルト大統領が6000人の連邦軍を出動させ、デトロイトに夜間外出禁止令を敷く事態になった。この騒動でアフリカ系アメリカ人25人を含む34人が亡くなり、400人以上が負傷した。同じ年にニューヨーク市は、警官がアフリカ系アメリカ人の兵士ロバート・バンディを撃ったのをきっかけに大混乱に陥り、ロサンゼルスではヨーロッパ系アメリカ人がメキシコからの移民に人種差別が動機の暴行を働いたのがもとで、街頭での暴動が起きた。

異なる民族や人種のあいだの争いは、建国以来、アメリカ合衆国史の不変のテーマであり続けている。さまざまな国から来た移民同士や、新しい移民と古い移住者や、プロテスタントとカトリックのような宗教集団同士の暴力的な衝突は、民主主義の壮大な実験場であるアメリカ合衆国だけでなく、地球上の多数の社会でも絶えず繰り広げられてきた心寒い光景だった。

アメリカでの経験が示しているように、社会の多様性は敵対する力を生み、社会の発展に相反する影響を与える可能性がある。一方では、多様性は文化の「他家受粉」を促し、創造性を高め、新しい考えへの受容性を養い、それらすべてが技術の進歩を助ける。だがもう一方では、他者への信頼を損ねたり、争いを引き起こしたり、教育や医療などの公益を目的とする適切な投資に必要な社会の結束を阻んだり蝕《むしば》んだりしかねない。したがって、社会の多様性が増せば、創造性の向上と団結力の低下という相反する影響が経済の繁栄に及ぶ場合がある。

実際、こうした矛盾する経済効果については豊富な証拠がある。たとえば移民を迎えることはたいてい、生産性と賃金に好影響があるとされ[3]、企業は経営陣の民族多様性が高いほど革新的で収益も多い傾向があり[4]、多様性が高い学校では生徒の「社会経済的な成果」が向上する[5]。

その一方で、民族集団ごとの細分化は、政情不安や社会の中の権力争い、地下経済の拡大、教育やインフラへの過少投資、環境破壊を防ぐのに必要な協力の欠如などに関連があることもわかっている。複数の文化を内に抱えていながら、こうした負の影響の緩和や回避に成功する社会は、寛容や共存の促進のために努力を惜しまず、多くの資源を投じているのだ。[6] 事実、地球上でもっとも多様性が高く、民族集団ごとに細分化した地域であるサハラ以南のアフリカが直面してきた成長のハードルは、部分的には、民族多様性が社会の結束にもたらす悪影響に起因すると考えられてきた。その影響は、この地域の民族間紛争の激しさや、教育や医療やインフラの提供不足などに表れている。[7]

人間の多様性は、生産性を促進もすれば阻害もする可能性がある。だから、社会の多様性が相対的に高かったり低かったりすると、それが結束に及ぼす悪影響を緩和する措置がとられないかぎり、経済の繁栄が損なわれかねないが、多様性は適度であればその繁栄を促進する。とりわけ、(社会がますます多様になって)多様性の高まりが革新性に与える好影響が減っているときや、(社会がますます均質になって)均質性の高まりが社会の結束に与える好影響が減っているときには、多様性をほどほどの水準にすることが経済発展につながるだろう。

こうした相反する力が人類の旅にどのような影響を与えてきたかを探究するには、まず、地球上で人間の多様性にばらつきがある原因を解明する必要がある。それにはそのおおもとまで、つまり、何万年も前にホモ・サピエンスがアフリカから外に踏み出した時点まで、歴史を遡らなくてはならない。

人間の多様性の起源

今から30万年前にホモ・サピエンスがアフリカで出現して以来、多様性は、この大陸のさまざまな環境に人類が適応するのを助けてきた。この30万年間の大半を通して、適応の成功のおかげで次第に優れた狩猟者や採集者が生まれ、それが食糧の供給量を押し上げて人口が大幅に増えた。やがて、1人当たりの生活空間や自然資源が減少し始め、早くも6万~9万年前にホモ・サピエンスはさらに多くの豊かな生存環境を求め、大挙してアフリカ大陸をあとにした。次から次へ移動を繰り返すので、アフリカから遠い場所に移動して定住した人口集団ほど必然的に多様性が下がった。人類がアフリカから遠く離れるほど、社会の文化や言語、行動、身体の多様性は低くなったのだ。

この現象は、「連続的創始者効果」と呼ばれるものを反映している。[8] ある島に青、黄、黒、緑、赤の5種のオウムが棲《す》みついているところを想像してほしい。5種はみな、この島での生存に同じ程度まで適応している。ところが島を台風が襲い、わずかな数のオウムが遠く離れた島に吹き飛ばされた。この小集団には、元の5種のオウムがみな含まれている可能性は低い。おおかたが赤いオウムかもしれないし、黄色や青かもしれない。そして、新しい島をほどなく埋め尽くすことになるその子どもたちは、親の色を受け継ぐ。したがって、新しい島で発展するオウムのコロニーは、元の島にいたコロニーより多様性が低くなるだろう。さらにその第二の島から第三の島に少数のオウムが移住したら、その集団の多様性は前の二つのコロニーの多様性よりさらに低くなっているだろう。こうしてオウムが、生まれた島で変異が起き得るペースよりも速く新しい島に移り棲むかぎり、元の島から（連続的に）遠くに移住するほど、集団内の多様性は低くなっていく。

アフリカからの人類の移動も、似たようなパターンをたどった。最初の集団はアフリカをあとにし、食べ物が豊かな近隣の地域に落ち着いた。その人口集団は、故郷のアフリカの人々に存在していた多様性の一部しか伴っていなかった。そして第一の移民集団が新しい環境で拡大し、それ以上の人口を環境が支えきれなくなると、元よりも多様性が低くなっていたその集団のさらに一部が未踏の地を求めて旅立ち、いっそう遠くに移り住んだ。こうして人類がアフリカから分散し、各大陸に広がっていくあいだ、この過程が幾度も繰り返された。人口が増加すると、親コロニーに存在していた多様性の一部しかもたない新しい小集団が、新天地を求めて再び旅立った。やがて明らかになるとおり、途中で進路を変えた集団もあったものの、この移住パターンはきわめて強力で、アフリカを出て西アジアに到達した集団は、アフリカにいる元の人口集団よりも多様性が低くなっており、東進を続けて中央アジアに、ついにはオセアニアやアメリカ大陸にたどり着いた子孫や、北西に向かってヨーロッパに進んだ子孫は、あとにと

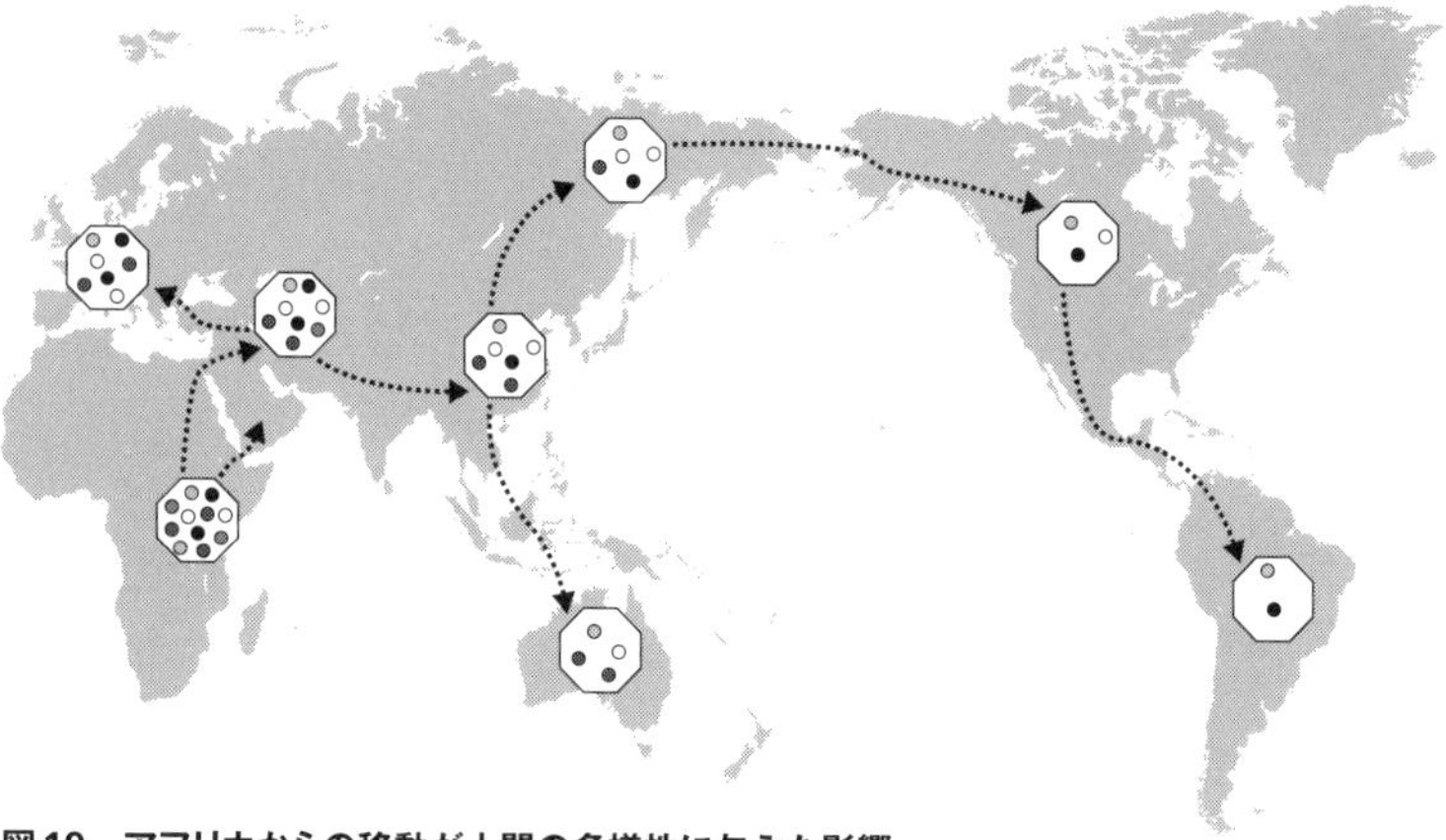

図19　アフリカからの移動が人間の多様性に与えた影響

破線の矢印はおよその移動経路を示しており、八角形内の小さな円はそれぞれ、仮想の社会的特性の変異類型を表している。移動が起きるときにはいつも、親コロニーの多様性の一部だけをもった人口集団が出発していく。

どまった集団より多様性がなおさら下がった。

こうして、解剖学的には現代の人間と同じ人々がアフリカの人類発祥の地から拡散し、世界の人口集団ごとの、文化や言語、行動、身体の多様性の高低に、深く消しがたい痕跡を残すことになった[9]（**図19**）。

アフリカからの移動距離が長くなるほど人口集団の多様性の全体的水準が下がる傾向は、アフリカから長い距離を移動した場所の先住民族集団ほど遺伝的多様性が低いことにも部分的に反映されている。この種の多様性についての比較可能な尺度を267の異なる人口集団（その大半は、特定の先住民族集団とそれぞれの地理的故郷に関連づけることができる）に当てはめると[10]、もっとも多様性の高い先住民族集団は東アフリカにもっとも近いのに対して、もっとも多様性が低いのは、アフリカからの陸路の移動距離が最長の中央アメリカと南アメリカの先住民の共同体であることが明らかだ（**図20**）。多様性と東アフリカからの移動距離との負の相関は、大陸間にだけ認められるわけではない。このパターンは、同じ大陸の中でも見られる。

アフリカからの移動距離が長くなるほど先住民族集団の多様性が低くなることを示す、より幅広い証拠が、自然人類学と認知人類学の分野から得られる。たとえば歯の特徴に関連する骨の構造や、骨盤の特徴や、産道の形状など、身体的形状の個々の特徴を対象とする研究に加えて、異なる言語のあいだに見られる発話の音声的基本単位（音素）の差などの文化的相違についての研究からも、東アフリカに端を発する連続的創始者効果の存在が裏づけられている。やはり、東アフリカからの移動距離が長くなるほど、こうした身体や文化の特徴の多様性が下がるのだ。[12]

さまざまな形で表れる人口集団の多様性の全体的水準が各国の経済的繁栄に与える影響を適切に調査するにはもちろん、遺伝学者や人類学者が提供するものよりもはるかに包括的な尺度が必要になるだろう。しかもその尺度は、国の豊かさに対する多様性の因果関係の効果を評価するのに使うのなら、その人口集団の経済発展の度合いから独立している必要がある。その尺度とは、いったいどんなものなのだろうか？

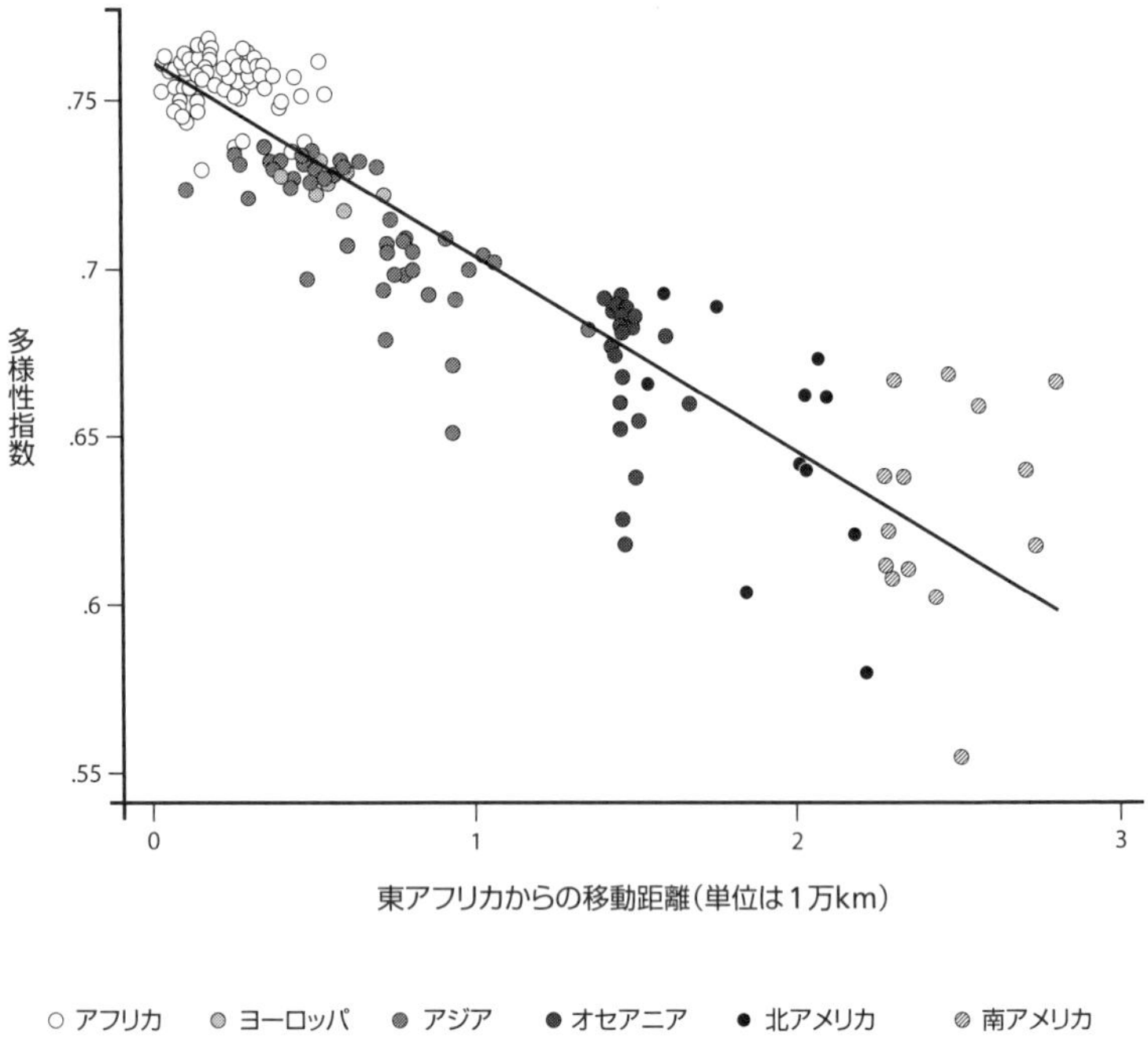

図20　東アフリカからの移動距離と先住民集団内の多様性[11]

多様性を計測する

人口集団の多様性を計る従来の尺度は、内部の民族集団か言語集団の人口が総人口に占める割合だけを捉える傾向がある。[13] そのため、それらの尺度には大きな欠陥が二つある。一つは、民族集団や言語集団同士の関連性には、密接さの違いがある点だ。たとえば、デンマーク人とスウェーデン人を同じ割合で抱える社会があったら、その多様性は、デンマーク人と日本人を同じ割合で抱える社会と比べれば低くなるだろう。もう一つの欠陥は、民族集団も言語集団もその内部が均質ではない点だ。日本人だけで構成される国は、デンマーク人だけで構成される国と同じほど多様だとは限らない。実際、民族集団内の多様性は民族集団間の多様性よりたいてい桁違いに大きい。[14]

したがって、ある国の人口集団の全体的な多様性を包括的に計測するためには、少なくともさらに二つの側面を捉えなければならない。一つは、たとえばアメリカのアイルランド系の人口集団やスコットランド系の人口集団など、国の中にいるそれぞれの民族集団あるいは地域集団内の多様性だ。二つ目は、国の中にいるそうした民族集団あるいは地域集団間の多様性（差異）だ。たとえば、アメリカのアイルランド系の人口集団とスコットランド系の人口集団の文化は、アイルランド系の人口集団とメキシコ系の人口集団の文化よりも似通っている。

東アフリカからの移動距離と観察可能な特性の多様性とのあいだに密接な負の相関があることを考えると、この移動距離は、地球上の各地域に昔から見られる多様性の水準の代用にすることが可能だ。したがって私たちは、今日、各国の人口集団がそれぞれ全体としてどれだけ多様かを推測する指標を打ち立てることができる。土台になるのは祖先の人口集団がアフリカからその国まで移動した距離であり、さらに次の三つの要素を考慮に入れる。（i）国内の祖先別下位集団《サブグループ》それぞれの相対的な人口規模。（ii）各下位集団内の多様性。これは、各下位集団の祖先が東アフリカから父祖の地（たとえばスコットランド系アメリカ人ならスコットランド）まで移動してきた距離をもとに推測する。（iii）これらの下位集団のそれぞれと他の下位集団との違いの度合い。これは、対《つい》にした下位集団のそれぞれの祖先が東アフリカから父祖の地まで移動してきた距離の差から予測する。

推測される多様性をこうして統計的に計ることには二つの大きな利点がある。第一に、有史以前の東アフリカからの移動距離は、現在の経済的繁栄の水準とは明らかに別個のものであり、そのためこの尺度により、多様性が生活水準に及ぼす因果効果を推定することができる。第二に、すでに明記したとおり、身体や行動に表れるさまざまな特性の多様性にアフリカからの移動距離が重要な影響をもたらしてきたことが、自然人類学と認知人類学の分野で積み上がる大量の証拠によって示されている。したがって、私たちの尺度から推測される種類の多様性は、社会の成り行きに影響し得ると考えておそらく間違いない。加えて、仮にこの指標が、たとえば、各大陸内での移動を適切に考慮に入れなかったりして、多様性を不正確に（ランダムなやり方で）計測したら、私たちはたいてい、多様性が経済の繁栄に与えると仮定した影響を認めるのではなく退ける方向に導かれるだろうことを、統計理論は示している。言い換えれば、たとえ私たちが判断を誤っていたとしても、過大ではなく控えめな結論に導かれるということだ。

最後に、この尺度で計る多様性が社会の特性であるのを明確にすることが重要だ。計るのは、社会の中で見られる人間の特性の多様性がどれほど幅広いかであり、その特性が何であるかや、それが社会間でどのように違うかは関係ない。したがってこの尺度は、ある特性が別の特性よりも経済的成功につながりやすいことを示すためには使われないし、使うこともできない。むしろ、この尺度が捉えるのは、ある社会の中で人間の特性の多様性が経済の発展に与え得る影響だ。実際、地理や歴史の交絡因子を考慮すると、アフリカからの移動距離そのものは、地球上の人々の身長や体重といった特性の平均水準にはまったく影響を与えていないように見える。それが影響を及ぼしているのは主に、各人口集団内に見られる平均水準からのばらつきの度合いだ。

それぞれの人口集団内の全般的多様性を計るこの強力な尺度を手に、私たちはついに、肝心の疑問の探究に乗り出すことができる——今から何万年も前に起きた人類の出アフリカと、それが人間の多様性にもたらした変化が、世界各地の現在の生活水準に、驚くほど長期的な影響を与えたのではないか、という疑問の探究に。

多様性のスイートスポット

歴史の中で人間の生活水準は現に、多様性の度合いと、当然ながら、その度合いを左右するホモ・サピエンスのアフリカからの移動距離に、大きく影響されてきた。[15] それぞれの国や民族集団の祖先集団が人類発祥の地である東アフリカからどれだけの距離を移動したかは、その国や民族集団の発展に常に「山形曲線状《やまなり》」の影響をもたらしてきた。そこには、社会レベルでの生産性に多様性が及ぼす有益な作用と有害な作用との根本的なトレードオフが反映されている。

多様性が経済の生産性に与えるこの山形の作用は、過去の人口密度や都市化の度合いによって把握しようと、現在の1人当たりの所得や夜間の照明の明るさ（衛星画像にもとづく）によって把握しようと、国（図21）や民族集団（図22）が違っても明白で一貫している。そのうえ、こうした山形のパターンは、農業革命以来1万2000年にわたって質的に変わっていない。だからこれまで、不均質の国家が多様性の弊害を減らす政策を欠いたり、均質な国家が多様性を高める政策を欠いたりしているときは、適度の多様性が経済の繁栄にもっともつながりやすかった。

ただし、この山形曲線状の作用は、祖先がアフリカから移動した距離に特有のものだ。ホモ・サピエンスの出アフリカにも人間の多様性にも無関係なその他の距離からは、こうした山形のパターンは生まれない。とりわけ、東アフリカから人類が移動した距離ではなく空路での距離は、経済の発展とは相関関係がない。先史時代の人間はアフリカから、飛行機を使ってではなく徒歩で移動をしたのだから、相関していたら困ってしまう。さらに、「偽起源《プラセボ》」からの移動距離も、経済の繁栄には何の影響も与えない（「プラセボ起源」とはロンドンや東京やメキシコシティなど、現在の地球上の中心地ではあるが、ホモ・サピエンスが誕生したのではないことが明らかな場所だ）。この関係はまた、肥沃な三日月地帯など、はるか昔に技術の最先端にあった場所からの地理的距離にも影響されない。

この興味深い結果の背後にあると想定されるメカニズムは、いくつか別個の証拠群によって裏づけられている。つまり、社会の多様性は実際に、相反する影響を経済の豊かさにもたらしてきたのだ。多様性は、社会的な相互作用の中で個人の価値観や信念や嗜好の幅を広げることによって、個人間の信頼を低下させ、社会の結束を弱め、内戦を増やし、公益の提供を非効率化し、そのせいで景気を悪化させてきたことが、調査の結果から窺える。[16] その一方で、社会の多様性の高まりは、経済の発展を促してもきた。技能や問題解決の取り組み方など、個人の特性の幅を広げることによって、専門化が進んだり、革新的な活動でアイデアの「交雑」を後押ししたりし、変わりゆく技術環境に迅速に適応することが可能になるからだ。[19]

さらに、多様性が経済の繁栄にいちばんつながりやすい「スイートスポット」の水準が過去数世紀のあいだに上がった。このパターンは、高度な発展段階の特徴である急速に変化する技

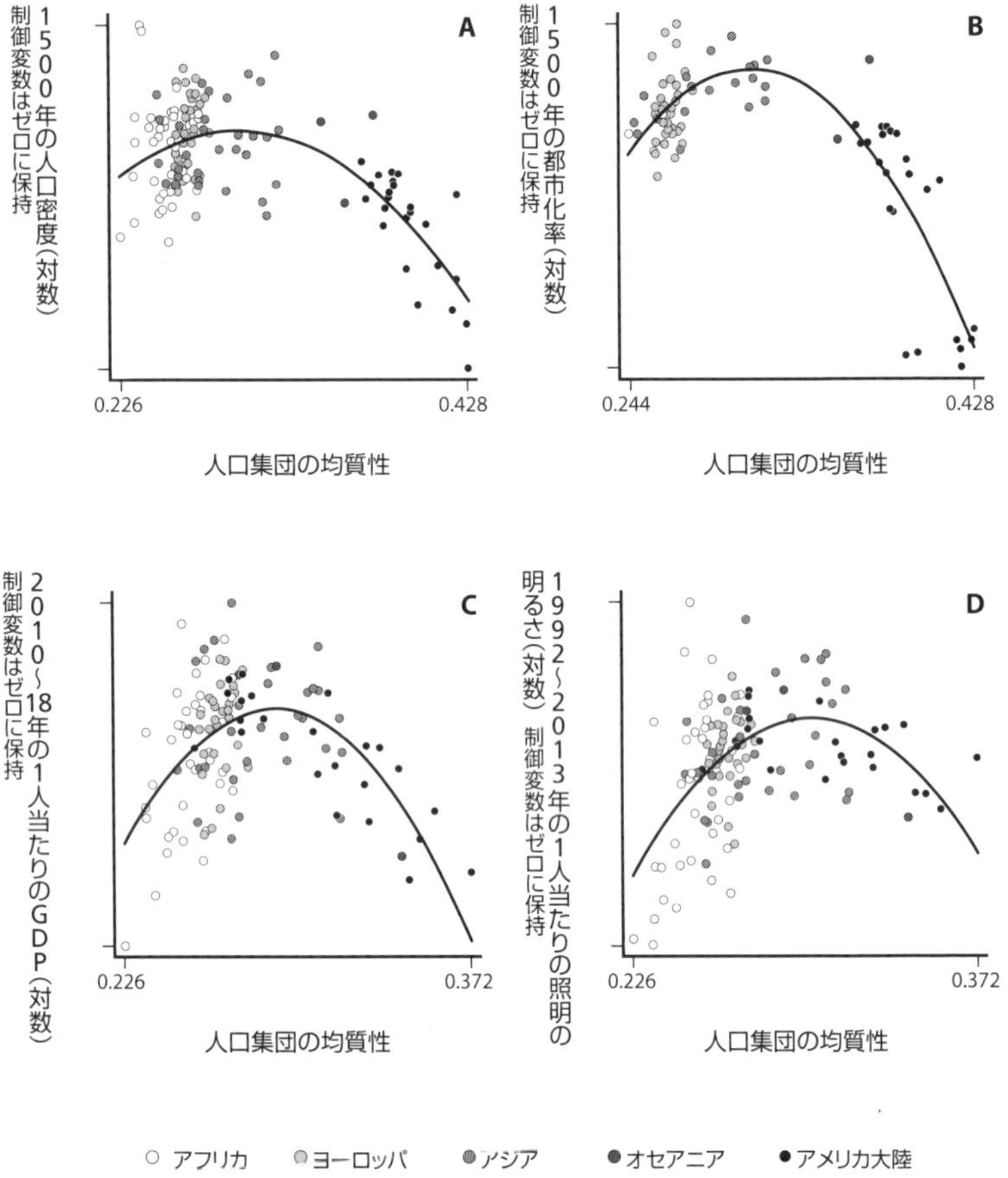

図21　各国の経済発展に人間の均質性が与えた影響：過去と現在[17]

上段の二つのグラフは、推定される人口集団の均質性が西暦1500年に経済発展に与えた影響を、グラフAでは人口密度と関連させ、グラフBでは都市化率と関連させて表している。下段の二つのグラフは、推定される均質性（祖先の下位集団の要素を調整済み）が現代の経済発展に与えた影響を、グラフCでは2010～18年の1人当たりのGDPと関連させ、グラフDでは1992～2013年の1人当たりの照明の明るさと関連させて表している。

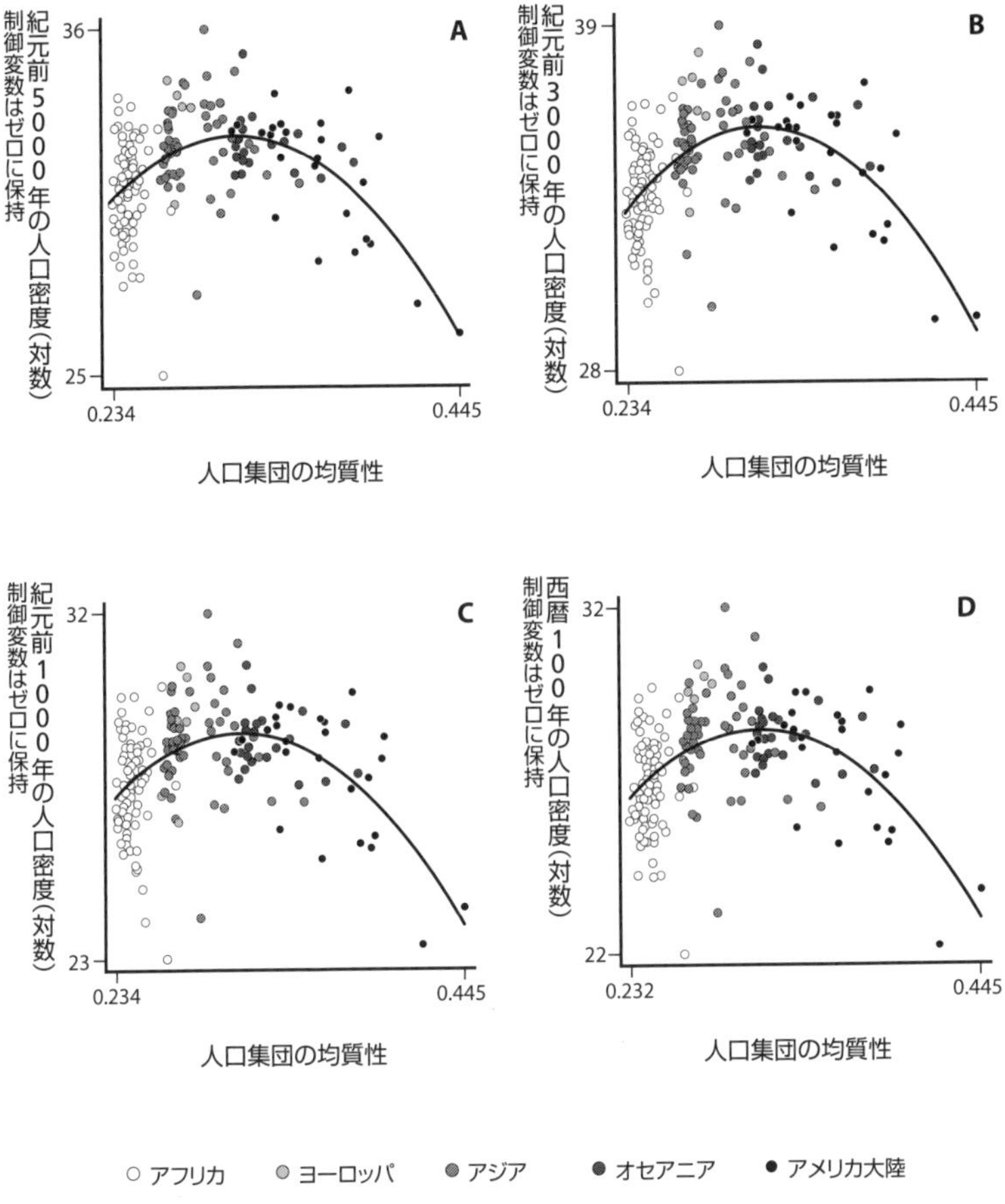

図22　異なる民族集団の経済発展に人間の均質性が与えた影響[18]

これらのグラフは、各地の先住民族集団で観察された均質性が経済発展に長期的に与えた影響を、グラフAでは紀元前5000年、グラフBでは紀元前3000年、グラフCでは紀元前1000年、グラフDでは西暦100年の人口密度とそれぞれ関連させて表している。先住民族集団の均質性は、アフリカからの移動距離をもとに推定。

術環境では多様性がますます有益になるという仮説と一致する。[20]このように発展の過程で多様性が次第に重要になる傾向は、中国とヨーロッパのあいだで境遇の逆転劇が起きた原因に新しい光を投げかけてくれる。西暦1500年に発展にいちばんつながりやすい水準の多様性が存在していたのは、日本や朝鮮や中国などの国々だった。そうした国の比較的高い均質性は、明らかに技術革新こそ抑制したものの、それ以上に社会の結束を強めたので、1500年以前の世界では理想的だった。当時は技術の進歩がまだ遅く、そのため、多様性の恩恵は限られていたからだ。中国は実際、産業革命以前の世界ではおおいに栄えていた。だが、続く5世紀のあいだに技術の進歩が加速すると、他国に比べて高い中国の均質性は経済成長の時代である近代への移行を阻む足枷《かせ》になり、経済の優位性を、もっと多様性の高いヨーロッパの社会へ、やがては北アメリカへと譲ることになったと見られる。今では、経済の発展にもっとも有利な多様性の水準は、アメリカの多様性の現時点での水準に近くなっている。[21]

　人間の多様性はもちろん、経済の浮き沈みに影響してきた要因の一つでしかなく、人口の多様性の「スイートスポット」への近さが繁栄を保証するわけでもない。とはいえ、地理や制度や文化の特性を考慮に入れれば、多様性は現在も過去と同じように、国や地域や民族集団の経済発展にかなりの影響力をもっている。[22]これらの影響の大きさは、ホモ・サピエンスが最初にアフリカの外へと足を踏み出して以来の気の遠くなるような長い時間を考えると、なおさら驚異的だ。そしてその影響は、量で表すことができる。1人当たりの所得の2010〜18年の平均に表れた繁栄の国家間格差のうち、原因がわからない部分の約4分の1は、社会の多様性に帰せられる可能性がある。比較のために言えば、同じ方法を使うと、格差のうち、地理と気候の特性で説明できるのはおよそ5分の2、病気の蔓延しやすさでは約7分の1、民族や文化の要因では5分の1であり、政治制度で説明できるのは約10分の1だ。[23]

だが、多様性が繁栄を左右するこれほど強力な要因であるにもかかわらず、国の運命はけっして石に刻まれたように確定されてはいない。現実はむしろその反対だ。多様性の力の本質を理解することによって、その恩恵をより大きなものにする一方で弊害を抑えるような適切な政策を立てることは可能なのだ。もし、世界でも国民の多様性が際立って低い国であるボリビアで文化の多様性を上げれば、1人当たりの所得は現在の5倍にもなる可能性がある。逆に、世界で多様性が際立って高い国であるエチオピアが、社会の結束や異なる集団への寛容を促すような政策を取り入れれば、1人当たりの所得は現在の倍にできるかもしれない。[24]

もっと一般的には、すでに存在している水準の多様性を最大限に生かすことを目的にした教育政策を実施すれば、多くの成果が得られるだろう。多様性が非常に高い社会はそうした政策を通じて寛容な心を育み、差異を尊重することをめざす。とても均質な社会の場合は、新しい考えを受け入れることや、物事を鵜呑《うの》みにしないこと、現状に満足せずに進んで改革を行うことを奨励する。実際、多元主義や寛容や差異の尊重をうまく促す方策をとった社会は、多様性をさらに高め、国の生産性向上につなげられるはずだ。そして技術の進歩が向こう数十年でさらに加速する見込みが高い以上、人々の結束を強めつつもその弊害を減らすことができる社会では、多様性の利点は今後も増す一方のはずだ。

過去の呪縛《じゅばく》

人間の多様性が経済発展に与える影響は、現代における国家間の豊かさの格差が、遠い過去に端を発する数々の複雑な要因に根ざしていることを示す際立った例かもしれない。実際、移民を多く抱える先進国の都市部に暮らす読者にとって、人間の多様性が地球の広大な領域にこれほど長く持続してきたことは、驚きに感じられるかもしれない。国ごとの制度や文化の違いは現代には減少した。なぜなら発展途上国が、先進国の有利な政治制度や経済制度を取り入れる傾向にあり、個人も有益な文化規範を見習おうとしてきたからだ。同様に、有病率が高いことや海に接していないことなど、地理に由来する弊害は、技術の進歩によって緩和されてきた。それでもなお、人はみな故郷や母国の文化にもともと愛着を抱くものだし、国際的な移民を阻む法的な障壁も存在しているので、それが大きな原因となり、現代でも人間の多様性の変化がひどく遅い地域がある。

だから、教育や制度や文化の適切な誘因がないと、多様性の高い社会は経済の繁栄に必要な水準の信頼や社会の結束を達成するのに苦労するし、均質な社会は技術と商業の進歩のもとになる知的な「他家受粉」から十分な恩恵を得ることができない。そのため、国家間で制度や文化の特性が似通ってきているにもかかわらず、所得格差が持続しているのかもしれない。過去の呪縛は、それほど強力なのだ。

今からはるか昔にホモ・サピエンスが初めていくつも群れを成してアフリカを出て以来、彼らが築いた社会の特性やそれぞれが移り住んだ場所の自然環境には違いがあり、その相違がもたらす影響は、長い歳月にわたって持続してきた。経済発展につながりやすい水準の人間の多様性と地理的特性に端《はな》から恵まれていた社会もあれば、最初の条件がそもそも不利だったために、以後ずっと成長の過程を妨げられてきた社会もある。初めの好条件は技術の進歩を助け、包括的な政治制度や社会関係資本や未来志向の考え方など、成長を促すような制度や文化の特性の導入につながった。それがさらに技術の進歩を後押しし、停滞から成長の時代への移行を速めた。それとは対照的に、もともとの条件が不利だった社会は、成長速度の遅い軌道にはまり込んだうえ、成長を阻むような制度や文化特性の導入によってさらにその傾向を強めた。

制度や文化は、人類の歴史を通じて地理的特性や人間の多様性に大きな影響を受けてきたが、突然の歴史の変動の影響にも常にさらされており、そのせいで国の運命が揺らぐこともある。北朝鮮と韓国の例に見られるように、地理の面でも国民の多様性の面でもほぼ同じ国でさえ、生活水準にはなはだしい差が出る場合がある。こうしたまれな例では、文化や制度が、国同士のあいだに見られる格差の背後に潜む主要な力になっている可能性がある。

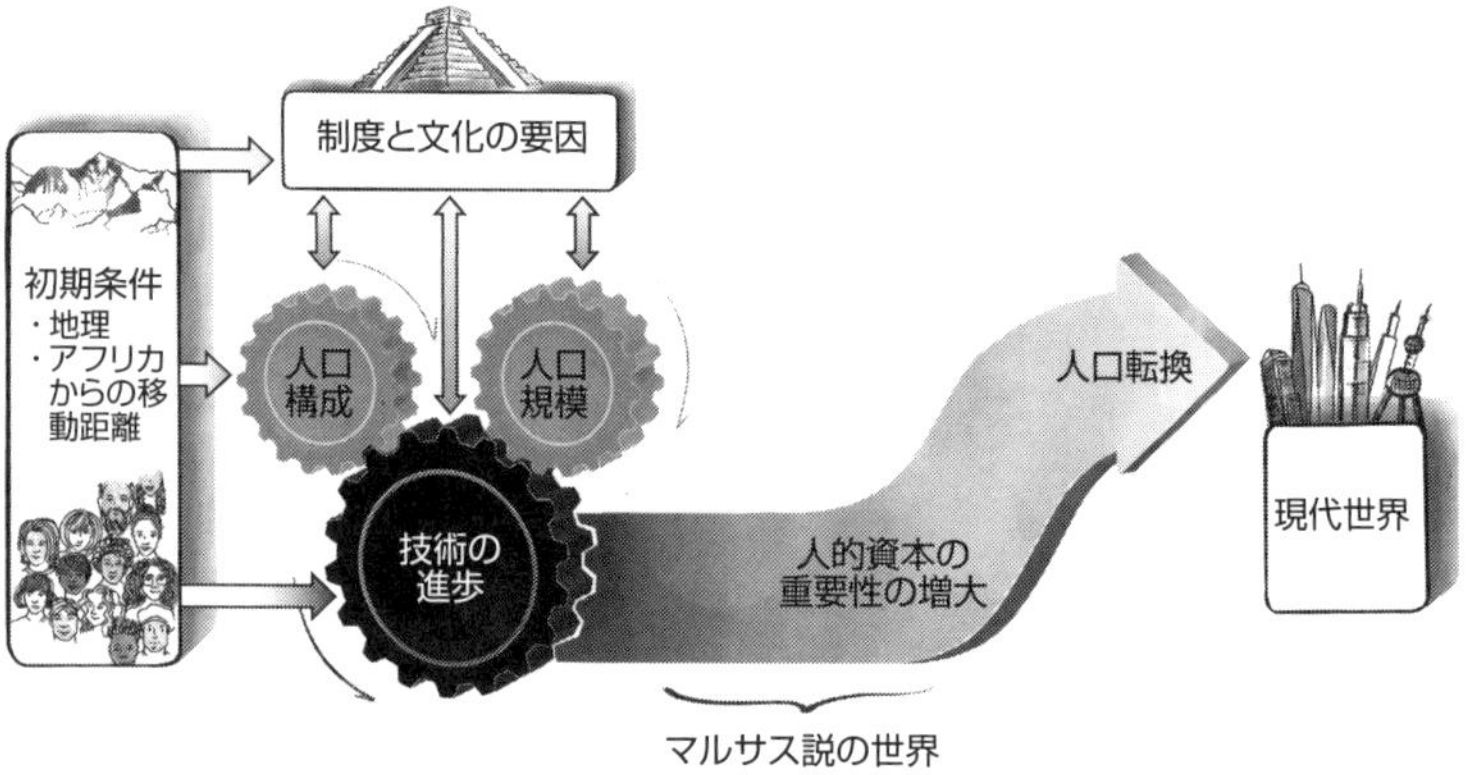

発展の違いの根本的な原因

それでもなお、人類の歴史の長い道のりからは次のことが明らかになる。地理的な特性と、人口集団の多様性（その一部は今から何万年も前にアフリカの外へとホモ・サピエンスが移動するあいだに定まった）こそが何をおいても、世界の格差の背後にあるもっとも根深い要因だ。一方、文化や制度の環境への適応はしばしば、世界各地の社会で発展の進む速度を決めてきた。一部の地域では、成長を促すような地理や多様性のおかげで、文化の特性や制度の特徴が環境に迅速に適応し、技術の進歩の加速につながった。何世紀ものち、この過程が人的資本の需要爆発を引き起こし、出生率が急落し、それによって近代という成長の時代への移行が早く始まった。別の場所では、地理や多様性と文化や制度の相互作用のせいで社会がもっとゆっくりと旅路を歩むことになり、マルサスの罠から逃れる時期が遅れた。こうして、現代世界に見られるような巨大な格差が生まれることになったのだ。

第2部のまとめ——格差の謎を解く

第二次世界大戦後、太平洋上のタンナという小さな島に軍用飛行場に似た施設がいくつか造られた。飛行機があり、滑走路があり、監視塔があり、司令部や食堂もあった。だが、それらはどれ一つとして本物ではなかった。飛行機は、中をくりぬいた木の幹で作られていたし、滑走路は離着陸に使うには長さが足りず、葦《あし》で造られた監視塔には木彫りの監視装置が置かれ、光を放っているのは松明だけだった。これらのまがいものの飛行場には一機の飛行機も着陸したことがなかったが、島民のなかには、ここで航空管制官のふりをする者もいれば、銃の代わりに木の枝を担いで行進のまねごとをする者もいた。

戦争は、タンナ島をはじめ、太平洋に浮かぶメラネシアの島々の先住民に深い印象を残した。人々は戦争のあいだ、日本やアメリカの工業力を目の当たりにした。島の上空では日本軍やアメリカ軍の飛行機が高速で飛び交い、まわりの海では軍艦同士が大砲を撃ちあい、島には兵隊によって基地が造られた。なかでも長年忘れがたい強烈な印象を与えたのは、異邦人たちがもたらした豊富な積み荷《カーゴ》だった。缶詰の食品の箱があり、医療品の箱や、衣類の箱や、島民がそれまでほとんど見たことのないさまざまな品を詰めた箱があった。戦争が終わり、兵隊が帰郷すると、これらの恵みの源泉が枯渇した。そこで、近代的な製造工程など知る由もない島民たちはこの富の起源を突きとめようとして、富に付随していたものや習慣の一部を再現した。それは、兵隊たちがもち込んだもの、つまり島民が物質的な富や精神的な富、平等や政治的自律と受けとめたものが島に戻り、再び島に恩恵を与えるのを願ってのことだった[1]〔祖先や神が豊富な文明の利器を船や飛行機でもたらすという、メラネシアに広がるいわゆる「カーゴ・カルト（積み荷信仰）」の一変種〕。

貧しい国々を発展させるための西側諸国の政策提言は、タンナ島の人々が行った「復活の儀式」と大差がないことがあまりに多い。その中身は、先進国の経済の繁栄に関連する制度を表面的にまねただけであり、彼らが富を生み出すのを可能にしている根本的な条件が正しく考慮されていない。しかも、そうした条件は貧しい国には存在しないかもしれないというのに。特に、発展途上国の貧困は主として不適切な経済や政治の施策の結果であり、したがって普遍的な一連の構造改革を実施すれば解消されるというのが、これまでずっと通念だった。この思い込みは、根本的な誤解にもとづいていた。なぜなら、もっと根深い要因がそうした政策の有効性に与える重大な影響を無視しているからだ。効果的な方法をとるのであれば、そうした根源的な要因と取り組まなければならない。それらこそがいつもきまって成長の過程を妨げてきた原因であり、しばしば国ごとに大きく異なるというのが、その理由だ。

こうした見当違いの取り組み方の有名な例が、「ワシントン・コンセンサス」だ。これは発展途上国のための政策提言であり、中心に据えられているのは貿易の自由化、国有企業の民営化、財産権の保護の充実、規制緩和、課税ベースの拡大〔課税対象を広範にすること。特に低所得者の負担増となる〕と限界税率の引き下げ〔課税対象額が1単位増したときに適用される税率を引き下げること。高所得者や高収益企業の減税となる〕だ。このワシントン・コンセンサスに触発された改革を実行するために世界銀行や国際通貨基金（IMF）が1990年代に多大な努力をしたにもかかわらず、成功は限られ、期待していたほど成果を上げられなかった。[2] 産業の民営化、貿易自由化、財産権保護などは、経済成長のための社会や文化の前提条件をすでに整えた国家にとっては成長につながる政策かもしれない。だが、これらの土台を欠いていたり、社会の結束が弱かったり、賄賂《わいろ》が横行していたりする環境では、そうした普遍的改革は実を結ばないことが多かった。

たとえどんなに効率的な改革であっても、貧しい国家を一夜で経済的に豊かな国に変えることはできない。なぜなら発展途上国と先進国の隔たりの多くは、何千年、何万年にわたる長い過程に根ざしているからだ。遠い昔に生まれた制度や文化、地理、社会の特性は、それぞれの文明に独自の歴史の道筋をたどらせ、国同士の豊かさの格差を生んできた。経済の繁栄を助ける文化や制度を徐々に採用したり形成したりできることには議論の余地がない。地理条件や多様性のさまざまな面から生じた障壁は減らすことが可能だろう。だが、各国が歴史の旅を続けるなかで現れた独自の特性を無視した介入は、格差を軽減しそうになく、逆に欲求不満や混乱や長引く停滞を引き起こす危険がある。

格差のおおもとを取り巻いているのが、グローバル化と植民地化の非対称の影響だ。グローバル化と植民地化は、西ヨーロッパの国々の工業化や発展のペースを速める一方、発展の遅れた国々が貧困の罠から逃れるのを遅らせた。世界の一部の地域では、既存の経済の不平等と政治の不平等を永続させるように作られた収奪的な植民地制度が持続したため、国家間の豊かさの格差をさらに広げることになった。

とはいえ、植民地時代の支配や搾取や非対称の貿易といったこれらの力は、植民地時代以前の不均等な発展にもとづいていた。政治と経済の制度にも、社会に浸透している文化規範にもすでに地域差があり、その差が発展の速さと、停滞から成長の時代への移行の時期を大きく左右した。

人類の歴史の重要な節目で制度改革が行われたり、異なる文化的特性が出現したりすると、それぞれの社会が別の成長の道を歩み始めることがあった。それでもランダムな出来事は、私たちの目には劇的で重大に映るかもしれないものの、人類の旅全体の中では束の間の、たいていは限られた役割しか果たしてこなかったし、過去数世紀のうちに国や地域間に経済の繁栄の差をもたらした主な要因だった可能性はきわめて低い。初期の大文明がチグリスとユーフラテス、ナイル、揚子江、ガンジスといった大河周辺の肥沃な地帯で生まれたのは、けっして偶然ではない。歴史や制度や文化がランダムに発展しただけでは、水源から遠く離れた場所に古代の大都市が造られる引き金にはなり得なかっただろうし、雪と氷に覆われたシベリアの森の奥やサハラ砂漠の真ん中で革命的な農耕技術が発達することもあり得なかったはずだ。

格差のおおもとでは、地理や遠い過去に根ざしたさらに深い要因が、世界の一部の地域では成長を促すような文化の特性や政治制度の出現をしばしば下支えし、別の地域では成長を阻むような文化の特性や政治制度の登場を後押しした。中央アメリカなどでは、土地が大規模なプランテーションに適していたため、搾取や奴隷制度や不平等を特徴とする収奪的な政治制度が現れ、持続した。サハラ以南のアフリカをはじめとするその他の場所では、病気が蔓延しやすかったので農業や労働の生産性が上がらず、進んだ農業技術の導入や人口密度の低下、政治の中央集権化、長期的な繁栄が遅れた。それにひきかえ、もっと幸運な地域では、恵まれた土壌や気候の特性のおかげで、発展につながるような文化の特性の出現が促され、協力や信頼、男女平等、強力な未来志向の考え方を重視する傾向が生まれた。

地理の特性が与える長期的な影響を正しく認識した私たちは、1万2000年の年月を遡り、農業革命の黎明期に至った。この時期に、生物がどれほど多様か、家畜化や栽培化ができる動植物がどれだけあったか、大陸がどういう方向に広がっていたかによって、狩猟採集型の部族から定住型の農業共同体への移行が早く起こった場所もあれば、遅れた場所もあった。そして、ユーラシア大陸でも農業革命が早く起きた地域は、技術で先行することができ、その優位は産業革命が始まる前までずっと続いた。しかし、ここが肝心なのだが、農業へ早く移行するのを助けた有益な力の数々は、産業革命以降は消えてなくなり、結局、今日の世界に見られる巨大な格差の形成にはわずかな影響しか及ぼしてこなかった。農業への移行を早々に経験した社会は、現在非常に繁栄している国になるようには運命づけられていなかった。それは、農業へ特化したせいで、やがて都市化が妨げられ、技術面で先行した強みが帳消しになったからだ。

現在の繁栄のもっとも深い起源を突き詰めようとすると、ついには、さらに時間を遡って、すべてが始まった時点、つまり今から何万年も前に人類が初めてアフリカから足を踏み出したときに行き着いた。その出アフリカの道筋によって部分的に決まった各社会の多様性の度合いは、人類史全体にわたって経済の繁栄に長期的な影響をもたらしてきた。そして、技術革新を誘発する「交雑」と社会の結束の両面でスイートスポットをうまく捉えた人口集団が、もっとも大きな恩恵を受けた。

ここ数十年で、かつて貧しかった国々にも急速に発展が広がり、成長を促すような文化や制度の特性が世界各地で導入され、発展途上国の成長に貢献してきた。現代の輸送や医療技術や情報技術のおかげで、地理条件が経済の発展に及ぼす悪影響が減ったし、技術の進歩に弾みがついたおかげで、多様性が繁栄にもたらす潜在的な利益もさらに大きくなった。もしこうした流れを、多様な社会では人々の結束を強めるのを可能にする政策に、均質な社会では知的な「他家受粉」の恩恵を受けるのを可能にする政策に、それぞれ結びつけたなら、現代に存在する豊かさの格差に、まさにその根本から取り組み始めることができるだろう。

今日、タンナ島には本物の空港がある。小学校には、ほとんどの子どもが通える。島民は携帯電話をもち、ヤスール火山や伝統文化に引かれて島を訪れる観光客はあとを絶たず、それが地元の経済に不可欠の収入をもたらしている。島が属するヴァヌアツ共和国の1人当たりの所得はまだごくささやかだが、それでもこの20年で倍以上になった。

国家の運命には歴史が長い影を落としているとはいえ、その運命はけっして石に刻まれたように変えようがないわけではない。人類の旅を支配してきた巨大な歯車が今も回り続けている以上、未来志向や教育や技術革新を促し、男女平等や多元主義、差異の尊重を進めるような方策こそが、普遍的な繁栄のカギを握っているのだ。

あとがき

　私がこの本を書き始めたときにブラウン大学の窓の外を駆け抜けていったリスが、その後どうなったのかはわからない。ニューイングランド地方の厳しい冬を生き延び、リスなりのやり方で成功を収めたことを願うばかりだ。それでも、はっきりしていることがある。もしあのリスがもう一度この場に姿を現して窓の中をのぞいたら、食べ物を探しもせず獲物を追いかけもせず、最終原稿の仕上げに心血を注いでいる奇妙な人間を見て、前と同じように当惑するだろう。リスにとっては、生存と繁殖の追求だけに支配されない生活を思い描くのは、きっと難しいはずだ。それなのに、私たち人間という種にとっては、リスの生き方のような生活のあり方は記憶の中で薄れていきつつある。

　本書は、人類が停滞から成長へ、さらには格差へと旅するのを許した固有の力を探究してきた。その旅路は、リスたちも、地球上に暮らすほかのどんな生き物も、けっしてたどることがないだろう。人類の歴史の全過程を説明しようと試みると、魅力的な詳細に目を奪われて全体を見渡せなくなる恐れがある。それを踏まえたうえで、私は人類にその歴史を歩ませた根本的な力に的を絞るように努めてきた。

最初の石器が作られて以来、技術の進歩は成長を促し、変わりゆく環境に人類が適応するのを助けてきた。そして、そのような成長や適応は、時と場所を問わず、つまり、あらゆる時代に、あらゆる地域で、どんな文明でも、技術のいっそうの進歩をもたらした。それにもかかわらず、すべての社会の、ある重要な一面だけはおおむね技術革新の影響を受けなかった。その一面とは、生活水準だ。技術の進歩は、物質的な豊かさを長期にわたって向上させ続けることができなかった。ほかのあらゆる種と同じで、人類もまた貧困の罠に捕らわれていたのだ。技術の進歩は必ず人口の増加につながり、進歩による恵みを次第に大勢の人で分けあう羽目になった。技術革新がもたらす経済の繁栄は数世代は続くものの、結局人口の増加によって、生活水準は生存水準まで逆戻りするのだった。

変化の歯車、つまり技術の進歩と人口の規模や構成との相互強化の作用は、何千年、何万年にもわたって絶えず加速しながら回り続け、ついに臨界点に達し、産業革命という急速な技術の進歩を引き起こした。目まぐるしく変化するこの技術環境をうまく生き抜けるような教育を受けた人材への需要が高まり、男女間の賃金格差の縮小とも相まって、子どもの数を増やすのではなく、今いる子どもの教育に投資をしようという動機が世の親たちのあいだで高まり、出生率の低下を招いた。こうして起きた人口転換がマルサスの貧困の罠を打ち砕き、生活水準が上がっても人口の急増によってすぐに相殺される状態を抜け出し、人類は長期にわたってますます繁栄することになった。

この華々しい技術の進歩や生活水準の著しい向上のかたわらで、人類は大きな災厄も経験してきた。スペイン風邪の世界的流行がもたらした壊滅的影響、世界大恐慌、政治的な過激主義、第一次世界大戦と第二次世界大戦の残虐行為。こうした災難は無数の人を打ちのめしたものの、広く見渡せば、人類全体の生活水準はどの悲劇からも速やかに立ち直った。短期的に見れば、昨今のコロナ禍で世界中の人が目の当たりにしたように、成長の過程はこれまで、大きな変動にはひどく脆弱だった。しかし歴史が示しているとおり、それらの変動はどれほど痛烈で恐ろしいものであっても、人類の発展という巨大な流れに対しては、長い目で見れば限られた影響しか及ぼしてこなかった。人類のたゆみない前進を止めることができたものは、これまで何一つなかったのだ。

とはいえ、何十億もの人が飢えや病気や不安定な気候に対する脆弱さから解放される一方で、新しい危険が地平線に姿を現した。それは、産業革命のあいだに人間の手で始まった、環境悪化や気候変動がもたらす不穏な影響だ。地球温暖化は今から数十年後、人類のたゆみない前進を頓挫させた歴史的な出来事として見られるようになっているだろうか？　工業化が気候変動に与える悪影響の緩和や、経済成長と環境維持の潜在的なトレードオフの軽減のカギを握っている可能性が高いのも、やはり工業化の影響、つまり工業化が技術革新や人的資本の形成や出生率に同時に与えた影響なのだから興味深い。この1世紀に、人口の伸びの急激な鈍化や、人的資本形成の強化や、技術革新能力の向上が世界中に広がってきていることを踏まえると、地球温暖化が招くもっとも悲惨な結果を人類は回避することができると楽観してもよさそうだ。

人類の生活水準は19世紀が明けて以来、考え得るどんな尺度に照らしても、かつてないほどの飛躍を遂げた。それを反映しているのが、教育を受けたり、保健インフラや科学技術を利用したりする機会の急速な充実だ。そうした力によって、世界の何十億もの人の生活が劇的に変容した。ただし、停滞の時代からの脱出を果たした時期には、各地で開きがあった。西ヨーロッパ諸国や北アメリカは産業革命のすぐあとに生活水準の目覚ましい向上を経験したが、アジアやアフリカやラテンアメリカの大半の地域では、停滞から成長の時代への移行が起きたのはようやく20世紀の後半になってからだった。そのせいで、豊かさや幸福や健康に途方もない格差が生まれた。だがこの点でもやはり、明るい見通しをもつ根拠がある。たしかに、制度や文化、地理、多様性に関する地域差が完全に消えることはないだろう。それらの要因の影響がどれほど長く続き得るかを私たちは知っている。それでも徐々に文化や技術が広まり、また多様性に関わる政策がとられれば、こうした隔たりのいくつかに橋をかけたり、根深い要因の影響を緩和したりすることは可能だろう。マルサス説が想定している力が私たちの集合的記憶の中で薄れ、人類全体が旅の新しい段階に踏み出す時がくるのは、そう遠くないはずだ。

過去2世紀の目を見張るような進歩に焦点を当てたからといって、人類の多くに影響を及ぼし続けている悲惨さと不公正の深刻さが軽視されてはならないし、それらに取り組む責任の緊急性が下がるべきでもない。私が願うのはむしろ、この格差の起源を理解して貧困の緩和に向けたより良い取り組み方を見つけ、人類全体の繁栄に役立てるようになることだ。私たちのルーツを認識すれば、未来を設計する作業に加わることが可能になる。そして、人類の歴史の巨大な歯車がここ数十年にわたって急速に回り続け、経済の繁栄を世界に広めるのに貢献していることに気づけば胸が躍り、手の届くところにあるものをしっかりつかみ取りたいという欲求を募らせるに違いない。

人類が内省をするようになって以来、思想家は国の栄枯盛衰や豊かさと格差の起源について思いを巡らせてきた。今、数十年来の研究から生まれた長期的な展望に加えて、経験的証拠にもとづいた分析の統合的枠組みのおかげで、私たちは人類の旅の全貌を捉え、その中心的な謎を解く道具を手にしている。豊かさと地球規模の格差の起源を理解することが、世界全体の繁栄を促すような政策設計につながり、人類が未知の領域へと旅を続けるなか、読者が、先々待ち受ける今よりさらに豊かな未来を思い描き、その実現に向けて努力できるようになることを、私は願ってやまない。

謝辞

本書は過去30年間にわたって著者が構想し進展させてきた知的試みの一環だ。

この本のさまざまな層の基盤となる研究は、以下に挙げる方々との共同研究から得るものが多かった。クァムルール・アシュラフ、グレゴリー・ケイシー、ラファエル・フランク、マーク・クレンプ、ステリオス・ミハロプーロス、オメール・モアヴ、アンドリュー・マウントフォード、エメール・オザック、ハール・ライダー、アッサーフ・サリド、ヴィアチェスラウ・サヴィツキー、ダニエル・ツィドン、ディートリック・ヴァルラス、デイヴィッド・ワイル、ジョセフ・ゼイラ。そして、長年のあいだに世界中の研究者たち、とりわけ以下の方々と交わした実り多い議論からも恩恵を受けてきた。ダロン・アセモグル、アルベルト・アレシナ、サーシャ・ベッカー、ロラン・ベナブー、アルベルト・ビズィン、マッテオ・チェルベラッティ、カール＝ヨハン・ダルゴー、ダヴィド・ド・ラ・クロワ、クラウス・デスメット、マティアス・デプケ、スティーヴン・ダーラウフ、ジェイムズ・フェンスク、モシェ・ハザン、アンドレアス・イルメン、ロス・レヴァイン、ジョエル・モキイア、ネイサン・ナン、ルイス・パターマン、ジム・ロビンソン、ウヴェ・ズンデ、エンリコ・スポラオーレ、ホルガー・

シュトルリク、ヨアヒム・フォート、ロメイン・ワジアーグ、ファブリツィオ・ジリボッティ。

本書の一部やその土台にある理論的枠組みについては、以下の講演でテーマとして取り上げてきた。名誉博士号講演（ルーヴァン・カトリック大学、2021年）、名誉博士号講演（ポズナン経済大学、2019年）、コペルニクス講演（トルン、2019年）、リカード講演（デンマーク、2019年）、ボーゲン講演（ヘブライ大学、2019年）、ツォイテン講演（コペンハーゲン、2016年）、ベルグラス講演（テルアヴィヴ大学、2015年）、マディソン講演（フローニンゲン、2012年）、クズネッツ講演（イェール大学、2009年）、クライン講演（大阪、2008年）、ドイツ経済学会（アウグスブルク、2016年）とイスラエル経済学会（エルサレム、2003年）での開会講演。加えて以下の場での基調講演でもこのテーマを論じた。欧州公共選択学会の会合（エルサレム、2019年）、NBER（全米経済研究所）の「時空間を超えるマクロ経済」（フィラデルフィア、2018年）、宗教・経済・文化研究連合（コペンハーゲン、2016年）、「歴史の長い影」（ミュンヘン、2014年）、第9回IZA（労働経済研究所）年次移民会合（ボン、2012年）、BETA（理論応用経済学研究所）の歴史経済学ワークショップ（ストラスブール、2012年）、移民と開発についての第4回国際会議（ハーヴァード大学、2011年）、韓国経済学会（ソウル、2008年）、「初期の経済発展」（コペンハーゲン、2006年）、DEGIT（ダイナミクス、経済成長、国際貿易）年次会合（ローマ、2000年、ウィーン、2001年、メキシコシティ、2005年）、T2M（マクロ経済学の理論と方法）年次総会（パリ、2000年）。

さらに以下の場所での連続講演でも、本書の理論的基盤に焦点を当ててきた。キール（2015年）、ザンクト・ガレン（2012〜15年）、経済成長サマースクール（ワーウィック、2011〜13年、ナポリ、2012年、エルサレム、2008年）、バル＝イラン大学（2012年）、ベン＝グリオン大学（2012年）、ルクセンブルク（2012年）、ポルト（2012年）、パリ政治学院（2012年）、デンマーク博士号プログラム（コペンハーゲン、2008年）、IMFのトレーニング・プログラム（2006年、2008年）、経済政策研究センターのサマー・ワークショップ（フィレンツェ、2007年）、チューリッヒ（2003年）、オランダ共同博士課程プログラム（2000年）。

2020年3月にヘブライ語で出版された本書の前身に当たる版の執筆では、オリ・カッツの協力にどれほど助けられたことか。そして、そのヘブライ語版をイーロン・レヴィが見事な英語に翻訳してくれた。過去2年にわたり、この初期の版の構成や記述範囲、表現様式、内容を全面的に改訂するとともに、加筆した。この過程では、以下の方々の注意深い読み込みと洞察力に溢れた論評がおおいに役立った。ギヨーム・ブラン、グレゴリー・ケイシー、アモーリー・ドゥー、ラファエル・フランク、マーティン・フィスビーン、マリコ・クラシング、マーク・クレンプ、ジュリア・リン、マリア・メデリン・エスゲーラ、ペトロス・ミリオニス、ディエゴ・ラモス・トロ、バラシュ・ゼリティ、アリー・ジュー、そしてとりわけエリカ・ドゥランチ。

私の著作権エージェントであるジェニファー・ジョエルにも感謝する。彼女の貴重な助言と徹底した編集のおかげで本書の質が著しく高まり、対象となる読者層が格段に広がった。ウィル・ハモンド（ペンギン・ランダム・ハウス、ヴィンテージ）とジョン・パースリー（ペンギン・ランダム・ハウス、ダットン）の二人は本書を、さらに視野が広く、多様な読者に訴える作品に変容させてくれた。特に、ウィル・ハモンドの念入りで有益な編集や、彼が本書のテーマの多くとその根底にある研究の方法論について親切にも私と交わしてくれた広範な議論のおかげで、原稿の質や、理論と経験的方法論の専門的な側面の提示の仕方が、目覚ましく改善された。

監訳者あとがき

著者のオデッド・ガローは１９５３年生まれのイスラエル系アメリカ人で、ヘブライ大学で学士号と修士号、コロンビア大学で博士号を取得し、現在はブラウン大学の経済学教授。そのガローが人類史を振り返り、経済成長と格差にまつわる二つの謎に挑んだのが、今年4月刊行の*The Journey of Humanity: The Origins of Wealth and Inequality*で、本書はその全訳だ。

人類は誕生以来、生きていくのがやっとという暮らしを続けてきたが、２００年ほど前を境にその状態を脱して持続的経済成長の時代に入った。何がこの成長をもたらしたのか？　これが「成長の謎」だ。過去2世紀ほどの成長は、全世界でけっして均等には起こらなかった。何が国家間や地域間でこの格差を生んだのか？　これが「格差の謎」だ。これら二つの謎の解明(併せて格差の軽減を助ける手掛かりを示すこと)を、著者は本書の目的として掲げる。

そして、その目的を果たすために、著者は巧みな構成を使っている。本書の原題を訳せば『人類の旅路』となるが、二つの謎の探究も旅路に見立てることができる。著者は「成長の謎」の探究に第1部を充て、脳の発達を起点に、農業革命や、停滞から成長への転換期を経て現代へと歴史を旅し、続く第2部では「格差の謎」を追って、今度は逆に過去に向かい、植民地時代や、やはり農業革命を経て、出アフリカまで歴史を遡る。見事な対を成すこの二部構成の逆方向への旅路は、前者は技術の進歩と人口の規模・構成という、回り続ける「歯車」の相互作用に、後者は地理と、アフリカからの移動距離に相関する人口集団の均質性／多様性の度合いに行き着くわけだが、その謎解きの旅の妙味は、本文で堪能してもらうにかぎる。

著者が画期的なのは、「統一成長理論」と呼ぶものを打ち出した点だ。これは「人類の旅全体を総括する」ための理論であり、「個々の時代だけではなく発展の全過程の背後にある主要な原動力を反映できていなければ世界的な経済発展の原動力の理解は脆弱で不完全になる」という考えや、「従来の分析は、現代という経済成長の時代とマルサスの停滞の時代を一つの統合された総体ではなく二つの別個で無関係の現象と捉えていたため、成長の過程自体の解釈が限られ、ゆがんだものにさえなり、今日の国家間の豊かさの格差を理解するうえで、歴史のもつ力の重要な役割が無視されてしまった」という著者の認識にもとづく。

その理論をまとめ上げた著者の力量と、根源にある原因をあくまで追究する姿勢は敬服に値する。先進国と発展途上国のあいだには、なぜ経済格差があるのか？　それは前者の生産性が高いからだ。では、なぜ生産性が高いのか？　それは、技術や技能、教育や訓練が充実しているからだ。では、なぜ充実しているのか？　という具合に、著者は徹底して根源を目指す。

そこまでしているからこそ、人的資本への投資、女性の有給雇用の増加、社会の均質性と多様性の最適化などが持続的成長の要因であるといった主張や、「未来志向や教育や技術革新を促し、男女平等や多元主義、差異の尊重を進めるような方策こそが、普遍的な繁栄のカギ」といった、格差解消につながる提言には説得力がある。また、「地球温暖化が招くもっとも悲惨な結果を人類は回避することができると楽観してもよさそうだ」という見解も心強い。

本書のような壮大な視野をもつ作品には、思わず想像力をかき立てられる。人類の旅路は、今後も前述の歯車が回り続けて進展していくのだろうか？　それとも、水面下で別の歯車がすでに回っていたり、今後回りだしたりして、予想外の展開を迎えるのだろうか？　さらに、倫理や価値観、幸福といった経済以外の面でも、歴史を網羅する統一理論があるのか？　あるとすれば、それらはどう絡み合い、まとまりうるのか？　本書を重要な基盤として、人類史の理解がさらに深まり、その成果を目にできる日がくるのが、楽しみでしかたない。

最後になったが、本書に関する質問に丁寧に答えてくださった著者に感謝する。また、本書は訳者の森内薫さん、編集者の加納展子さん、校正者の酒井清一さん、組版を担当された佐藤裕久さん、装幀を担当された木庭貴信さんと角倉織音さんをはじめ、大勢の方々の尽力の産物であることを明記し、これらのみなさまに心からお礼を申し上げる。

2022年8月

柴田裕之

[10] Pemberton et al. (2013).

[11] データ出典：Pemberton et al. (2013). Figure source: Ashraf, Galor and Klemp (2021).

[12] Harpending and Rogers (2000); Ramachandran et al. (2005); Prugnolle et al. (2005); Manica et al. (2007); von Cramon-Taubadel and Lycett (2008); Hanihara (2008); Betti et al. (2009); Atkinson (2011); Betti et al. (2013); Betti and Manica (2018).

[13] Alesina et al. (2003).

[14] Pemberton et al. (2013); Desmet et al. (2017).

[15] Ashraf and Galor (2013).

[16] Arbatli et al. (2020); Ashraf et al. (2021).

[17] Ashraf et al. (2021). 西暦 1500年に認められた人口集団の均質性と人口密度との山形の関係（図21(A)）には、植民地時代以前のアメリカ先住民社会の多様性（すべて、山形のグラフの右側に位置）が過小評価されている可能性が反映されていない。生産性全般に多様性が与えた影響および、とりわけ西暦1500年の人口密度に与えた影響は、各大陸内の多様性の変動にもとづいて確立されているため、おそらく起きているだろうアメリカ大陸全体の人口に対する過小評価は、グラフに描かれているパターンとは何も関係をもたない。実際、使用された統計的手法によれば、南北アメリカの各民族集団の先住民がたとえ100倍の規模であったとしても、図21(A)に示されている多様性の影響はおそらく変わらない。

[18] 同上。

[19] Cook and Fletcher (2018); Depetris-Chauvin and Özak (2021); Ashraf et al (2021).

[20] Manica et al. (2007); von Cramon-Taubadel and Lycett (2008).

[21] Ashraf and Galor (2013).

[22] Ashraf et al. (2021).

[23] 同上。

[24] Ashraf and Galor (2013).

第2部のまとめ——格差の謎を解く

[1] Worsley (1967); Steinbauer (1979).

[2] Rodrik (2006); Hausmann et al. (2008).

[22] 同上。
[23] Galor and Mountford (2006, 2008).
[24] Kendi (2016).
[25] Nunn (2008).
[26] Nunn and Puga (2012).
[27] Hofstede et al. (2005).
[28] Galor and Özak (2016).
[29] 同上;「国ごとの長期志向性」のデータ出典:https://hi.hofstede-insights.com/national-culture.
[30] Galor and Özak (2016).
[31] 同上。
[32] 同上。
[33] Talhelm et al. (2014).
[34] Ang (2019).
[35] Alesina et al. (2013).
[36] 同上。
[37] Tversky and Kahneman (1991).
[38] Galor and Savitskiy (2018).
[39] 同上。
[40] 同上。
[41] Magga (2006); Krupnik and Müller-Wille (2010).
[42] Josserand et al. (2021).
[43] Pinker (2003).
[44] Roberts and Winters (2012); Lupyan and Dale (2010).
[45] Richerson et al. (2010).
[46] Galor et al. (2018).
[47] Stahlberg et al. (2007); Galor et al. (2020).
[48] Fenske (2014).
[49] Galor et al. (2018).
[50] Bybee and Dahl (1989); Dahl and Velupillai (2011).
[51] Chen (2013); Galor (2016); Galor et al. (2019).

第11章　農業革命の遺産

[1] Weiss et al. (2008); Snir et al. (2015).
[2] Diamond (1997).
[3] North and Thomas (1977).
[4] Galor and Moav (2007); Gibbons (2021).
[5] Skoglund et al. (2014); González-Fortes et al. (2017).
[6] Feldman et al. (2019).
[7] Lazaridis et al. (2014).
[8] Bellwood and Fox (2006).
[9] Bostoen (2018).
[10] Murdock (1967).
[11] Carneiro (1981).
[12] Taylor (1973); Testart et al. (1982); Allen (1997).
[13] Mayshar et al. (2017).
[14] Scott (2017).
[15] Mayshar et al. (2022).
[16] データ出典:Putterman (2008).
[17] Ashraf and Galor (2011).
[18] Ashraf and Galor (2013).
[19] Galor and Mountford (2006, 2008).
[20] Acemoglu and Robinson (2012); Mokyr (2016); Hoffman (2017).

第12章　出アフリカ

[1] Palmer (1992).
[2] Ridley (2010).
[3] Ottaviano and Peri (2006); Lee (2015).
[4] Delis et al. (2017).
[5] Cook and Fletcher (2018).
[6] Alesina et al. (2003); Ramos-Toro (2017).
[7] Easterly and Levine (1997).
[8] Harpending and Rogers (2000); Ramachandran et al. (2005); Prugnolle et al. (2005); Manica et al. (2007); von Cramon-Taubadel and Lycett (2008); Hanihara (2008); Betti et al. (2009); Atkinson (2011); Betti et al. (2013); Betti and Manica (2018).
[9] 同上。

[15] Dell (2010).
[16] Acemoglu et al. (2011).
[17] McEvedy and Jones (1978).
[18] Sokoloff and Engerman (2000).
[19] La Porta et al. (1997); Glaeser and Shleifer (2002).
[20] Galor et al. (2009).
[21] Engerman and Sokoloff (1997).
[22] Acemoglu et al. (2002).
[23] Acemoglu et al. (2001).
[24] Sachs (2012).
[25] Easterly and Levine (2016).
[26] Glaeser et al. (2004).
[27] Putterman and Weil (2010).
[28] Michalopoulos and Papaioannou (2013).
[29] Acemoglu and Robinson (2012).
[30] Fenske (2014); Galor and Klemp (2019).
[31] データ出典:WDI, World Bank.

第9章　文化的な要因

[1] 「マルコによる福音書」9:24;「テモテへの手紙」6:10; Aquinas (2012);「マタイによる福音書」5:5.
[2] Wesley (1872).
[3] Becker and Woessmann (2009); Andersen et al. (2017).
[4] Becker and Woessmann (2009).
[5] Nunziata and Rocco (2016, 2018).
[6] Guiso et al. (2006); Bazzi et al. (2020).
[7] Botticini and Eckstein (2014).
[8] Blackmore (2001).
[9] Dawkins (1976).
[10] Henrich (2017).
[11] White (1959); Steward (1972).
[12] Fanon (2007, 2008); Andrews (2021).
[13] Kant (1784).
[14] Mokyr (2016).
[15] Neel (1962).
[16] Banfield (1967).
[17] Alesina and Giuliano (2010).
[18] Arrow (1972).
[19] Putnam et al. (1994).
[20] Guiso et al. (2004). 信頼度は、2002年から2011年にかけて欧州社会調査によって実施された調査の質問に対する回答をもとに測定されている。「ほとんどの人を信頼できると思いますか?　それとも、人との付き合いではいくら注意してもしすぎることはないと思いますか?」
[21] Becker et al. (2016).
[22] Nunn and Wantchekon (2011).
[23] Giavazzi et al. (2019).
[24] Gorodnichenko and Roland (2017).
[25] Fischer (1989).

第10章　地理が落とす影

[1] Goody (2018).
[2] Murdock (1967).
[3] Alsan (2015).
[4] Sachs (2002).
[5] Lucas (2010, 2013).
[6] Dalgaard et al. (2020).
[7] Ashraf and Galor. (2013)
[8] Diamond (1997).
[9] Jones (2003).
[10] Hume (1825).
[11] Cosgel et al. (2012); Rubin (2017).
[12] Hanioğlu (2010).
[13] Quataert (2005).
[14] Mokyr (2016).
[15] Wittfogel (1956).
[16] Lang (1997).
[17] Cosandey (2007).
[18] Hoffman (2017).
[19] Ashraf et al. (2010); Ashraf and Galor (2011).
[20] Engerman and Sokoloff (1997).
[21] Acemoglu et al. (2002).

Human Mortality Database, University of California, Berkeley (USA), and Max Planck Institute for Demographic Research (Germany); World Health Organization (2016).
[3] Bleakley (2010); Lucas (2010).
[4] データ出典:United States, Bureau of the Census, and United States.
[5] Wallsten (2001).
[6] データ出典:Maddison Project Database (2020); Bolt and van Zandan (2020).
[7] データ出典:World Economic Outlook, IMF (2018).
[8] データ出典:Office for National Statistics (ONS), UK.
[9] データ出典:Bureau of Labor Statistics.
[10] データ出典:World Economic Outlook, IMF (2018).
[11] Franck and Galor (2022).
[12] Becker et al. (2017).
[13] Franck and Galor (2021).
[14] データ出典:WDI, World Bank.
[15] 同上。
[16] Keynes (1971).
[17] Abram et al. (2016).
[18] Jackson (2016).
[19] Casey and Galor (2017).
[20] Gates (2021).

第7章　光と影

[1] データ出典:WDI, World Bank (2017); United Nations (2018).
[2] データ出典:https://www.cdc.gov; https://www.census.gov.
[3] データ出典:WDI, World Bank (2017).
[4] データ出典:WDI, World Bank (2018).
[5] Romer (1990); Aghion and Howitt (1992); Grossman and Helpman (1991); Jones (1995); Lucas (1988, 2002).
[6] データ出典:Bolt et al. (2018); Durlauf and Quah (1999); Durlauf et al. (2005).
[7] Easterly (2001); Hausmann et al. (2005).
[8] Estevadeordal et al. (2002).
[9] Findlay and O'Rourke (2003).
[10] Crafts and Thomas (1986); O'Rourke and Williamson (1999); Pomeranz (2000); Andrews (2021).
[11] Mokyr (1999).
[12] Kuznets (1967).
[13] Galor and Mountford (2008).
[14] 同上; Bignon and García-Peñalosa (2016).
[15] Bairoch (1982).
[16] Chaudhuri (1983).
[17] Bairoch (1974, 1982).
[18] Matthews et al. (1982).
[19] Basu (1974).
[20] Morris (2010).

第8章　制度の痕跡

[1] Produced by NASA.　出典:Wikimedia Commons.
[2] データ出典:Maddison Project Database (2020); *The World Factbook* (2020).
[3] North (1990).
[4] Greif (1993).
[5] Acemoglu and Robinson (2012).
[6] Hill (1966).
[7] Acemoglu and Robinson (2012).
[8] 同上。
[9] Mokyr (1992).
[10] Klemm (1964).
[11] Mokyr (1992).
[12] Murtin and Wacziarg (2004).
[13] Barro (1996); Persson and Tabellini (2006); Papaioannou and Siourounis (2008).
[14] Lipset (1959); Barro (1999); Fukuyama (2006).

[22] De Pleijt et al. (2020).
[23] Katz (2018).
[24] Atack et al. (2010).
[25] Nelson and Phelps (1966).
[26] Meisenzahl and Mokyr (2011).
[27] Feldman and van der Beek (2016); de la Croix et al. (2018).
[28] Nelson and Phelps (1966).
[29] Cinnirella and Streb (2017).
[30] Squicciarini and Voigtländer (2015).
[31] Maloney and Valencia Caicedo (2017).
[32] Benhabib and Spiegel (2005).
[33] Acemoglu and Robinson (2000); Aidt and Franck (2015).
[34] Galor and Moav (2006).
[35] Galor and Tsiddon (1997); Galor and Moav (2000).
[36] Green (1990).
[37] 同上。
[38] Galor and Moav (2006).
[39] Galor et al. (2009).
[40] 同上。
[41] Photo by Lewis Hine.　出典:Library of Congress. Wikimedia Commons.
[42] Basu (1999).
[43] Hazan and Berdugo (2002); Doepke and Zilibotti (2005).
[44] Nardinelli (1980).
[45] データ出典: https://ourworldindata.org/child-labor.
[46] Doepke and Zilibotti (2005).
[47] Pinker (2018).

第5章　停滞から成長へ

[1] データ出典:https://ourworldindata.org/fertility-rate.
[2] Jones and Tertlit (2009).
[3] Galor (2005); Cervellati and Sunde (2005); Voigtländer and Voth (2006).
[4] データ出典:Chesnais (1992).
[5] Grande and Stevenson (2017).
[6] Hanjal (1965); Guinnane (2011); Voigtländer and Voth (2013).
[7] Potts and Campbell (2002).
[8] Collier (2010).
[9] Galor and Weil (2000); Becker and Tomes (1976).
[10] Botticini and Eckstein (2014).
[11] Galor (2012); Vogl (2016).
[12] Becker et al. (2010).
[13] Bleakley and Lange (2009).
[14] Fernihough (2017); Murphy (2015); Andersen et al. (2016); Vogl (2016).
[15] Klemp and Weisdorf (2019).
[16] Shiue (2017).
[17] Goldin (1990).
[18] Cipolla (1969).
[19] Schultz (1985).
[20] Greenwood et al. (2005); Hazan et al. (2021).
[21] Wrigley and Schofield (1989); Burnette (1997).
[22] Goldin (1990).
[23] Goldin (1987).
[24] Galor and Weil (1996), Lagerlöf (2003); de la Croix et al. (2015).
[25] Crafts (1989).
[26] Brown and Guinnane (2002).
[27] Wanamaker (2012).
[28] Schultz (1985); Heckman and Walker (1990).

第6章　約束の地

[1] Gordon (2017).
[2] データ出典:Wrigley and Schofield (1981); Arias (2016); Blayo (1975); Vallin and Meslé (2001); United Nations (2017); Kannisto et al. (1999); OECD (2017);

[10] Morelli et al. (2010).
[11] Jedwab et al. (2019).
[12] Photo © José Luiz Bernades Ribeiro / CC BY-SA 4.0 / Source: Wikimedia Commons
[13] データ出典：Clark (2007); Clark (2016); Wrigley et al. (1997).
[14] McNeill (1949); Fukuyama (2006).
[15] O'Gráda (1979).
[16] Woodham-Smith (1962).
[17] Chen and Kung (2016).
[18] Ho (2013).
[19] Angrist and Pischke (2008).
[20] 同上。
[21] Clark (2008).
[22] Angel (1969).
[23] Acsádi et al. (1970); Hassan (1981); Galor and Moav (2005).
[24] Hopkins (1966).
[25] Wrigley and Schofield (1981).
[26] Blayo (1975).
[27] Human Mortality Database, University of California, Berkeley (USA), and Max Planck Institute for Demographic Research (Germany).
[28] Kannisto et al. (1999).
[29] データ出典：Bolt et al. (2018).

第3章　水面下の嵐

[1] Copernicus, cited in Kuhn (1957).
[2] Galor (2011).
[3] 同上；Galor and Weil (2000); Galor and Moav (2002); Galor and Mountford (2008).
[4] データ出典：Hyde (History database of the Global Environment); Roser et al. (2019): https://ourworldindata.org/world-population-growth.
[5] Simon (1977); Kremer (1993).
[6] Kline and Boyd (2010).
[7] Richerson et al. (2010).
[8] Galor and Weil (2000); Lagerlöf (2006).
[9] Galor and Moav (2002).
[10] Barlow (1958).
[11] Kettlewell (1955).
[12] Mathieson et al. (2015).
[13] Bisin and Verdier (2000, 2001); Doepke and Zilibotti (2008); Galor and Michalopoulos (2012).
[14] MacArthur and Wilson (1970).
[15] Harper et al. (1970); Charnov and Ernest (2006); Walker et al. (2008).
[16] Galor and Klemp (2019).
[17] de la Croix et al. (2019).

第4章　蒸気エンジン全開!

[1] Dickens (1868).
[2] McCloskey (1981).
[3] Crafts and Harley (1992).
[4] Rosenberg and Trajtenberg (2004).
[5] Pascali (2017).
[6] *New York Herald* (1879).
[7] Allen (2003).
[8] Mokyr (1992).
[9] Dittmar (2011).
[10] Buringh and van Zanden (2009).
[11] Dittmar (2011).
[12] データ出典：https://ourworldindata.org/literacy.
[13] Mitch (1992).
[14] Flora et al. (1983).
[15] Cipolla (1969).
[16] Green (1990).
[17] Flora et al. (1983).
[18] Cubberley (1920); Green (1990).
[19] Abramovitz and David (1999); Goldin and Katz (2001).
[20] Goldin (1998).
[21] Franck and Galor (2022).

原注

人類史の二つの謎

[1] Hobbes (1651).
[2] データ出典：Maddison Project Database (2010, 2013, 2018); Bolt and van Zanden (2014); Bolt et al. (2018); Roser et al. (2019): https://ourworldindata.org/life-expectancy.
[3] データ出典：Bolt and van Zanden (2014); Bolt et al. (2018). 西ヨーロッパからの派生国家とは、オーストラリア、カナダ、ニュージーランド、アメリカ合衆国を指す。
[4] Galor (2011).
[5] これらの主要な出来事のいくつかはダイアモンド（1997）およびハラリ（2014）によって探究された。
[6] Acemoglu and Robinson (2012); Alesina and Giuliano (2015).
[7] データ出典：Bolt et al. (2018).
[8] Popper (1945).
[9] Pinker (2018).
[10] Mellars (2006).
[11] Hershkovitz et al. (2018); Harvati et al. (2019).
[12] Bae et al. (2017).
[13] Poznik et al. (2013).
[14] Fu et al. (2013).
[15] López et al. (2015).
[16] Westaway et al. (2017).
[17] Clarkson et al. (2017).
[18] Hublin et al. (2020); Fewlass et al. (2020).
[19] Moreno-Mayar et al. (2018); Waters (2019); Becerra-Valdivia and Higham (2020); Bennett et al. (2021).
[20] Bar-Yosef (1998); Bar-Yosef and Valla (2013); Grosman (2013).
[21] Diamond (1997).
[22] 同上。
[23] Haidt (2012).
[24] Modelski (2003); Morris (2010).
[25] Chandler (1987); Morris (2010); Modelski (2003); Vaquero and Gallego (2001).
[26] Ségurel and Bon (2017); Bleasdale et al. (2021).
[27] Ségurel and Bon (2017).
[28] Wiesenfeld (1967); Gibbons (2021).

第1章　最初の一歩

[1] Jelinek (1982).
[2] Roebroeks and Villa (2011); Shimelmitz et al. (2021).
[3] Parker (2011).
[4] Clutton-Brock et al. (1980); González-Forero and Gardner (2018).
[5] Dunbar (1998); Ofek (2001).
[6] Herrmann et al. (2007); Henrich (2017).
[7] Miller (2011).
[8] Aiello and Wheeler (1995); Wrangham (2003).
[9] Darlington (1975).

第2章　停滞の時代

[1] Diamond (1997); Comin, Easterly and Gong (2010); Ashraf and Galor (2011).
[2] Ashraf and Galor (2011); Dalgaard and Strulik (2015); Madsen et al. (2019).
[3] Ashraf and Galor (2011).
[4] Cohen (1989).
[5] Hunt and Lipo (2006).
[6] West (2010).
[7] Diamond (2005).
[8] Weisdorf (2005); Ashraf and Michalopoulos (2015); Matranga (2017).
[9] Diamond (1997).

136, no. 1 (2008): 108–13.
- Walker, Robert S., Michael Gurven, Oskar Burger and Marcus J. Hamilton, 'The trade-off between number and size of offspring in humans and other primates', *Proceedings of the Royal Society B: Biological Sciences* 275, no. 1636 (2008): 827–34.
- Wallsten, Scott, 'Ringing in the 20th Century: The Effects of State Monopolies, Private Ownership, and Operating Licenses On Telecommunications in Europe, 1892–1914', SSRN, 2001.
- Waters, Michael R., 'Late Pleistocene exploration and settlement of the Americas by modern humans', *Science* 365, no. 6449 (2019).
- Wanamaker, M. H., 'Industrialization and Fertility in the Nineteenth Century: Evidence from South Carolina', *The Journal of Economic History* 72, no. 1 (2012): 168–96.
- Weisdorf, Jacob L., 'From Foraging to Farming: Explaining the Neolithic Revolution', *Journal of Economic Surveys* 19, no. 4 (2005): 561–86.
- Weiss, Ehud, Mordechai E. Kislev, Orit Simchoni, Dani Nadel and Hartmut Tschauner, 'Plant-Food Preparation Area on an Upper Paleolithic Brush Hut floor at Ohalo II, Israel', *Journal of Archaeological Science* 35, no. 8 (2008): 2400–14.
- Wesley, John, 'Sermon 50: The Use of Money', in *The Sermons of John Wesley*, edited by Thomas Jackson, 1872.
- West, Barbara A., *Encyclopedia of the Peoples of Asia and Oceania*, Infobase Publishing, 2010.
- Westaway, Kira E., J. Louys, R. Due Awe, Michael J. Morwood, Gilbert J. Price, J-X. Zhao, Maxime Aubert et al., 'An Early Modern Human Presence in Sumatra 73,000–63,000 years ago', *Nature* 548, no. 7667 (2017): 322–5.
- White, Leslie A., *The Evolution of Culture: The development of civilization to the fall of Rome*, McGraw-Hill, 1959.
- Wiesenfeld, Stephen L., 'Sickle-cell Trait in Human Biological and Cultural Evolution: Development of Agriculture Causing Increased Malaria Is Bound to Gene-pool Changes Causing Malaria Reduction', *Science* 157, no. 3793 (1967): 1134–40.
- Wittfogel, K. A., *The Hydraulic Civilizations*, University of Chicago Press, 1956.
- Woodham-Smith, Cecil, *The Great Hunger: Ireland 1845–9*, Penguin, 1962.
- World Bank, World Development Indicators (WDI), 2017.
- World Health Organization, *Life Expectancy Data by WHO Region*, 2016.
- Worsley, Peter, 'The trumpet shall sound: a study of "cargo" cults in Melanesia', (1957).
- Wrangham, Richard, and NancyLou Conklin-Brittain, 'Cooking as a biological trait', *Comparative Biochemistry and Physiology Part A: Molecular & Integrative Physiology* 136, no. 1 (2003): 35–46.
- Wrigley, Edward Anthony, Ros S. Davies, James E. Oeppen and Roger S. Schofield, *English Population History from Family Reconstitution 1580–1837*, Cambridge University Press, 1997.
- Wrigley, Edward Anthony, and Roger Schofield, *The Population History of England 1541–1871*, Cambridge University Press, 1981.

of Economic Literature 51, no. 2 (2013): 325–69.

- Spolaore, Enrico, and Romain Wacziarg, 'The Diffusion of Development', *The Quarterly Journal of Economics* 124, no. 2 (2009): 469–529.
- Squicciarini, Mara P., and Nico Voigtländer, 'Human Capital and Industrialization: Evidence from the Age of Enlightenment', *The Quarterly Journal of Economics* 130, no. 4 (2015): 1825–83.
- Stahlberg, Dagmar, Friederike Braun, Lisa Irmen and Sabine Sczesny, 'Representation of the Sexes in Language', *Social Communication* (2007): 163–87.
- Steinbauer, Friedrich, *Melanesian Cargo Cults: New salvation movements in the South Pacific*, University of Queensland Press, 1979.
- Steward, Julian Haynes, *Theory of Culture Change: The methodology of multilinear evolution*, University of Illinois Press, 1972.
- Talhelm, Thomas, Xiao Zhang, Shige Oishi, Chen Shimin, Dechao Duan, Xiaoli Lan and Shinobu Kitayama, 'Large-scale psychological differences within China explained by rice versus wheat agriculture', *Science* 344, no. 6184 (2014): 603–8.
- Taylor, Walter W., 'Storage and the Neolithic Revolution', in *Estudios Dedicados al Professor Dr. Luis Pericot*, edited by Edwardo Ropillo, Universidad de Barcelona, Instituto de Arqueología y Prehistoria, 1973, pp. 193–7.
- Testart, Alain, Richard G. Forbis, Brian Hayden, Tim Ingold, Stephen M. Perlman, David L. Pokotylo, Peter Rowley-Conwy and David E. Stuart, 'The Significance of Food Storage among Hunter-Gatherers: Residence Patterns, Population Densities, and Social Inequalities', *Current Anthropology* 23, no. 5 (1982): 523–37.
- Tversky, Amos, and Daniel Kahneman, 'Loss Aversion in Riskless Choice: A Reference-Dependent Model', *The Quarterly Journal of Economics* 106, no. 4 (1991): 1039–61.
- United Nations, World Population Prospects, 2017.
- United Nations, Human Development Report, 2018.
- United States Bureau of the Census, and United States Congress House, *Historical Statistics of the United States, Colonial Times to 1970*, no. 93, US Department of Commerce, Bureau of the Census, 1975.
- Vallin, Jacques, and France Meslé, *French Mortality Tables for XIXe and XXe Centuries and Projections for the Twenty First Century*, Données statistiques, no. 4, French Institute for Demographic Studies, 2001.
- Vaquero, J. M. and Gallego, M. C., 'Two Early Observations of Aurora at Low Latitudes', *Annales Geophysicae* 19, no. 7 (2001): 809–11.
- Vogl, Tom S., 'Differential fertility, human capital, and development', *The Review of Economic Studies* 83, no. 1 (2016): 365–401.
- Voigtländer, Nico, and Hans-Joachim Voth, 'How the West "Invented" Fertility Restriction', *American Economic Review* 103, no. 6 (2013): 2227–64.
- Voigtländer, Nico, and Hans-Joachim Voth, 'Why England? Demographic Factors, Structural Change and Physical Capital Accumulation During the Industrial Revolution', *Journal of Economic Growth* 11, no. 4 (2006): 319–61.
- von Cramon-Taubadel, Noreen, and Stephen J. Lycett, 'Brief Communication: Human Cranial Variation Fits Iterative Founder Effect Model with African Origin', *American Journal of Physical Anthropology*

of the National Academy of Sciences 108, no. 13 (2011): 5209–14.

- Romer, Paul M., 'Endogenous Technological Change', *Journal of Political Economy* 98, no. 5, Part 2 (1990): S71–102.
- Rosenberg, N., and M. Trajtenberg, 'A General-Purpose Technology at Work: The Corliss Steam Engine in the Late-Nineteenth-Century United States', *The Journal of Economic History* 64, no. 1 (2004): 61–99.
- Roser, Max, Hannah Ritchie and Esteban Ortiz-Ospina, 'Life Expectancy', Our World in Data (2019).
- Roser, Max, Hannah Ritchie and Esteban Ortiz-Ospina, 'World Population Growth', Our World in Data (2019).
- Rubin, Jared, *Rulers, Religion, and Riches: Why the West Got Rich and the Middle East Did Not*, Cambridge University Press, 2017.
- Sachs, Jeffrey D., 'Government, geography, and growth: The true drivers of economic development', *Foreign Affairs* 91, no. 5 (2012): 142–50.
- Sachs, Jeffrey, and Pia Malaney, 'The Economic and Social Burden of Malaria', *Nature* 415, no. 6872 (2002): 680–5.
- Schultz, T. P., 'Changing World Prices, Women's Wages, and the Fertility Transition: Sweden, 1860–1910', *Journal of Political Economy* 93, no. 6 (1985): 1126–54.
- Scott, James C., *Against the Grain: A Deep History of the Earliest States*, Yale University Press, 2017. [『反穀物の人類史——国家誕生のディープヒストリー』ジェームズ・C・スコット著、立木勝訳、みすず書房、2019年]
- Ségurel, Laure, and Céline Bon, 'On the evolution of lactase persistence in humans', *Annual Review of Genomics and Human Genetics* 18 (2017).
- Shimelmitz, Ron, Iris Groman-Yaroslavski, Mina Weinstein-Evron and Danny Rosenberg, 'A Middle Pleistocene abrading tool from Tabun Cave, Israel: A search for the roots of abrading technology in human evolution', *Journal of Human Evolution* 150 (2021): 102909.
- Shiue, Carol H., 'Human Capital and Fertility in Chinese Clans Before Modern Growth', *Journal of Economic Growth* 22, no. 4 (2017): 351–96.
- Shoda, Yuichi, Walter Mischel and Philip K. Peake, 'Predicting Adolescent Cognitive and Self-Regulatory Competencies from Preschool Delay of Gratification: Identifying Diagnostic Conditions', *Developmental Psychology* 26, no. 6 (1990): 978.
- Simon, Julian Lincoln, *The Economics of Population Growth*, Princeton University Press, 1977.
- Skoglund, Pontus, Helena Malmström, Ayça Omrak, Maanasa Raghavan, Cristina Valdiosera, Torsten Günther, Per Hall et al., 'Genomic diversity and admixture differs for Stone-Age Scandinavian foragers and farmers', *Science* 344, no. 6185 (2014): 747–50.
- Snir, Ainit, Dani Nadel, Iris Groman-Yaroslavski, Yoel Melamed, Marcelo Sternberg, Ofer Bar-Yosef and Ehud Weiss, 'The Origin of Cultivation and Proto-Weeds, Long before Neolithic Farming', *PLoS One* 10, no. 7 (2015).
- Snyder, Timothy, *Black Earth: The Holocaust as History and Warning*, Tim Duggan Books, 2015. [『ブラックアース——ホロコーストの歴史と警告(上・下)』ティモシー・スナイダー著、池田年穂訳、慶應義塾大学出版会、2016年]
- Sokoloff, Kenneth L., and Stanley L. Engerman, 'Institutions, Factor Endowments, and Paths of Development in the New World', *Journal of Economic Perspectives* 14, no. 3 (2000): 217–32.
- Spolaore, Enrico, and Romain Wacziarg, 'How Deep are the Roots of Economic Development?', *Journal*

- Piketty, Thomas, *Capital in the Twenty-First Century*, Harvard University Press, 2014. [『21世紀の資本』トマ・ピケティ著、山形浩生、守岡桜、森本正史訳、みすず書房、2014年]
- Pinker, Steven, 'Language as an Adaptation to the Cognitive Niche', *Studies in the Evolution of Language* 3 (2003): 16–37.
- Pinker, Steven, *Enlightenment Now: The Case for Reason, Science, Humanism, and Progress*, Penguin, 2018. [『21世紀の啓蒙——理性、科学、ヒューマニズム、進歩(上・下)』スティーブン・ピンカー著、橘明美、坂田雪子訳、草思社、2019年]
- Pomeranz, Kenneth, *The Great Divergence: China, Europe, and the Making of the Modern World Economy*, Vol. 28, Princeton University Press, 2000. [『大分岐——中国、ヨーロッパ、そして近代世界経済の形成』ケネス・ポメランツ著、川北稔監訳、鴋澤歩、石川亮太、西村雄志、岩名葵、松中優子、浅野敬一、坂本優一郎、水野祥子訳、名古屋大学出版会、2015年]
- Popper, Karl, *The Open Society and Its Enemies*, Routledge, 1945. [『開かれた社会とその敵(1・2)』カール・ポパー著、内田詔夫、小河原誠訳、未來社、1980年]
- Poznik, G. David, Brenna M. Henn, Muh-Ching Yee, Elzbieta Sliwerska, Ghia M. Euskirchen, Alice A. Lin, Michael Snyder et al., 'Sequencing Y Chromosomes Resolves Discrepancy in Time to Common Ancestor of Males Versus Females', *Science* 341, no. 6145 (2013): 562–5.
- Prugnolle, Franck, Andrea Manica and François Balloux, 'Geography predicts neutral genetic diversity of human populations', *Current Biology* 15, no. 5 (2005): R159–60.
- Putnam, Robert D., Robert Leonardi and Raffaella Y. Nanetti, *Making Democracy Work: Civic traditions in modern Italy*, Princeton University Press, 1994. [『哲学する民主主義——伝統と改革の市民的構造』ロバート・D・パットナム著、河田潤一訳、NTT出版、2001年]
- Putterman, Louis, and David N. Weil, 'Post-1500 Population Flows and the Long-Run Determinants of Economic Growth and Inequality', *The Quarterly Journal of Economics* 125, no. 4 (2010): 1627–82.
- Putterman, Louis, 'Agriculture, Diffusion and Development: Ripple Effects of the Neolithic Revolution', *Economica* 75, no. 300 (2008): 729–48.
- Quataert, Donald, *The Ottoman Empire, 1700–1922*, Cambridge University Press, 2005.
- Ramachandran, Sohini, Omkar Deshpande, Charles C. Roseman, Noah A. Rosenberg, Marcus W. Feldman and L. Luca Cavalli-Sforza, 'Support from the relationship of genetic and geographic distance in human populations for a serial founder effect originating in Africa', *Proceedings of the National Academy of Sciences* 102, no. 44 (2005): 15942–7.
- Ramos-Toro, Diego, 'Social Cohesion and Carbon Emissions' (2017).
- Richerson, Peter J., Robert Boyd and Joseph Henrich, 'Gene-Culture Coevolution in the Age of Genomics', *Proceedings of the National Academy of Sciences* 107, Supplement 2 (2010): 8985–92.
- Ridley, Matt, *The Rational Optimist: How Prosperity Evolves*, Harper, 2010.
- Roberts, Seán, and James Winters, 'Social Structure and Language Structure: The New Nomothetic Approach', *Psychology of Language and Communication* 16, no. 2 (2012): 89–112.
- Rodrik, Dani, 'Goodbye Washington Consensus, Hello Washington Confusion? A Review of the World Bank's Economic Growth in the 1990s: Learning from a Decade of Reform', *Journal of Economic Literature* 44, no. 4 (2006): 973–87.
- Roebroeks, Wil, and Paola Villa, 'On the earliest evidence for habitual use of fire in Europe', *Proceedings*

nomic Growth', *American Economic Review* 56, no. 1/2 (1966): 69–75.

- North, Douglass C., and Robert Paul Thomas, 'The First Economic Revolution', *The Economic History Review* 30, no. 2 (1977): 229–41.
- North, Douglass, *Institutions, Institutional Change, and Economic Performance*, Cambridge University Press, 1990. [『制度・制度変化・経済成果』ダグラス・C・ノース著、竹下公視訳、晃洋書房、1994年]
- Nunn, Nathan, 'The long-term effects of Africa's slave trades', *The Quarterly Journal of Economics* 123, no. 1 (2008): 139–76.
- Nunn, Nathan, and Diego Puga, 'Ruggedness: The Blessing of Bad Geography in Africa', *Review of Economics and Statistics* 94, no. 1 (2012): 20–36.
- Nunn, Nathan, and Leonard Wantchekon, 'The Slave Trade and the Origins of Mistrust in Africa', *American Economic Review* 101, no. 7 (2011): 3221–52.
- Nunziata, Luca, and Lorenzo Rocco, 'The Protestant ethic and entrepreneurship: Evidence from religious minorities in the former Holy Roman Empire', *European Journal of Political Economy* 51 (2018): 27–43.
- Nunziata, Luca, and Lorenzo Rocco, 'A tale of minorities: evidence on religious ethics and entrepreneurship', *Journal of Economic Growth* 21, no. 2 (2016): 189–224.
- OECD (2017), Life expectancy at birth (indicator).
- Ofek, Haim, *Second Nature: Economic Origins of Human Evolution*, Cambridge University Press, 2001.
- Ó'Gráda, Cormac, *The Great Irish Famine*, no. 7, Cambridge University Press, 1995.
- Ó'Gráda, Cormac, 'The population of Ireland 1700–1900: a survey', in *Annales de démographie historique*, Société de Demographie Historique, 1979, pp. 281–99.
- Olsson, Ola, and Douglas A. Hibbs Jr, 'Biogeography and long-run economic development', *European Economic Review* 49, no. 4 (2005): 909–38.
- O'Rourke, Kevin H., and Jeffrey G. Williamson, *Globalization and History: The evolution of a nineteenth-century Atlantic economy*, MIT Press, 1999.
- Ottaviano, Gianmarco I. P., and Giovanni Peri, 'The Economic Value of Cultural Diversity: Evidence from US Cities', *Journal of Economic Geography* 6, no. 1 (2006): 9–44.
- Palmer, Robert, 'Church of the Sonic Guitar', in *Present Tense: Rock & Roll and Culture*, edited by Anthony DeCurtis, Duke University Press, 1992, pp. 13–38.
- Papaioannou, Elias, and Gregorios Siourounis, 'Democratisation and growth', *The Economic Journal* 118, no. 532 (2008): 1520–51.
- Parker, Andrew R., 'On the Origin of Optics', *Optics & Laser Technology* 43, no. 2 (2011): 323–9.
- Pascali, Luigi, 'The Wind of Change: Maritime Technology, Trade, and Economic Development', *American Economic Review* 107, no. 9 (2017): 2821–54.
- Pemberton, Trevor J., Michael DeGiorgio and Noah A. Rosenberg, 'Population Structure in a Comprehensive Genomic Data Set on Human Microsatellite Variation', *G3: Genes, Genomes, Genetics* 3, no. 5 (2013): 891–907.
- Persson, Torsten, and Guido Tabellini, 'Democracy and development: The devil in the details', *American Economic Review* 96, no. 2 (2006): 319–24.
- Persson, Torsten, and Guido Tabellini, *Political Economics: Explaining economic policy*, MIT Press, 2002.

- Mellars, Paul, 'Why did modern human populations disperse from Africa ca. 60,000 years ago? A new model', *Proceedings of the National Academy of Sciences* 103, no. 25 (2006): 9381–6.
- Michalopoulos, Stelios, and Elias Papaioannou, 'Pre-colonial Ethnic Institutions and Contemporary African Development', *Econometrica* 81, no. 1 (2013): 113–52.
- Miller, Geoffrey, *The Mating Mind: How sexual choice shaped the evolution of human nature*, Anchor, 2011. [『恋人選びの心――性淘汰と人間性の進化(1・2)』ジェフリー・F・ミラー著、長谷川眞理子訳、岩波書店、2002年]
- Mischel, Walter, Ozlem Ayduk, Marc G. Berman, B. J. Casey, Ian H. Gotlib, John Jonides, Ethan Kross et al, '"Willpower" Over the Life Span: Decomposing Self-Regulation', *Social Cognitive and Affective Neuroscience* 6, no. 2 (2011): 252–6.
- Mitch, David, *The Rise of Popular Literacy in Victorian England: The influence of private choice and public policy*, University of Pennsylvania Press, 1992.
- Modelski, George, *World Cities: -3000 to 2000*, Faros 2000, 2003.
- Mokyr, Joel, 'The intellectual origins of modern economic growth', *The Journal of Economic History* 65, no. 2 (2005): 285–351.
- Mokyr, Joel, *A Culture of Growth: The origins of the modern economy*, Princeton University Press, 2016.
- Mokyr, Joel, 'The New Economic History and the Industrial Revolution', in J. Mokyr (ed.), *The British Industrial Revolution: An Economic Perspective*, Westview Press, 1999, pp. 1–127.
- Mokyr, Joel, *The Lever of Riches: Technological creativity and economic progress*, Oxford University Press, 1992.
- Møller, Niels Framroze, and Paul Sharp, 'Malthus in cointegration space: evidence of a post-Malthusian pre-industrial England', *Journal of Economic Growth* 19, no. 1 (2014): 105–40.
- Morelli, Giovanna, Yajun Song, Camila J. Mazzoni, Mark Eppinger, Philippe Roumagnac, David M. Wagner, Mirjam Feldkamp et al., 'Yersinia pestis genome sequencing identifies patterns of global phylogenetic diversity', *Nature Genetics* 42, no. 12 (2010): 1140–3.
- Moreno-Mayar, J. Víctor, Ben A. Potter, Lasse Vinner, Matthias Steinrücken, Simon Rasmussen, Jonathan Terhorst, John A. Kamm et al., 'Terminal Pleistocene Alaskan genome reveals first founding population of Native Americans', *Nature* 553, no. 7687 (2018): 203–7.
- Morris, Ian, *Social Development*, Stanford University, 2010.
- Morris, Ian, *Why the West Rules – For Now: The Patterns of History and What They Reveal About The Future*, Profile, 2010.
- Murdock, George Peter, 'Ethnographic atlas: a summary', *Ethnology* 6, no. 2 (1967): 109–236.
- Murphy, T. E., 'Old Habits Die Hard (Sometimes)', *Journal of Economic Growth* 20, no. 2 (2015): 177–222.
- Murtin, Fabrice, and Romain Wacziarg, 'The democratic transition', *Journal of Economic Growth* 19, no. 2 (2014): 141–81.
- Nardinelli, Clark, 'Child Labor and the Factory Acts', *The Journal of Economic History* 40, no. 4 (1980): 739–55.
- Neel, James V., 'Diabetes Mellitus: a "Thrifty" Genotype Rendered Detrimental by "Progress"?', *American Journal of Human Genetics* 14, no. 4 (1962): 353.
- Nelson, Richard R., and Edmund S. Phelps, 'Investment in Humans, Technological Diffusion, and Eco-

Lanka', *American Economic Journal: Applied Economics* 2, no. 2 (2010): 46–71.

- Lupyan, Gary, and Rick Dale, 'Language Structure is Partly Determined by Social Structure', *PLoS One* 5, no. 1 (2010).
- Lucas, Robert E., *Lectures on Economic Growth*, Harvard University Press, 2002.
- Lucas Jr, Robert E., 'On the Mechanics of Economic Development', *Journal of Monetary Economics* 22, no. 1 (1988): 3–42.
- MacArthur, Robert H., and Edward O. Wilson, *The Theory of Island Biogeography*, Vol. 1, Princeton University Press, 1970.
- Madsen, Jakob B., Md. Rabiul Islam and Xueli Tang, 'Was the post-1870 Fertility Transition a Key Contributor to Growth in the West in the Twentieth Century?', *Journal of Economic Growth* 25, no. 4 (2020): 431–454.
- Madsen, Jakob, and Holger Strulik, 'Testing Unified Growth Theory: Technological Progress and the Child Quantity–Quality Trade-off' (2020).
- Madsen, Jakob B., Peter E. Robertson and Longfeng Ye, 'Malthus Was Right: Explaining a Millennium of Stagnation', *European Economic Review* 118 (2019): 51–68.
- Magga, Ole Henrik, 'Diversity in Saami terminology for reindeer, snow, and ice', *International Social Science Journal* 58, no. 187 (2006): 25–34.
- Maloney, William, and Felipe Valencia Caicedo, 'Engineering Growth: Innovative Capacity and Development in the Americas', no. 6339, CESifo Group Munich (2017).
- Manica, Andrea, William Amos, François Balloux and Tsunehiko Hanihara, 'The Effect of Ancient Population Bottlenecks on Human Phenotypic Variation', *Nature* 448, no. 7151 (2007): 346–8.
- Mathieson, Iain, Iosif Lazaridis, Nadin Rohland, Swapan Mallick, Nick Patterson, Songül Alpaslan Roodenberg, Eadaoin Harney et al., 'Genome-Wide Patterns of Selection in 230 Ancient Eurasians', *Nature* 528, no. 7583 (2015): 499–503.
- Matranga, Andrea, 'The Ant and the Grasshopper: Seasonality and the Invention of Agriculture' (2017).
- Matthews, Robert Charles Oliver, Charles Hilliard Feinstein and John C. Odling-Smee, *British Economic Growth 1856–1973: The post-war period in historical perspective*, Oxford University Press, 1982.
- Mayshar, Joram, Omer Moav and Zvika Neeman, 'Geography, Transparency, and Institutions', *American Political Science Review* 111, no. 3 (2017): 622–36.
- Mayshar, Joram, Omer Moav and Luigi Pascali, 'Cereals, Appropriability and Hierarchy', *Journal of Political Economy* (2022).
- McCloskey, Deirdre Nansen, 'The Industrial Revolution: A Survey', in *The Economic History of Britain Since 1700*, Vol. 1, edited by Roderick C. Floud and D. N. McCloskey, Cambridge University Press, 1981, pp. 103–27.
- McEvedy, Colin, and Richard Jones, *Atlas of World Population History*, Penguin, 1978.
- McNeill, W. H., 'The Introduction of the Potato into Ireland', *The Journal of Modern History* 21, no. 3 (1949): 218–22.
- Meisenzahl, Ralf R., and Joel Mokyr, 'The Rate and Direction of Invention in the British Industrial Revolution: Incentives and Institutions', in *The Rate and Direction of Inventive Activity Revisited*, University of Chicago Press, 2011, pp. 443–79.

- Klasing, Mariko J., and Petros Milionis, 'The International Epidemiological Transition and the Education Gender Gap', *Journal of Economic Growth* 25, no. 1 (2020): 1–50.
- Klemp, Marc P., 'Prices, Wages and Fertility in Pre-Industrial England', *Cliometrica* 6, no. 1 (2012): 63–77.
- Klemp, Marc, and Jacob L. Weisdorf, 'Fecundity, Fertility and the Formation of Human Capital', *The Economic Journal* 129, no. 618 (2019): 925–60.
- Kline, Michelle A., and Robert Boyd, 'Population Size Predicts Technological Complexity in Oceania', *Proceedings of the Royal Society B: Biological Sciences* 277, no. 1693 (2010): 2559–64.
- Kremer, Michael, 'Population growth and technological change: One million BC to 1990', *The Quarterly Journal of Economics* 108, no. 3 (1993): 681–716.
- Krupnik, Igor, and Ludger Müller-Wille, 'Franz Boas and Inuktitut terminology for ice and snow: From the emergence of the field to the "Great Eskimo Vocabulary Hoax"', in *SIKU: Knowing our ice*, Springer, Dordrecht, 2010, pp. 377–400.
- Kuhn, Thomas S., *The Copernican Revolution: Planetary Astronomy in the Development of Western Thought*, Vol. 16, Harvard University Press, 1957. [『コペルニクス革命——科学思想史序説』トーマス・クーン著、常石敬一訳、講談社学術文庫、1989年]
- Kuznets, Simon, 'Quantitative Aspects of the Economic Growth of Nations: X. Level and Structure of Foreign Trade: Long-Term Trends', *Economic Development and Cultural Change* 15, no. 2, Part 2 (1967): 1–140.
- La Porta, Rafael, Florencio Lopez-de-Silanes, Andrei Shleifer and Robert W. Vishny, 'Legal Determinants of External Finance', *The Journal of Finance* 52, no. 3 (1997): 1131–50.
- Lagerlöf, Nils-Petter, 'Gender Equality and Long-run Growth', *Journal of Economic Growth* 8, no. 4 (2003): 403–26.
- Lagerlöf, Nils-Petter, 'The Galor–Weil model revisited: A quantitative exercise', *Review of Economic Dynamics* 9, no. 1 (2006): 116–42.
- Lang, Graeme, 'State Systems and the Origins of Modern Science: A Comparison of Europe and China', *East-West Dialog* 2 (1997): 16–30.
- Lazaridis, Iosif, Nick Patterson, Alissa Mittnik, Gabriel Renaud, Swapan Mallick, Karola Kirsanow, Peter H. Sudmant et al., 'Ancient human genomes suggest three ancestral populations for present-day Europeans', *Nature* 513, no. 7518 (2014): 409–13.
- Lee, Neil, 'Migrant and Ethnic Diversity, Cities and Innovation: Firm Effects or City Effects?', *Journal of Economic Geography* 15, no. 4 (2015): 769–96.
- Lipset, Seymour Martin, 'Some social requisites of democracy: Economic development and political legitimacy', *American Political Science Review* 53, no. 1 (1959): 69–105.
- Litina, Anastasia, 'Natural land productivity, cooperation and comparative development', *Journal of Economic Growth* 21, no. 4 (2016): 351–408.
- López, Saioa, Lucy Van Dorp and Garrett Hellenthal, 'Human dispersal out of Africa: A lasting debate', *Evolutionary Bioinformatics* 11 (2015): EBO-S33489.
- Lucas, Adrienne M., 'The impact of malaria eradication on fertility', *Economic Development and Cultural Change* 61, no. 3 (2013): 607–31.
- Lucas, Adrienne M., 'Malaria eradication and educational attainment: evidence from Paraguay and Sri

- Hofstede, Geert, Gert Jan Hofstede and Michael Minkov, *Cultures and Organizations: Software of the mind*, Vol. 2, McGraw Hill, 2005.［『多文化世界——違いを学び未来への道を探る』G・ホフステード、G・J・ホフステード、M・ミンコフ著、岩井八郎、岩井紀子訳、有斐閣、2013年］
- Hopkins, Keith, 'On the Probable Age Structure of the Roman Population', *Population Studies* 20, no. 2 (1966): 245–64.
- Hublin, Jean-Jacques, Nikolay Sirakov, Vera Aldeias, Shara Bailey, Edouard Bard, Vincent Delvigne, Elena Endarova et al., 'Initial Upper Palaeolithic *Homo sapiens* from Bacho Kiro Cave, Bulgaria', *Nature* (2020): 1–4.
- Hume, David, 'Essays, Moral, Political, and Literary', from *Essays and Treatises on Several Subjects*, Vol. 1, Bell & Bradfute, 1825, p. 112.
- Hunt, Terry L., and Carl P. Lipo, 'Late Colonization of Easter Island', *Science* 311, no. 5767 (2006): 1603–6.
- Jackson, Tim, *Prosperity Without Growth: Foundations for the economy of tomorrow*, Taylor & Francis, 2016.［『成長なき繁栄——地球生態系内での持続的繁栄のために』ティム・ジャクソン著、田沢恭子訳、一灯舎、2012年］
- Jacobs, Jane, *The Death and Life of Great American Cities*, Vintage, 2016.［『アメリカ大都市の死と生』ジェイン・ジェイコブズ著、山形浩生訳、鹿島出版会、2010年］
- Jedwab, Remi, Noel D. Johnson and Mark Koyama, 'Pandemics, Places, and Populations: Evidence from the Black Death', *CEPR Discussion Papers* DP13523 (2019).
- Jelinek, Arthur J., 'The Tabun cave and Paleolithic man in the Levant', *Science* 216, no. 4553 (1982): 1369–75.
- Jones, Charles I., 'R & D-based models of economic growth', *Journal of Political Economy* 103, no. 4 (1995): 759–84.
- Jones, Eric, *The European Miracle: Environments, Economies and Geopolitics in the History of Europe and Asia*, Cambridge University Press, 2003.［『ヨーロッパの奇跡——環境・経済・地政の比較史』E・L・ジョーンズ著、安元稔、脇村孝平訳、名古屋大学出版会、2000年］
- Josserand, Mathilde, Emma Meeussen, Asifa Majid and Dan Dediu, 'Environment and culture shape both the colour lexicon and the genetics of colour perception', *Scientific Reports* 11, no. 1 (2021): 1–11.
- Kannisto, Väinö, Oiva Turpeinen and Mauri Nieminen, 'Finnish Life Tables since 1751', *Demographic Research* 1 (1999).
- Kant, Immanuel, *Answering the Question: What is Enlightenment?*, 1784.［『永遠平和のために／啓蒙とは何か　他3編』イマヌエル・カント著、中山元訳、光文社古典新訳文庫、2006年ほか］
- Katz, Ori, 'Railroads, Economic Development, and the Demographic Transition in the United States', University Library of Munich (2018).
- Kendi, Ibram X., *Stamped from the Beginning: The definitive history of racist ideas in America*, Nation Books, 2016.
- Kettlewell, H. Bernard D., 'Selection Experiments on Industrial Melanism in the Lepidoptera', *Heredity* 9, no. 3 (1955): 323–42.
- Keynes, J. M., 'A Tract on Monetary Reform', in *The Collected Writings of John Maynard Keynes*, Macmillan Press, 1971.［『お金の改革論』ジョン・メイナード・ケインズ著、山形浩生訳、講談社学術文庫、2014年］

2012.［『社会はなぜ左と右にわかれるのか——対立を超えるための道徳心理学』ジョナサン・ハイト著、高橋洋訳、紀伊國屋書店、2014年］

- Hajnal, John, 'European marriage patterns in perspective', in D. V. Glass and D. E. C. Eversley (eds), *Population in History*, Arnold, 1965.
- Hanihara, Tsunehiko, 'Morphological variation of major human populations based on nonmetric dental traits', *American Journal of Physical Anthropology* 136, no. 2 (2008): 169–82.
- Hanioğlu, M. Şükrü, *A Brief History of the Late Ottoman Empire*, Princeton University Press, 2010.
- Harari, Yuval Noah, *Sapiens: A Brief History of Humankind*, Random House, 2014.［『サピエンス全史——文明の構造と人類の幸福（上・下）』ユヴァル・ノア・ハラリ著、柴田裕之訳、河出書房新社、2016年］
- Harpending, Henry, and Alan Rogers, 'Genetic perspectives on human origins and differentiation', *Annual Review of Genomics and Human Genetics* 1, no. 1 (2000): 361–85.
- Harper, John L., P. H. Lovell and K. G. Moore, 'The shapes and sizes of seeds', *Annual Review of Ecology and Systematics* 1, no. 1 (1970): 327–56.
- Harvati, Katerina, Carolin Röding, Abel M. Bosman, Fotios A. Karakostis, Rainer Grün, Chris Stringer, Panagiotis Karkanas et al., 'Apidima Cave fossils provide earliest evidence of *Homo sapiens* in Eurasia', *Nature* 571, no. 7766 (2019): 500–4.
- Hassan, Fekri A., 'Demographic archaeology', in *Advances in Archaeological Method and Theory*, Academic Press, 1981, pp. 225–79.
- Hausmann, Ricardo, Dani Rodrik and Andrés Velasco, 'Growth Diagnostics', *The Washington Consensus Reconsidered: Towards a New Global Governance* (2008): 324–55.
- Hausmann, Ricardo, Lant Pritchett and Dani Rodrik, 'Growth Accelerations', *Journal of Economic Growth* 10, no. 4 (2005): 303–29.
- Hazan, Moshe, and Binyamin Berdugo, 'Child Labour, fertility, and Economic Growth', *The Economic Journal* 112, no. 482 (2002): 810–28.
- Hazan, Moshe, David Weiss and Hosny Zoabi, 'Women's Liberation, Household Revolution' (2021).
- Heckman, J. J., and J. R. Walker, 'The Relationship Between Wages and Income and the Timing and Spacing of Births: Evidence from Swedish Longitudinal Data', *Econometrica* (1990): 1411–41.
- Henrich, Joseph, *The Secret of Our Success: How Culture is Driving Human Evolution, Domesticating our Species, and Making us Smarter*, Princeton University Press, 2017.
- Herrmann, Esther, Josep Call, María Victoria Hernández-Lloreda, Brian Hare and Michael Tomasello, 'Humans have Evolved Specialized Skills of Social Cognition: The Cultural Intelligence Hypothesis', *Science* 317, no. 5843 (2007): 1360–6.
- Hershkovitz, Israel, Gerhard W. Weber, Rolf Quam, Mathieu Duval, Rainer Grün, Leslie Kinsley, Avner Ayalon et al., 'The earliest modern humans outside Africa', *Science* 359, no. 6374 (2018): 456–9.
- Hill, Christopher, *The Century of Revolution, 1603–1714*, W. W. Norton, 1966, p. 32.
- Ho, Ping-ti, *Studies on the Population of China, 1368–1953,* Harvard University Press, 2013.
- Hobbes, Thomas, *Leviathan, or, The Matter, Form, and Power of a Common-Wealth Ecclesiastical and Civil*, printed for Andrew Crooke, 1651.［『リヴァイアサン（I・II）』トーマス・ホッブズ著、永井道雄、上田邦義訳、中央公論新社、2009年ほか］
- Hoffman, Philip T., *Why Did Europe Conquer the World?*, Vol. 54, Princeton University Press, 2017.

gold90-1, National Bureau of Economic Research, 1990.

- Goldin, C., 'Women's Employment and Technological Change: A Historical Perspective', *Computer Chips and Paper Clips: Technology and Women's Employment* 2 (1987): 185–222.
- Goldin, Claudia, and Lawrence F. Katz, 'The legacy of US educational leadership: Notes on distribution and economic growth in the 20th century', *American Economic Review* 91, no. 2 (2001): 18–23.
- González-Forero, Mauricio, and Andy Gardner, 'Inference of ecological and social drivers of human brain-size evolution', *Nature* 557, no. 7706 (2018): 554–7.
- González-Fortes, Gloria, Eppie R. Jones, Emma Lightfoot, Clive Bonsall, Catalin Lazar, Aurora Grandal-d'Anglade, María Dolores Garralda et al., 'Paleogenomic evidence for multi-generational mixing between Neolithic farmers and Mesolithic hunter-gatherers in the lower Danube basin', *Current Biology* 27, no. 12 (2017): 1801–10.
- Goody, Jack, *Technology, Tradition and the State in Africa*, Oxford University Press, 1971. Reprint, Routledge, 2018.
- Gordon, Robert J., *The Rise and Fall of American Growth: The US standard of living since the civil war*, Vol. 70, Princeton University Press, 2017. [『アメリカ経済　成長の終焉(上・下)』ロバート・J・ゴードン著、高遠裕子、山岡由美訳、日経BP、2018年]
- Gorodnichenko, Yuriy, and Gerard Roland, 'Culture, Institutions, and the Wealth of Nations', *Review of Economics and Statistics* 99, no. 3 (2017): 402–16.
- Grande, James, and John Stevenson, *The Opinions of William Cobbett*, Routledge, 2017.
- Green, Andy, *Education and State Formation: The Rise of Education Systems in England, France, and the USA*, St. Martin's Press, 1990, p. 295.
- Greenwood, Jeremy, Ananth Seshadri and Mehmet Yorukoglu, 'Engines of liberation', *The Review of Economic Studies* 72, no. 1 (2005): 109–33.
- Greif, Avner, 'Contract enforceability and economic institutions in early trade: The Maghribi Traders' Coalition', *American Economic Review* (1993): 525–48.
- Grossman, Leore, 'The Natufian chronological scheme – New insights and their implications', *Natufian Foragers in the Levant: Terminal Pleistocene social changes in Western Asia*, Archaeological Series 19 (2013): 622–37.
- Grossman, Gene M., and Elhanan Helpman, *Innovation and Growth in the Global Economy*, MIT Press, 1991. [『イノベーションと内生的経済成長——グローバル経済における理論分析』G・M・グロスマン、E・ヘルプマン著、大住圭介監訳、創文社、1998年]
- Guinnane, Timothy W., 'The Historical Fertility Transition: A Guide for Economists', *Journal of Economic Literature* 49, no. 3 (2011): 589–614.
- Guiso, Luigi, Paola Sapienza and Luigi Zingales, 'Does Culture Affect Economic Outcomes?', *Journal of Economic Perspectives* 20, no. 2 (2006): 23–48.
- Guiso, Luigi, Paola Sapienza and Luigi Zingales, 'The Role of Social Capital in Financial Development', *American Economic Review* 94, no. 3 (2004): 526–56.
- Gurven, Michael, and Hillard Kaplan, 'Longevity Among Hunter-Gatherers: A Cross-Cultural Examination', *Population and Development Review* 33, no. 2 (2007): 321–65.
- Haidt, Jonathan, *The Righteous Mind: Why Good People are Divided by Politics and Religion*, Vintage,

Journal of Economics 117, no. 4 (2002): 1133–91.
- Galor, Oded, and Omer Moav, 'Ability- biased technological transition, wage inequality, and economic growth', *The Quarterly Journal of Economics* 115, no. 2 (2000): 469–97.
- Galor, Oded, Omer Moav and Dietrich Vollrath, 'Inequality in Landownership, the Emergence of Human-Capital Promoting Institutions, and the Great Divergence', *The Review of Economic Studies* 76, no. 1 (2009): 143–79.
- Galor, Oded, and Stelios Michalopoulos, 'Evolution and the Growth Process: Natural selection of entrepreneurial traits', *Journal of Economic Theory* 147, no. 2 (2012): 759–80.
- Galor, Oded, and Ömer Özak, 'The Agricultural Origins of Time Preference', *American Economic Review* 106, no. 10 (2016): 3064–103.
- Galor, Oded, Ömer Özak and Assaf Sarid, 'Geographical Roots of the Coevolution of Cultural and Linguistic Traits', SSRN 3284239 (2018).
- Galor, Oded, Ömer Özak and Assaf Sarid, 'Linguistic Traits and Human Capital Formation', *AEA Papers and Proceedings*, Vol. 110 (2020), 309–13.
- Galor, Oded, and Harl E. Ryder, 'Existence, uniqueness, and stability of equilibrium in an overlapping-generations model with productive capital', *Journal of Economic Theory* 49, no. 2 (1989): 360–75.
- Galor, Oded and Viacheslav Savitskiy, 'Climatic Roots of Loss Aversion', Working Papers 2018-1, Brown University, Department of Economics, 2018.
- Galor, Oded, and Daniel Tsiddon, 'Technological progress, mobility, and economic growth', *American Economic Review* (1997): 363–82.
- Galor, Oded, and Daniel Tsiddon, 'The distribution of human capital and economic growth', *Journal of Economic Growth* 2, no. 1 (1997): 93–124.
- Galor, Oded, and David N. Weil, 'Population, Technology, and Growth: From Malthusian Stagnation to the Demographic Transition and Beyond', *American Economic Review* 90, no. 4 (2000): 806–28.
- Galor Oded, and David N. Weil, 'The Gender Gap, Fertility, and Growth,' *American Economic Review* 86, no. 3 (1996): 374–87.
- Galor, Oded, and Joseph Zeira, 'Income Distribution and Macroeconomics', *The Review of Economic Studies* 60, no. 1 (1993): 35–52.
- Gates, Bill, *How to Avoid a Climate Disaster: The Solutions We Have and the Breakthroughs We Need*, Knopf, 2021. [『地球の未来のため僕が決断したこと』ビル・ゲイツ著、山田文訳、早川書房、2021年]
- Giavazzi, Francesco, Ivan Petkov and Fabio Schiantarelli, 'Culture: Persistence and Evolution', *Journal of Economic Growth* 24, no. 2 (2019): 117–54.
- Gibbons, Ann, 'How farming shaped Europeans' immunity', *Science* 373, no. 6560 (2021): 1186.
- Glaeser, Edward L., Rafael La Porta, Florencio Lopez-de-Silanes and Andrei Shleifer, 'Do Institutions Cause Growth?', *Journal of Economic Growth* 9, no. 3 (2004): 271–303.
- Glaeser, Edward L., and Andrei Shleifer, 'Legal origins', *The Quarterly Journal of Economics* 117, no. 4 (2002): 1193–229.
- Goldin, Claudia, 'America's graduation from high school: The evolution and spread of secondary schooling in the twentieth century', *The Journal of Economic History* 58, no. 2 (1998): 345–74.
- Goldin, Claudia, 'Understanding the gender gap: An economic history of American women', No.

Development', *Journal of Monetary Economics* (2021).
- Franck, Raphaël, and Oded Galor, 'Technology- skill Complementarity in Early Phases of Industrialization', *The Economic Journal* (2022).
- Franck, Raphaël, and Ilia Rainer, 'Does the leader's ethnicity matter? Ethnic favoritism, education, and health in sub-Saharan Africa', *American Political Science Review* 106, no. 2 (2012): 294–325.
- Fu, Qiaomei, Alissa Mittnik, Philip L. F. Johnson, Kirsten Bos, Martina Lari, Ruth Bollongino, Cheng-kai Sun et al., 'A revised timescale for human evolution based on ancient mitochondrial genomes', *Current Biology* 23, no. 7 (2013): 553–9.
- Fukuyama, Francis, *The End of History and The Last Man*, Simon and Schuster, 2006. [『新版　歴史の終わり(上・下)』フランシス・フクヤマ著、渡部昇一訳、三笠書房、2020年]
- Gallup, John Luke, Jeffrey D. Sachs and Andrew D. Mellinger, 'Geography and economic development', *International Regional Science Review* 22, no. 2 (1999): 179–232.
- Galor, Oded, 'The Demographic Transition: causes and consequences', *Cliometrica* 6, no. 1 (2012): 1–28.
- Galor, Oded, *Unified Growth Theory*, Princeton University Press, 2011.
- Galor, Oded, *Discrete Dynamical Systems*, Springer, 2010.
- Galor, Oded, 'The Lawrence R. Klein lecture – Comparative economic development: Insights from unified growth theory', *International Economic Review* 51, no. 1 (2010): 1–44.
- Galor, Oded, 'From Stagnation to Growth: Unified Growth Theory', *Handbook of Economic Growth* 1 (2005): 171–293.
- Galor, Oded, 'Convergence? Inferences from theoretical models', *The Economic Journal* 106, no. 437 (1996): 1056–69.
- Galor, Oded, 'A two-sector overlapping-generations model: A global characterization of the dynamical system', *Econometrica* 60, no. 6 (1992): 1351–86.
- Galor, Oded, and Marc Klemp, 'Human Genealogy Reveals a Selective Advantage to Moderate Fecundity', *Nature Ecology & Evolution* 3, no. 5 (2019): 853–7.
- Galor, Oded, and Marc Klemp, 'Roots of Autocracy', Working paper No. w23301, National Bureau of Economic Research, 2018.
- Galor, Oded, and Andrew Mountford, 'Trading Population for Productivity: Theory and evidence', *The Review of Economic Studies* 75, no. 4 (2008): 1143–79.
- Galor, Oded, and Andrew Mountford, 'Trade and the great divergence: the family connection', *American Economic Review* 96, no. 2 (2006): 299–303.
- Galor, Oded, and Omer Moav, 'The neolithic origins of contemporary variations in life expectancy', SSRN 1012650 (2007).
- Galor, Oded, and Omer Moav, 'Das Human-Kapital: A theory of the demise of the class structure', *The Review of Economic Studies* 73, no. 1 (2006): 85–117.
- Galor, Oded, and Omer Moav, 'Natural selection and the evolution of life expectancy', (2005).
- Galor, Oded, and Omer Moav, 'From Physical to Human Capital Accumulation: Inequality and the Process of Development', *The Review of Economic Studies* 71, no. 4 (2004): 1001–26.
- Galor, Oded, and Omer Moav, 'Natural Selection and the Origin of Economic Growth', *The Quarterly*

- Dunbar, Robin I. M., 'The Social Brain Hypothesis', *Evolutionary Anthropology: Issues, News, and Reviews* 6, no. 5 (1998): 178–90.
- Durlauf, Steven N., Paul A. Johnson and Jonathan R.W. Temple, 'Growth Econometrics', *Handbook of Economic Growth* 1 (2005): 555–677.
- Durlauf, Steven N., and Danny T. Quah, 'The New Empirics of Economic Growth' *Handbook of Macroeconomics* 1 (1999): 235–308.
- Easterly, William, *The Elusive Quest for Growth: Economists' Adventures and Misadventures in the Tropics*, MIT Press, 2001.
- Easterly, William, and Ross Levine, 'The European Origins of Economic Development', *Journal of Economic Growth* 21, no. 3 (2016): 225–57.
- Easterly, William, and Ross Levine, 'Africa's Growth Tragedy: Policies and Ethnic Divisions', *The Quarterly Journal of Economics* 112, no. 4 (1997): 1203–50.
- Engerman, Stanley, and Kenneth Sokoloff, 'Factor Endowments, Institutions, and Differential Paths of Growth Among New World Economies: A View from Economic Historians of the United States', in *How Latin America Fell Behind: Essays on the Economic Histories of Brazil and Mexico, 1800–1914*, edited by Stephen Haber, 260–304, Stanford University Press, 1997.
- Estevadeordal, Antoni, Brian Frantz and Alan M. Taylor, 'The rise and fall of world trade, 1870–1939', *The Quarterly Journal of Economics* 118, no. 2 (2003): 359–407.
- Fanon, Frantz, *Black Skin, White Masks*, Grove Press, 2008. [『新装版　黒い皮膚・白い仮面』フランツ・ファノン著、海老坂武、加藤晴久訳、みすず書房、2020年]
- Fanon, Frantz, *The Wretched of the Earth*, Grove/Atlantic, Inc., 2007. [『新装版　地に呪われたる者』フランツ・ファノン著、鈴木道彦、浦野衣子訳、みすず書房、2015年]
- Feldman, Michal, Eva Fernández-Domínguez, Luke Reynolds, Douglas Baird, Jessica Pearson, Israel Hershkovitz, Hila May et al., 'Late Pleistocene human genome suggests a local origin for the first farmers of central Anatolia', *Nature Communications* 10, no. 1 (2019): 1–10.
- Feldman, Naomi E., and Karine Van der Beek, 'Skill Choice and Skill Complementarity in Eighteenth Century England', *Explorations in Economic History* 59 (2016): 94–113.
- Fenske, James, 'Ecology, Trade, and States in Pre-Colonial Africa', *Journal of the European Economic Association* 12, no. 3 (2014): 612–40.
- Fernihough, A., 'Human Capital and the Quantity–Quality Trade-Off During the Demographic Transition', *Journal of Economic Growth* 22, no. 1 (2017): 35–65.
- Fewlass, Helen, Sahra Talamo, Lukas Wacker, Bernd Kromer, Thibaut Tuna, Yoann Fagault, Edouard Bard et al., 'A 14 C chronology for the Middle to Upper Paleolithic transition at Bacho Kiro Cave, Bulgaria', *Nature Ecology & Evolution* (2020): 1–8.
- Findlay, Ronald, and Kevin H. O'Rourke, *Commodity Market Integration, 1500–2000*, University of Chicago Press, 2003.
- Fischer, David Hackett, *Albion's Seed: Four British Folkways in America*, Oxford University Press, 1989.
- Flora, Peter, Franz Kraus and Winfried Pfenning, *State, Economy, and Society in Western Europe 1815–1975: The growth of industrial societies and capitalist economies*, Vol. 2. St James Press, 1983.
- Franck, Raphaël, and Oded Galor, 'Flowers of Evil or Evil of Flowers? Industrialization and Long-Run

tion to Growth: Implications for Comparative Development', *Journal of Economic Growth* 26, no. 3 (2021): 241–89.

- Dalgaard, Carl-Johan, and Holger Strulik, 'The Physiological Foundations of the Wealth of Nations', *Journal of Economic Growth* 20, no. 1 (2015): 37–73.
- Darlington, Philip J., 'Group Selection, Altruism, Reinforcement, and Throwing in Human Evolution', *Proceedings of the National Academy of Sciences* 72, no. 9 (1975): 3748–52.
- Dawkins, Richard, *The Selfish Gene*, Oxford University Press, 1976.［『利己的な遺伝子』リチャード・ドーキンス著、日高敏隆、岸由二、羽田節子、垂水雄二訳、紀伊國屋書店、2006年］
- de La Croix, David, Eric B. Schneider and Jacob Weisdorf, 'Childlessness, celibacy and net fertility in pre-industrial England: the middle-class evolutionary advantage', *Journal of Economic Growth* 24, no. 3 (2019): 223–56.
- de la Croix, David, Matthias Doepke and Joel Mokyr, 'Clans, guilds, and markets: Apprenticeship institutions and growth in the preindustrial economy', *The Quarterly Journal of Economics* 133, no. 1 (2018): 1–70.
- De Pleijt, Alexandra, Alessandro Nuvolari and Jacob Weisdorf, 'Human capital formation during the first industrial revolution: Evidence from the use of steam engines', *Journal of the European Economic Association* 18, no. 2 (2020): 829–89.
- De Pleijt, Alexandra, and Jan Luiten van Zanden, 'Two worlds of female labour: gender wage inequality in western Europe, 1300–1800', *The Economic History Review* (2018).
- Delis, Manthos D., Chrysovalantis Gaganis, Iftekhar Hasan and Fotios Pasiouras, 'The effect of board directors from countries with different genetic diversity levels on corporate performance', *Management Science* 63, no. 1 (2017): 231–49.
- Dell, Melissa, 'The Persistent Effects of Peru's Mining *Mita*', *Econometrica* 78, no. 6 (2010): 1863–1903.
- Depetris-Chauvin, Emilio, and Omer Özak, 'The origins of the division of labor in pre-modern times', *Journal of Economic Growth* (2021).
- Desmet, Klaus, Ignacio Ortuño-Ortín and Romain Wacziarg, 'Culture, ethnicity, and diversity', *American Economic Review* 107, no. 9 (2017): 2479–2513.
- Diamond, Jared, *Collapse: How Societies Choose to Succeed or Fail*, Viking Penguin, 2005.［『文明崩壊――滅亡と存続の命運を分けるもの（上・下）』ジャレド・ダイアモンド著、楡井浩一訳、草思社文庫、2012年］
- Diamond, Jared M., 'Taiwan's gift to the world', *Nature* 403, no. 6771 (2000): 709–10.
- Diamond, Jared, *Guns, Germs and Steel: The Fates of Human Societies*, Vintage, 1997.［『銃・病原菌・鉄――1万3000年にわたる人類史の謎（上・下）』ジャレド・ダイアモンド著、倉骨彰訳、草思社文庫、2012年］
- Dickens, Charles, *The Adventures of Oliver Twist*, Ticknor and Fields, 1868.［『オリヴァー・ツイスト』チャールズ・ディケンズ著、加賀山卓朗訳、新潮文庫、2017年ほか］
- Dittmar, Jeremiah E., 'Information Technology and Economic Change: The Impact of the Printing Press', *The Quarterly Journal of Economics* 126, no. 3 (2011): 1133–72.
- Doepke, Matthias, and Fabrizio Zilibotti, 'Occupational choice and the spirit of capitalism', *The Quarterly Journal of Economics* 123, no. 2 (2008): 747–93.
- Doepke, Matthias, and Fabrizio Zilibotti, 'The Macroeconomics of Child Labor Regulation', *American Economic Review* 95, no. 5 (2005): 1492–1524.

- Cinnirella, Francesco, and Jochen Streb, 'The Role of Human Capital and Innovation in Prussian Economic Development', *Journal of Economic Growth* 22, no. 2 (2017): 193–227.
- Cipolla, Carlo M., *Literacy and Development in the West*, Vol. 1027, Penguin, 1969. [『読み書きの社会史――文盲から文明へ』カルロ・M・チポラ著、佐田玄治訳、御茶の水書房、1983年]
- Clark, Gregory, 'Microbes and Markets: Was the Black Death an Economic Revolution?', *The Journal of Economic History* 82, no. 2 (2016): 139–65.
- Clark, Gregory, *A Farewell to Alms: A Brief Economic History of the World*, Vol. 25, Princeton University Press, 2008. [『10万年の世界経済史（上・下）』グレゴリー・クラーク著、久保恵美子訳、日経BP社、2009年]
- Clark, Gregory, and David Jacks, 'Coal and the Industrial Revolution, 1700–1869', *European Review of Economic History* 11, no. 1 (2007): 39–72.
- Clark, Gregory, 'The Long March of History: Farm Wages, Population, and Economic Growth, England 1209–1869', *The Economic History Review* 60, no. 1 (2007): 97–135.
- Clarkson, Chris, Zenobia Jacobs, Ben Marwick, Richard Fullagar, Lynley Wallis, Mike Smith, Richard G. Roberts et al., 'Human occupation of northern Australia by 65,000 years ago', *Nature* 547, no. 7663 (2017): 306–10.
- Clutton-Brock, Tim H., and Paul H. Harvey, 'Primates, Brains and Ecology', *Journal of Zoology* 190, no. 3 (1980): 309–23.
- Cohen, Mark Nathan, *Health and the Rise of Civilization*, Yale University Press, 1989.
- Comin, Diego, William Easterly and Erick Gong, 'Was the Wealth of Nations Determined in 1000 BC?', *American Economic Journal: Macroeconomics* 2, no. 3 (2010): 65–97.
- Cook, C. Justin, and Jason M. Fletcher, 'High- School Genetic Diversity and Later-Life Student Outcomes: Micro-Level Evidence from the Wisconsin Longitudinal Study', *Journal of Economic Growth* 23, no. 3 (2018): 307–39.
- Cook, C. Justin., 'The Role of Lactase Persistence in Precolonial Development', *Journal of Economic Growth* 19, no. 4 (2014): 369–406.
- Cosandey, David, *Le Secret de l'Occident*, Champs-Flammarion, 2007.
- Crafts, Nicholas F. R., 'Duration of Marriage, Fertility and Women's Employment Opportunities in England and Wales in 1911', *Population Studies* 43, no. 2 (1989): 325–35.
- Crafts, Nicholas F. R., and C. Knick Harley, 'Output Growth and the British Industrial Revolution: A Restatement of the Crafts–Harley view', *The Economic History Review* 45, no. 4 (1992): 703–30.
- Crafts, Nicholas F. R., and Mark Thomas, 'Comparative advantage in UK manufacturing trade, 1910–1935', *The Economic Journal* 96, no. 383 (1986): 629–45.
- Cubberley, Ellwood Patterson, *The History of Education: Educational Practice and Progress Considered as a Phase of the Development and Spread of Western Civilization*, Houghton Mifflin Company, 1920.
- Dahl, Östen, and Viveka Velupillai, 'The Future Tense', from *The World Atlas of Language Structures Online*, edited by Matthew Dryer and Martin Haspelmath, Max Planck Institute for Evolutionary Anthropology, 2011.
- Dalgaard, Carl Johan, Anne Sofie Knudsen and Pablo Selaya, 'The bounty of the sea and long-run development', *Journal of Economic Growth* 25, no. 3 (2020): 259–95.
- Dalgaard, Carl-Johan, Jakob B. Madsen, and Holger Strulik, 'Physiological Constraints and the Transi-

- Bolt, Jutta, and Jan Luiten van Zanden, 'The Maddison Project: collaborative research on historical national accounts', *The Economic History Review* 67, no. 3 (2014): 627–51.
- Boserup, Ester, *Woman's Role in Economic Development*, St. Martin's Press, 1970.
- Boserup, Ester, *The Conditions of Agricultural Growth: The economics of agrarian change under population pressure*, Aldine Publishing, 1965.
- Bostoen, Koen, *The Bantu Expansion*, Oxford University Press, 2018.
- Boyd, Robert, Peter J. Richerson and Joseph Henrich, 'The cultural niche: Why social learning is essential for human adaptation', *Proceedings of the National Academy of Sciences* 108, no. Supplement 2 (2011): 10918–25.
- Botticini, Maristella, and Zvi Eckstein, *The Chosen Few: How Education Shaped Jewish History*, Vol. 42, Princeton University Press, 2014, pp. 70–1492.
- Brown, John C., and Timothy W. Guinnane, 'Fertility Transition in a Rural, Catholic Population: Bavaria, 1880–1910', *Population Studies* 56, no. 1 (2002): 35–49.
- Buggle, Johannes C., and Ruben Durante, 'Climate Risk, Cooperation and the Co-Evolution of Culture and Institutions', *The Economic Journal* 131, no. 637 (2021): 1947–87.
- Buringh, Eltjo, and Jan Luiten van Zanden, 'Charting the "Rise of the West": Manuscripts and Printed Books in Europe, a long-term Perspective from the Sixth through Eighteenth Centuries', *The Journal of Economic History* 69, no. 2 (2009): 409–45.
- Burnette, Joyce, 'An Investigation of the Female–Male Wage Gap During the Industrial Revolution in Britain', *The Economic History Review* 50, no. 2 (1997): 257–81.
- Bybee, Joan L., and Östen Dahl, *The Creation of Tense and Aspect Systems in the Languages of the World*, John Benjamins, 1989.
- Carneiro, Robert L., 'The Chiefdom: precursor of the state', *The Transition to Statehood in the New World* (1981): 37–79.
- Casey, Gregory, and Oded Galor, 'Is faster economic growth compatible with reductions in carbon emissions? The role of diminished population growth', *Environmental Research Letters* 12, no. 1 (2017): 014003.
- Cervellati, Matteo, and Uwe Sunde, 'Human capital formation, life expectancy, and the process of development', *American Economic Review* 95, no. 5 (2005): 1653–72.
- Chandler, Tertius, *Four Thousand Years of Urban Growth: An Historical Census*, Mellen, 1987.
- Charnov, Eric L., and S. K. Morgan Ernest, 'The offspring-size/clutch-size trade-off in mammals', *The American Naturalist* 167, no. 4 (2006): 578–82.
- Chaudhuri, Kurti N., 'Foreign trade and balance of payments (1757– 1947)', *The Cambridge Economic History of India* 2 (1983): 804–77.
- Chen, M. Keith, 'The Effect of Language on Economic Behavior: Evidence from Savings Rates, Health Behaviors, and Retirement Assets', *American Economic Review* 103, no. 2 (2013): 690–731.
- Chen, Shuo, and James Kai-sing Kung, 'Of Maize and Men: The Effect of a New World Crop on Population and Economic Growth in China', *Journal of Economic Growth* 21, no. 1 (2016): 71–99.
- Chesnais, Jean-Claude, *The Demographic Transition: Stages, Patterns and Economic Implications*, Oxford University Press, 1992.

Economic History', *The Quarterly Journal of Economics* 124, no. 2 (2009): 531–96.

- Bellwood, Peter, James J. Fox and Darrell Tyron, *The Austronesians: historical and comparative perspectives*, ANU Press, 2006.
- Benhabib, Jess, and Mark M. Spiegel, 'Human Capital and Technology Diffusion', *Handbook of Economic Growth* 1 (2005): 935–66.
- Bennett, Matthew R. et al., 'Evidence of humans in North America during the Last Glacial Maximum', *Science* 373, no. 6562 (2021): 1528–31.
- Bentzen, Jeanet Sinding, Nicolai Kaarsen and Asger Moll Wingender, 'Irrigation and autocracy', *Journal of the European Economic Association* 15, no. 1 (2017): 1–53.
- Betti, Lia, and Andrea Manica, 'Human variation in the shape of the birth canal is significant and geographically structured', *Proceedings of the Royal Society B: Biological Sciences* 285, no. 1889 (2018): 20181807.
- Betti, Lia, Noreen von Cramon-Taubadel, Andrea Manica and Stephen J. Lycett, 'Global geometric morphometric analyses of the human pelvis reveal substantial neutral population history effects, even across sexes', *PLoS One* 8, no. 2 (2013): e55909.
- Betti, Lia, François Balloux, William Amos, Tsunehiko Hanihara and Andrea Manica, 'Distance from Africa, not climate, explains within-population phenotypic diversity in humans', *Proceedings of the Royal Society B: Biological Sciences* 276, no. 1658 (2009): 809–14.
- Bignon, Vincent, and Cecilia García-Peñalosa, 'Protectionism and the education-fertility trade-off in late 19th century France' (2016).
- Bisin, Alberto, and Thierry Verdier, 'The economics of cultural transmission and the dynamics of preferences', *Journal of Economic Theory* 97, no. 2 (2001): 298–319.
- Bisin, Alberto, and Thierry Verdier, '"Beyond the melting pot": cultural transmission, marriage, and the evolution of ethnic and religious traits', *The Quarterly Journal of Economics* 115, no. 3 (2000): 955–88.
- Blackmore, Susan, 'Evolution and Memes: The Human Brain as a Selective Imitation Device', *Cybernetics & Systems* 32, no. 1–2 (2001): 225–55.
- Blayo, Yves, 'Mortality in France from 1740 to 1829', *Population* 30 (1975): 123–43.
- Bleakley, Hoyt, 'Malaria eradication in the Americas: A retrospective analysis of childhood exposure', *American Economic Journal: Applied Economics* 2, no. 2 (2010): 1–45.
- Bleakley, Hoyt, 'Disease and Development: Evidence from hookworm eradication in the American South', *The Quarterly Journal of Economics* 122, no. 1 (2007): 73–117.
- Bleakley, Hoyt, and Fabian Lange, 'Chronic Disease Burden and the Interaction of Education, Fertility, and Growth', *Review of Economics and Statistics* 91, no. 1 (2009): 52–65.
- Bleasdale, Madeleine, Kristine K. Richter, Anneke Janzen et al., 'Ancient proteins provide evidence of dairy consumption in eastern Africa', *Nature Communication* 12, 632 (2021).
- Bockstette, Valerie, Areendam Chanda, and Louis Putterman, 'States and markets: The advantage of an early start', *Journal of Economic Growth* 7, no. 4 (2002): 347–69.
- Bolt, Jutta, Robert Inklaar, Herman de Jong and Jan Luiten van Zanden, 'Rebasing "Maddison": new income comparisons and the shape of long-run economic development', Maddison Project Database (2018).

economic growth? Urbanization and population growth in the American Midwest, 1850–1860', *Social Science History* 34, no. 2 (2010): 171–97.

- Atkinson, Quentin D., 'Phonemic diversity supports a serial founder effect model of language expansion from Africa', *Science* 332, no. 6027 (2011): 346–49.
- Bae, Christopher J., Katerina Douka and Michael D. Petraglia, 'On the origin of modern humans: Asian perspectives', *Science* 358, no. 6368 (2017).
- Bairoch, Paul, 'International industrialization levels from 1750 to 1980', *Journal of European Economic History* 11, no. 2 (1982): 269–333.
- Bairoch, Paul, 'Geographical structure and trade balance of European foreign trade from 1800 to 1970', *Journal of European Economic History* 3, no. 3 (1974): 557–608.
- Banfield, Edward C., *The Moral Basis of a Backward Society*, Free Press, 1967.
- Bar-Yosef, Ofer, 'The Natufian culture in the Levant, threshold to the origins of agriculture', *Evolutionary Anthropology: Issues, News, and Reviews* 6, no. 5 (1998): 159–77.
- Bar-Yosef, Ofer, and François R. Valla, *Natufian foragers in the Levant: Terminal Pleistocene social changes in Western Asia*, Vol. 19, Berghahn Books, 2013.
- Barlow, Nora (ed.), *The Autobiography of Charles Darwin 1809–1882*, Collins, 1958.［『ダーウィン自伝』チャールズ・ダーウィン著、八杉龍一、江上生子訳、ちくま学芸文庫、2000年］
- Barro, Robert J., 'Determinants of Democracy', *Journal of Political Economy* 107, no. S6 (1999): S158–83.
- Barro, Robert J., 'Democracy and growth', *Journal of Economic Growth* 1, no. 1 (1996): 1–27.
- Basu, Aparna, *The Growth of Education and Political Development in India, 1898–1920*, Oxford University Press, 1974.
- Basu, Kaushik, 'Child labor: cause, consequence, and cure, with remarks on international labor standards', *Journal of Economic Literature* 37(3) (1999), 1083–119.
- Baudin, Thomas, David De La Croix and Paula E. Gobbi, 'Fertility and Childlessness in the United States' *American Economic Review* 105, no. 6 (2015): 1852–82.
- Bazzi, Samuel, Martin Fiszbein and Mesay Gebresilasse, 'Frontier culture: The roots and persistence of "rugged individualism" in the United States', *Econometrica* 88, no. 6 (2020): 2329–68.
- Becerra-Valdivia, Lorena, and Thomas Higham, 'The timing and effect of the earliest human arrivals in North America', *Nature* 584, no. 7819 (2020): 93–97.
- Becker, Gary S., and Nigel Tomes, 'Child Endowments and the Quantity and Quality of Children', *Journal of Political Economy* 84, no. 4, Part 2 (1976): S143–62.
- Becker, Sascha O., Thiemo Fetzer and Dennis Novy, 'Who Voted for Brexit? A Comprehensive District-Level Analysis', *Economic Policy* 32, no. 92 (2017): 601–50.
- Becker, Sascha O., Katrin Boeckh, Christa Hainz and Ludger Woessmann, 'The Empire is Dead, Long Live the Empire! Long-Run Persistence of Trust and Corruption in the Bureaucracy', *The Economic Journal* 126, no. 590 (2016): 40–74.
- Becker, Sascha O., Francesco Cinnirella and Ludger Woessmann, 'The Trade-Off Between Fertility and Education: Evidence from Before the Demographic Transition', *Journal of Economic Growth* 15, no. 3 (2010): 177–204.
- Becker, Sascha O., and Ludger Woessmann, 'Was Weber Wrong? A Human Capital Theory of Protestant

- Allen, Robert C., 'Progress and Poverty in Early Modern Europe', *The Economic History Review* 56, no. 3 (2003): 403–43.
- Allen, Robert C., 'Agriculture and the Origins of the State in Ancient Egypt', *Explorations in Economic History* 34, no. 2 (1997): 135–54.
- Alsan, Marcella, 'The effect of the tsetse fly on African development', *American Economic Review* 105, no. 1 (2015): 382–410.
- Andersen, Thomas Barnebeck, Jeanet Bentzen, Carl-Johan Dalgaard and Paul Sharp, 'Pre-reformation roots of the Protestant Ethic', *The Economic Journal* 127, no. 604 (2017): 1756–93.
- Andersen, Thomas Barnebeck, Carl-Johan Dalgaard and Pablo Selaya, 'Climate and the Emergence of Global Income Differences', *The Review of Economic Studies* 83, no. 4 (2016): 1334–63.
- Andrews, Kehinde, *The New Age of Empire: How Racism and Colonialism Still Rule the World*, Penguin UK, 2021.
- Ang, James B., 'Agricultural legacy and individualistic culture', *Journal of Economic Growth* 24, no. 4 (2019): 397–425.
- Angel, J. Lawrence, 'The Bases of Paleodemography', *American Journal of Physical Anthropology* 30, no. 3 (1969): 427–37.
- Angrist, Joshua D., and Jörn-Steffen Pischke, *Mostly Harmless Econometrics*, Princeton University Press, 2008.［『「ほとんど無害」な計量経済学——応用経済学のための実証分析ガイド』ヨシュア・アングリスト、ヨーン・シュテファン・ピスケ著、大森義明ほか訳、NTT出版、2013年］
- Aquinas, Thomas, *Summa Theologica*, Authentic Media Inc. 2012.［『神学大全（I・II）』トマス・アクィナス著、山田晶訳、中央公論新社、2014年ほか］
- Arbatli, Cemal Eren, Quamrul H. Ashraf, Oded Galor and Marc Klemp, 'Diversity and Conflict', *Econometrica* 88, no. 2 (2020): 727–97.
- Arias, Elizabeth, 'United States Life Tables, 2012' (2016).
- Arrow, Kenneth J., 'Gifts and Exchanges', *Philosophy & Public Affairs* (1972): 343–62.
- Ashraf, Quamrul, and Oded Galor, 'Genetic diversity and the origins of cultural fragmentation', *American Economic Review* 103, no. 3 (2013): 528–33.
- Ashraf, Quamrul, and Oded Galor, 'The "Out of Africa" hypothesis, human genetic diversity, and comparative economic development', *American Economic Review* 103, no. 1 (2013): 1–46.
- Ashraf, Quamrul, and Oded Galor, 'Dynamics and stagnation in the Malthusian Epoch', *American Economic Review* 101, no. 5 (2011): 2003–41.
- Ashraf, Quamrul, Oded Galor and Marc Klemp, 'Population Diversity and Differential Paths of Long-Run Development since the Neolithic Revolution' (2020).
- Ashraf, Quamrul, Oded Galor and Marc Klemp, 'Ancient Origins of the Wealth of Nations', in *Handbook of Historical Economics*, Elsevier, 2021.
- Ashraf, Quamrul, Oded Galor and Ömer Özak, 'Isolation and development', *Journal of the European Economic Association* 8, no. 2–3 (2010): 401–12.
- Ashraf, Quamrul, and Stelios Michalopoulos, 'Climatic fluctuations and the diffusion of agriculture', *Review of Economics and Statistics* 97, no. 3 (2015): 589–609.
- Atack, Jeremy, Fred Bateman, Michael Haines and Robert A. Margo, 'Did railroads induce or follow

参考文献

- Abram, Nerilie J., Helen V. McGregor, Jessica E. Tierney, Michael N. Evans, Nicholas P. McKay and Darrell S. Kaufman, 'Early onset of industrial-era warming across the oceans and continents', *Nature* 536, no. 7617 (2016): 411–18.
- Abramovitz, Moses, and Paul A. David, *American macroeconomic growth in the era of knowledge-based progress: The long-run perspective*, Vol. 93, 1999.
- Acemoglu, Daron, Davide Cantoni, Simon Johnson and James A. Robinson, 'The Consequences of Radical Reform: The French Revolution', *American Economic Review* 101, no. 7 (2011): 3286–307.
- Acemoglu, Daron, Simon Johnson and James A. Robinson, 'Reversal of Fortune: Geography and institutions in the making of the modern world income distribution', *The Quarterly Journal of Economics* 117, no. 4 (2002): 1231–94.
- Acemoglu, Daron, Simon Johnson and James A. Robinson, 'The Colonial Origins of Comparative Development: An empirical investigation', *American Economic Review* 91, no. 5 (2001): 1369–1401.
- Acemoglu, Daron, and James A. Robinson, 'Why did the West extend the franchise? Democracy, inequality, and growth in historical perspective', *The Quarterly Journal of Economics* 115, no. 4 (2000): 1167–99.
- Acemoglu, Daron, and James A. Robinson, *Why Nations Fail: The origins of power, prosperity, and poverty*, Crown Books, 2012［『国家はなぜ衰退するのか――権力・繁栄・貧困の起源（上・下）』ダロン・アセモグル、ジェイムズ・A・ロビンソン著、鬼澤忍訳、早川書房、2013年］
- Acsádi, György, János Nemeskéri and Kornél Balás, *History of human life span and mortality*, Budapest: Akadémiai Kiadó , 1970.
- Aghion, Philippe, and Peter Howitt, 'A Model of Growth Through Creative Destruction', *Econometrica* 60, no. 2 (1992): 323–51.
- Aidt, Toke S., and Raphael Franck, 'Democratization under the Threat of Revolution: Evidence from the Great Reform Act of 1832', *Econometrica* 83, no. 2 (2015): 505–47.
- Aiello, Leslie C., and Peter Wheeler, 'The expensive-tissue hypothesis: the brain and the digestive system in human and primate evolution', *Current Anthropology* 36, no. 2 (1995): 199–221.
- Alesina, Alberto, Arnaud Devleeschauwer, William Easterly, Sergio Kurlat and Romain Wacziarg, 'Fractionalization', *Journal of Economic Growth* 8, no. 2 (2003): 155–94.
- Alesina, Alberto, and Paola Giuliano, 'Culture and Institutions', *Journal of Economic Literature* 53, no. 4 (2015): 898–944.
- Alesina, Alberto, and Paola Giuliano, 'The Power of the Family', *Journal of Economic Growth* 15, no. 2 (2010): 93–125.
- Alesina, Alberto, Paola Giuliano and Nathan Nunn, 'On the Origins of Gender Roles: Women and the plough', *The Quarterly Journal of Economics* 128, no. 2 (2013): 469–530.
- Alesina, Alberto, and Nicola Fuchs-Schündeln, 'Goodbye Lenin (or not?): The Effect of Communism on People's Preferences', *American Economic Review* 97, no. 4 (2007): 1507–28.

著者●オデッド・ガロー *Oded Galor*
ブラウン大学経済学教授。ルーヴァン・カトリック大学およびポズナン経済大学から名誉博士号を授与される。アカデミア・ユーロペアの外国人会員（名誉会員）。計量経済学会の選出フェロー。「経済成長ジャーナル」の編集長を務める。「統一成長理論」の創始者であり、人類史の全過程にわたる発展のプロセスの理解と、停滞から成長への移行や世界規模の巨大な格差に根深い要因がいかなる役割を果たしたかの理解に貢献してきた。さらに、人類の発展プロセスに適応や多様性や格差がどんな影響を与えたかの調査を他に先駆けて行ってきた。この分野に捧げた生涯の研究成果とその洞察をさまざまな講演で発表してきたが、本書（*The Journey of Humanity*）ではその知見のエッセンスを収載し、30か国で刊行予定の話題作となった。

監訳者●柴田裕之（しばた・やすし）
翻訳家。早稲田大学・Earlham College卒業。訳書にジェレミー・リフキン『水素エコノミー』『ヨーロピアン・ドリーム』『限界費用ゼロ社会』（以上、NHK出版）、ユヴァル・ノア・ハラリ『サピエンス全史』『ホモ・デウス』『21 Lessons』（以上、河出書房新社）、シェリー・ケーガン『「死」とは何か』（文響社）、フランス・ドゥ・ヴァール『ママ、最後の抱擁』（紀伊國屋書店）、ジェフリー・S・ローゼンタール『それはあくまで偶然です』（早川書房）、ジョージ・エストライク『あなたが消された未来』（みすず書房）、スティーヴン・ケイヴ『ケンブリッジ大学・人気哲学者の「不死」の講義』（日経BP）、ニーアル・ファーガソン『大惨事（カタストロフィ）の人類史』（東洋経済新報社）などがある。

訳者●森内薫（もりうち・かおる）
翻訳家。上智大学外国語学部フランス語学科卒業。訳書にエリザベス・ブラックバーン、エリッサ・エペル『テロメア・エフェクト』、マイケル・ボーンスタイン、デビー・ボーンスタイン・ホリンスタート『4歳の僕はこうしてアウシュヴィッツから生還した』（以上、NHK出版）、エレーヌ・フォックス『脳科学は人格を変えられるか？』（文藝春秋）、ミノーシュ・シャフィク『21世紀の社会契約』（東洋経済新報社）、アネッテ・ヘス『レストラン「ドイツ亭」』（河出書房新社）などがある。

本文組版●佐藤裕久　**校正●酒井清一**

格差の起源
なぜ人類は繁栄し、不平等が生まれたのか

二〇二二年九月三〇日　第一刷発行

著者　オデッド・ガロー
監訳者　柴田裕之
訳者　森内薫
発行者　土井成紀
発行所　NHK出版
〒一五〇-〇〇四二
東京都渋谷区宇田川町一〇-三
電話　〇五七〇-〇〇九-三二一［問い合わせ］
　　　〇五七〇-〇〇〇-三二一［注文］
ホームページ　https://www.nhk-book.co.jp

印刷　亨有堂印刷所　大熊整美堂
製本　ブックアート

Printed in Japan　ISBN978-4-14-081911-1　C0098